Patrick Masure

Wildrosen

Patrick Masure ist passionierter Natur- und Rosenliebhaber. Er engagiert sich im Bereich der Biodiversität und der Gartenkultur. 2012 verlieh das franz. Kulturministerium seinem Garten das Label «Jardin remarquable»; dieser ist zudem in der renommierten Liste der Conservatoire des collections végétales spécialisées (CCVS) eingetragen.

Die französische Originalausgabe erschien 2013 unter dem Titel *Guide des rosiers sauvages. 500 espèces, variétés et hybrides du monde* bei Delachaux et Niestlé, F-Paris

Bibliografische Informationen der *Deutschen Nationalbibliothek*
Die Deutsche Nationalbibliothek verzeichnet diese Publikation in der Deutschen Nationalbibliografie; detaillierte bibliografische Daten sind im Internet unter http://dnb.dnb.de abrufbar.

ISBN: 978-3-258-07853-3

Gestaltung: Monique Wender, Nicolas Hubert
Satz der deutschsprachigen Ausgabe: Verlag die Werkstatt, D-Göttingen
Umschlag der deutschsprachigen Ausgabe: Pool Design, CH-Zürich
Übersetzung: Ulrike Kirsch, D-München
Korrektorat: Claudia Bislin, F-Vingrau

Printed in France

www.haupt.ch

Patrick Masure

Wildrosen

500 Arten, Varietäten und Hybriden der ganzen Welt

Übersetzung: Ulrike Kirsch

Inhaltsverzeichnis

Vorwort

Die Gartenkultur befindet sich in ständigem Wandel. Heutzutage sind genügsame, winterharte, krankheitsresistente Pflanzen gefragt, die wenig Pflege benötigen und dem Garten einen naturnahes Aussehen verleihen. Glücklicherweise wird dabei der Einsatz von noch mehr Chemie oder zusätzlichen Bewässerungsanlagen von den meisten Menschen, die einen eigenen Garten oder öffentliche Parkanlagen zu pflegen haben, abgelehnt.

Wildrosen wurden bei der Gartengestaltung leider viel zu lange vernachlässigt. Dabei besitzen sie etliche, oft verkannte Vorteile, die auch im Hinblick auf unser Bemühen um den Erhalt der Biodiversität und der natürlichen Ressourcen eine wichtige Rolle spielen. Wildrosen benötigen wenig Wasser, sind pflegeleicht, und fast alle bezaubern mit herrlichem Flor, wenngleich sie häufig nur einmal blühen. Die langlebigen Früchte erfreuen mit ihren Farben und Formen und sind nicht nur ein Augenschmaus für den aufmerksamen Beobachter, sondern auch ein winterlicher Leckerbissen für viele Vögel.

Schon seit mehr als 20 Jahren haben sich einige französische und britische Rosengärtner um die Vermehrung von Wildrosen, die aus großen botanischen Sammlungen stammten, verdient gemacht und sie einem breiten Publikum nähergebracht. Dazu zählen auch die engagierten Initiativen von Raymond und Thérèse Loubert, André Eve und Éléonore Cruse aus Frankreich oder Peter Beales aus Großbritannien, um nur einige zu nennen. Ihnen ist es zu verdanken, dass auch Hobbygärtner mehr über Wildrosen erfahren und im eigenen Garten anpflanzen konnten.

Der Autor sammelt selbst Wildrosen und beschäftigt sich schon seit mehr als zehn Jahren mit ihnen. Bei seinen ersten Anpflanzungen stellte er fest, wie schwierig es ist, an zuverlässige, vollständige Informationen zu gelangen. Baumschulkataloge enthalten nur einen Teil der Wildrosenarten, zudem sind deren Bezeichnungen mitunter frei erfunden oder falsch. Auch stiften die zahlreichen Synonyme häufig Verwirrung. Am ausführlichsten sind meist die auf Englisch publizierten Werke. Alles in allem gestaltet sich die Informationsbeschaffung, die jeder gute Gärtner, ganz gleich ob Profi oder Amateur, vor dem Anpflanzen unternimmt, schwierig.

Es schien also an der Zeit, ein umfassendes Werk über Wildrosen zur Verfügung zu stellen, das sowohl privaten Gärtnern als auch Fachleuten in Parkanlagen oder

R. chinensis 'Mutabilis'

sogar Baumschulgärtnereien von Nutzen ist. Detaillierte Beschreibungen der Pflanzen mit vielen ergänzenden Abbildungen erleichtern die Bestimmung und helfen, für ein bestimmtes Vorhaben die am besten geeignete Pflanze zu finden. Mit der Angabe möglichst vieler Synonyme sollen Einkäufe erleichtert und Doppelkäufe von Pflanzen vermieden werden, die in unterschiedlichen Katalogen jeweils anders bezeichnet werden. Vielleicht regt dieses Werk dazu an, unsere Gärten öfter mit Wildrosen zu schmücken!

Einleitung

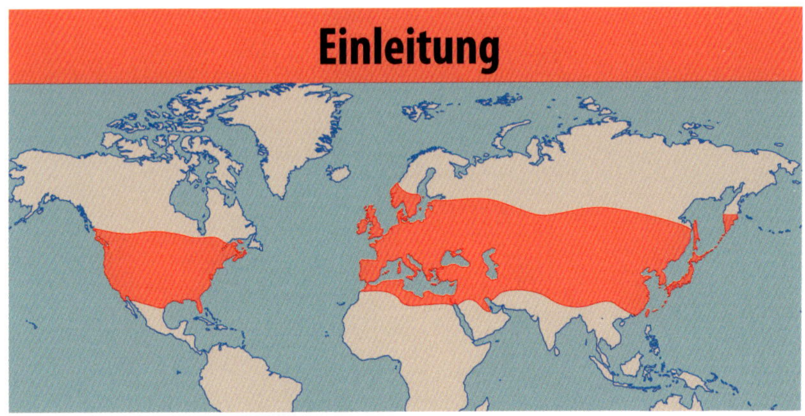

Verbreitung der Wildrosen in der nördlichen Hemisphäre

Wildrosen

Weit vor dem Aufkommen menschlicher Zivilisationen waren Wildrosen in den meisten Regionen der nördlichen Erdhalbkugel verbreitet. Sowohl in Asien als auch in Europa und Nordafrika fanden sich zahlreiche Arten, aber auch in Nordamerika gediehen sie von Kanada bis Nordmexiko.

Die ersten Rosen besiedelten vor etwa 12–15 Millionen Jahren die Erde. Fundstellen aus dem Miozän brachten fossile Blätter und einige gattungstypische Stacheln zutage. Auch wenn sich der genaue Zeitpunkt nicht festgelegen lässt, so ist es doch sicher, dass die Gattung der Rosen gleichzeitig am Ende des Tertiärs in Asien, Europa und Nordamerika erschien.

Im engeren Sinne ist die Wildrose eine nicht kultivierte Rose, die in natürlicher Umgebung wächst und sich unverändert vermehrt. Diese Rose hätte ein imaginärer Botaniker in der nördlichen Hemisphäre im Jahr 1000 v. Chr. entdeckt.

140–160 Wildrosenarten hätte er in Europa, Nordafrika, China, im Mittleren Orient, und – nach Überquerung des Atlantiks 1500 Jahre vor Christoph Kolumbus – in Amerika sammeln können; 65 Spezies allein in China. Da sich einige Arten aufgrund ihrer Nachbarschaft spontan kreuzten, kann man an die 100 Naturhybriden dazuzählen, vielleicht sogar noch mehr.

Betört von ihrer Schönheit und dem Duft ihrer Blüten oder um sich die tatsächlichen oder angeblichen Heilkräfte zunutze zu machen, fingen die Menschen vor etwa 2500 Jahren an, sich für Rosen zu interessieren. Man entnahm sie ihrem natürlichen Standort, pflanzte sie in Gärten an und brachte sie schließlich in den Handel. So vergrößerte sich das Verbreitungsgebiet mancher Arten und Hybriden, und es entstanden neue Spontankreuzungen, darunter etliche sehr alte, da die Gattung *Rosa* über eine erstaunliche Fähigkeit zur zwischenartlichen Fortpflanzung verfügt.

Im ausgehenden Mittelalter dürfte es gewesen sein, als man durch Aussaat von Rosensamen, Pflanzen mit «interessanterem» Aussehen ziehen wollte.

Im 16. Jahrhundert wurden in Holland durch sukzessive Auslese von Sämlingen Rosen mit gefüllten, farbigeren oder stärker duftenden Blüten kreiert.

Im 19. Jahrhundert perfektionierte man die Selektion durch natürliche Bestäubung, indem man verschiedene Arten nebeneinander anpflanzte, ohne direkte Eingriffe auf die Fortpflanzungsorgane vorzunehmen.

1870 schließlich markiert das Jahr einer großen Neuerung: Gärtner hatten den Pollen eines von ihnen auserwählten «Vaters» auf den Fruchtknoten einer von allen anderen Einflüssen isolierten «Mutter» angebracht. Durch Selektion der Eltern bei der künstlichen Befruchtung gelang es, Rosensorten mit den Eigenschaften beider Elternteile zu kreieren und beispielsweise die Winterhärte der einen mit der Remontanteigenschaft der anderen oder die Farbe der einen mit dem Duft der anderen zu vereinen. Die moderne Blumenzucht war geboren – doch das gehört nicht mehr zu unserem Thema.

Warum also über Wildrosen sprechen? Die Grenze zwischen Wild- und Kulturrosen ist schließlich nicht immer so eindeutig, wie man meinen sollte. Zwar ist 'Papa Meilland' offensichtlich keine Wildrose, doch je weiter man den Stammbaum zurückverfolgt, desto fließender werden die Grenzen. Denn unter den Vorfahren unserer modernen Rosen befinden sich beispielsweise auch *Rosa x damascena* oder *Rosa chinensis semperflorens*, deren Existenz seit mehreren Jahrhunderten belegt ist – die aber aller Wahrscheinlichkeit nach keine Wildrosen sind.

Im «Dornengestrüpp» der Nomenklatur

Entsprechend dem von Carl Linné eingeführten Klassifizierungssystem der binären Nomenklatur werden Pflanzen mit ihrem Gattungs- und Artnamen auf Latein benannt.

Diesem Namen kann am Ende eine ebenfalls lateinische Varietätsbezeichnung folgen.

Carl Linné

Nach den durch den ICBN (Internationaler Code der botanischen Nomenklatur) festgelegten Regeln muss der lateinische Name kursiv geschrieben werden. Der Artname setzt sich aus der Gattungsbezeichnung, hier *Rosa*, und dem Artepithon zusammen, also z. B. *Rosa tomentosa*, gefolgt vom Namen des Autors der Referenzbeschreibung, der Diagnose, die ebenfalls auf Latein zu verfassen ist. Diese wird in den Herbarien großer wissenschaftlicher Bibliotheken aufbewahrt. Der Autorenname ist meist ein Kürzel. Um bei unserem Beispiel zu bleiben, der vollständige Name der Art lautet *Rosa tomentosa* Sm., wobei «Sm.» für James Edward Smith (1759–1828) steht, der Autor der im Jahr 1800 veröffentlichten Diagnose. Dieses sogenannte Autorzitat ist wichtig, um verschiedene Pflanzen, die den gleichen lateinischen Namen tragen, unterscheiden zu können.

Es ist praktisch unmöglich, eine vollständige Liste aller Rosenarten aufzustellen. Es existieren unzählige Bezeichnungen, zusätzliche Verwirrung wird durch eine früher bei den ersten Baumschulgärtnern übliche Praxis gestiftet, neuen Kreationen lateinische Namen zu verleihen, obwohl diese nur für natürliche Arten oder Varietäten verwendet werden dürfen.

Mitunter erhielten verschiedene Pflanzen ein und denselben lateinischen Namen. Dies beruhte darauf, dass in früheren Zeiten, als Informationen weniger schnell kursierten als heute und botanische Entdeckungen noch sehr zahlreich waren, Pflanzensammler in den unterschiedlichsten Regionen ihre Fundstücke öfters nach einem auffälligen Merkmal, wie etwa niedriger Wuchs, benannten, zum Beispiel *Rosa humilis*. Und so darf man *Rosa humilis* Bess. non Marsh., ein Synonym von *Rosa marginata* Wallr. (Sektion *Caninae*) nicht mit *Rosa humilis* Marsh., einem Synonym von *Rosa carolina* L. (Sektion *Carolinae*) und auch nicht mit *Rosa humilis* Tausch. non Marsh., einem Synonym von *Rosa gallica* var. *pumila* Braun. (Sektion *Gallicanae*) verwechseln. Etliche dieser Namen werden heute auch nicht mehr verwendet. Man sieht also, die Materie hat es in sich.

Mit dem Internet ist eine weitere Fehlerquelle hinzugekommen. Es sorgt nicht nur für die Verbreitung von Wissen, sondern leider auch von Fehlern. Zwar gibt es durchaus seriöse Websites und Blogs, andere jedoch multiplizieren lediglich Fehler. So gelangt ein auf einer Website erstmals veröffentlichter falscher Rosenname durch das beliebte «Kopieren und Einfügen» auf unzählige andere Internetseiten und Blogs, weil deren Autoren ihre Quellen nicht überprüfen.

Wildrosen haben eine eigene Darstellung unabhängig von den alten Rosen verdient, mit denen sie bisher meist gemeinsam behandelt wurden. Angesichts der Vielzahl von Pflanzen und ihrer noch größeren Anzahl an Namen musste ein Weg gefunden werden, um sich in diesem «Dornengestrüpp» zurechtzufinden.

Welcher Name ist der richtige?

Eine der größten europäischen Rosensammlungen befindet sich in Sangerhausen, einer kleinen Stadt südlich von Berlin. In dem Rosarium werden nicht nur mehrere Tausend Gartenrosenvarietäten gezeigt, sondern auch die größte Anzahl an Wildrosen, die sich in unseren Breitengraden akklimatisieren können.

Hella Brumme, die ehemalige Leiterin des Europa-Rosariums Sangerhausen, und Thomas Gladis haben eine Publikation verfasst, die nicht nur die in Sangerhausen wachsenden Wildrosenarten umfasst, sondern die gesamte große Familie der bekannten Arten mit ihren Varietäten und Hybriden, und haben damit einen äußerst wertvollen Beitrag zur Ordnung des Nomenklatur-Wirrwarrs geleistet. Dieses bemerkenswerte Klassifizierungswerk, dass 2012 in Zusammenarbeit mit Thomas Hawel, dem derzeitigen Leiter des Europa-Rosariums, und Gerhild Schulz aktualisiert wurde, sollte das maßgebende Standardwerk sein. Wir haben uns im vorliegenden Buch, soweit es möglich war, an die Nomenklatur von Brumme, Gladis, Hawel und Schulz gehalten und zusätzlich für jede Pflanze die mehr oder weniger geläufigen Synonyme angegeben. Hierzu sei noch angemerkt, dass manche Online-Datenbanken eine Unmenge an Synonymen zu einem Artnamen nennen, die meisten davon aber tatsächlich nur Synonyme der zahlreichen Varietäten der betreffenden Art sind.

Es ist ein Glücksfall, dass Hella Brumme, Thomas Gladis, Thomas Hawel und Gerhild Schulz Klarheit und Ordnung in diese trockene Materie gebracht haben.

Der Name der Rose – Etymologie

Die lateinischen Namen von Rosen sind, wie alle Pflanzennamen, nicht willkürlich gewählt. Daher wird am Beginn eines Rosenporträts die Herkunft und Bedeutung eines Namens mit angegeben, soweit die Bezeichnung nicht offensichtlich ist, wie etwa bei *Rosa gallica*.

Bei der Namenssuche für eine neue Pflanze orientieren sich Botaniker an drei Hauptkategorien. Die erste bezieht sich auf typische Eigenschaften der Pflanze, der Name beschreibt sie also ganz oder in Teilen. Dies ist zum Beispiel der Fall bei den einfacher zu erschließenden Namen der *Rosa x odorata* Sweet («wohlriechend») und ihrem Gegenteil *Rosa inodora* Fries («geruchlos») oder dem weniger leicht abzuleitenden der *Rosa cerasocarpa* Rolfe, die nach ihren kirschenförmigen *(ceraso)* Früchten *(carpa)* benannt wurde.

Die zweite Kategorie ist eine Art Ehrerweisung an eine meist aus der Wissenschaft stammende Persönlichkeit. Da Botaniker nicht den eigenen Namen für eine Pflanze, an der sie arbeiten, verwenden dürfen, erweisen sie sich gegenseitig Höflichkeiten. Auch galante Absichten können mitunter eine Rolle spielen. So verewigte beispielsweise der Naturforscher Dr. Aitchinson die Initialen E.C.A. seiner Ehefrau im Namen einer lieblichen, goldgelben Rose aus Persien: *Rosa ecae* Aitch.

Die dritte Kategorie bezieht sich auf den Fundort und kann die Region, das Land oder die Stadt benennen. Die geografische Herkunft von *Rosa chinensis* Jacq. dürfte leicht zu erraten sein, bei *Rosa x wintoniensis* Hillier ist es schon schwieriger: Der Name geht zurück auf die Stadt Winchester, lateinisch *Venta*, aus dem dann *Winton* wurde. In China wird diese Form der Namensgebung systematisch für alle neuen Arten verwendet, die in dem riesigen Land auch heute noch entdeckt werden.

Das globale botanische Latein ist weit von der reinen Sprache Ciceros entfernt. Eine ganze Reihe Pflanzennamen wurden aus latinisierten griechischen Namen gebildet, desgleichen werden Konzepte latinisiert, die es zu Zeiten Virgils noch gar nicht gab. Insbesondere bei Namen exotischen Ursprungs kommt dabei mitunter Erstaunliches heraus, wie etwa *Rosa maximowicziana* Reg., *Rosa kopetdaghensis* Meff. oder *Rosa zhongdianensis* T. C. Ku.

Form der Präsentation

Es gibt etliche verdienstvolle Publikationen über Rosen mit hervorragenden Fotos, in denen die schönsten historischen und einige wild wachsende Varietäten unter Verwendung der zum Zeitpunkt der Veröffentlichung gültigen Namen präsentiert werden. Sie sind eine wertvolle Informationsquelle, aber der Rosenliebhaber wird dort nicht die gesamte Palette der Gattung finden. Darüber hinaus verändert sich die Nomenklatur im Laufe der Zeit manchmal, und so nannten Botaniker beispielsweise die *Rosa pimpinellifolia* in *Rosa spinosissima* um.

Mit diesem Buch soll ein umfassender Überblick über die Gattung *Rosa* mit ihren Wildarten unter Verwendung der heute gültigen Namen geschaffen werden, ergänzt mit Beschreibungen und den geläufigsten Synonymen.

Warum werden Wildrosen und ihre Hybriden hier nicht in Untergattungen und Sektionen dargestellt? Diese für den Botaniker kohärente Gruppierung hat einige Nachteile. Denn vom Leser wird nicht erwartet, dass er die Zugehörigkeit einer Pflanze zu dieser oder jener Sektion kennt. Und wohin gehörten dann Hybriden zweier Arten aus zwei Sektionen?

Warum keine Gruppierung nach geografischer Herkunft? Auch hier bestünden ähnliche Nachteile. Denn wie soll man eine Hybride aus einer Kreuzung zweier Pflanzen mit unterschiedlicher geografischer Herkunft klassifizieren?

Ein Leser, der sich über eine bestimmte Pflanze informieren will und nicht weiß, zu welcher Sektion sie gehört, müsste in zwei Schritten vorgehen, um die Beschreibung zu finden: Zunächst müsste er die gewünschte Pflanze in einer Namenstabelle suchen, um von dort zu den eigentlichen Informationen zu gelangen. Daher erschien die alphabetische Sortierung am geeignetsten, auch wenn die botanische Logik darunter etwas leidet.

Erscheint ein Name nicht im Textkorpus, so findet man ihn in der ausführlichen Synonymentabelle im Anhang.

Botaniker und Pflanzensammler

E. H. Wilson

Die Beschreibung, Klassifizierung und Benennung Hunderttausender von Pflanzen, die zwischen Mitte des 18. Jahrhunderts und dem 20. Jahrhundert entdeckt wurden, und ihre Konservierung in Herbarien ist eine schier unglaubliche Leistung fleißiger Botaniker. Ihr Name erscheint meist als Kürzel im Namen der Pflanze, die sie beschrieben. Wilson, Fortune, Franchet, David und viele andere Pflanzensammler und Botaniker waren die «Feldarbeiter» dieser ergiebigen Ernte neuer Arten, die zunächst botanische Gärten bereicherten, bevor sie Parkanlagen und schließlich bescheidenere Gärten eroberten. Forschungsreisende, Botaniker, Missionare, Diplomaten, Kolonialbeamte oder Militärs sammelten, manchmal auch unter Lebensgefahr, Pflanzen und Samen, um sie an ihre Auftraggeber zu senden. Wissenswertes über diese Personen findet man im biografischen Verzeichnis im Anhang. Wo es sinnvoll erschien, wurden auch im Text Angaben zum biografischen Hintergrund gemacht.

E. H. Wilson (1876–1930) in China

Gattung, Untergattungen und Sektionen

Die zur Gattung *Rosa* zählenden Wildrosen besitzen recht unterschiedliche Merkmale: Heute unterscheiden Botaniker vier große Kategorien, die im System von Rehder (1949) als «Untergattungen (Subgenera)» bezeichnet werden. Während die Untergattungen *Hulthemia* und *Platyrhodon* jeweils nur eine Art enthalten und *Hesperhodos* zwei, vereint der Subgenus *Rosa* (syn. *Eurosa*) die große Mehrheit der Wildrosenarten unter sich und ist in zehn Sektionen unterteilt. Entgegen der Konvention, diese Untergruppen in einer bestimmten, nicht alphabetischen Reihenfolge zu präsentieren, beispielsweise die Sektion *Pimpinellifoliae* vor der Sektion *Caninae*, machen im Folgenden die vier Untergattungen den Anfang, gefolgt von den Sektionen des Subgenus *Eurosa* in alphabetischer Reihenfolge.

Untergattung *Hulthemia* (Dumort.) Focke

Syn. *Hulthemia* Dumort., *Lowea* Lindl., ehemals Sektion *Simplicifolia* Lindl.

Sie enthält nur eine Art, *Rosa persica* Michx. ex Juss.

Sie stammt aus Zentralasien, und ihre Zugehörigkeit zur Gattung *Rosa* wird von manchen Autoren infrage gestellt, da diese Art einzigartig ist! Die Merkmale der Untergattung entsprechen den Artmerkmalen, daher sei hier auf das Artporträt verwiesen.

Untergattung *Platyrhodon* (Hurst) Rehd. (Kastanienrosen)

Hierzu zählen ausschließlich *Rosa roxburghii* Tratt. aus dem Fernen Osten und ihre Varietäten. Charakteristisch für diese Pflanzen sind die abblätternde Rinde und dicke, stachelige, kurzlebige Hagebutten, die nach der Blüte erscheinen.

Roxburghii forrestii

Untergattung *Hesperhodos* Cockerell (Kleinblattrosen)

Sie umfasst zwei Arten aus Nordamerika: *Rosa minutifolia* Engelm. und *Rosa stellata* Woot. Es handelt sich um niedrige Sträucher mit kleinen Blättern, die aus 3, manchmal 5 und seltener aus 7 Fiederblättchen bestehen. Hochblätter fehlen, ihre meist einzelnen Blüten sind rosa, weiß oder purpurfarben, die Früchte borstig.

Untergattung *Rosa*

Syn. *Eurosa* Focke. Sie enthält knapp 150 Arten und ist in 10 Sektionen unterteilt.

Sektion *Banksianae* Lindl. (Banks-Rosen)

Hierzu zählen zwei Kletterrosenarten aus China. Sie tragen eine Vielzahl gelber oder weißer Blüten in Dolden oder in zusammengesetzten Doldenrispen. Die langen, unbewehrten oder nur mit vereinzelten hakenförmigen Stacheln besetzten Zweige können bis zu 10 m lang werden, ihre immergrünen Blätter bestehen aus 3–7 Blättchen, der Blattstiel ist mit freien, abfallenden Nebenblättern bestückt. Weitere Merkmale dieser zwei Arten sind kleine, abfallende Hochblätter sowie zurückgeschlagene, abfallende Kelchblätter. Sie sind wenig frosthart.

Sektion *Bracteatae* Thory (Kragenrosen; Macartney-Rosen)

Hierunter fallen zwei asiatische Kletterrosenarten, eine aus Indien, eine aus den warmen Regionen Südchinas.

Die Zweige tragen paarige, gekrümmte Stacheln unterhalb der immergrünen, schimmernden Blätter, die aus (5) 7–9 (11) Blättchen bestehen und angewachsene Nebenblätter besitzen. Die einzelnen Blüten sind weiß oder elfenbeinfarben, mitunter zu wenigen in Büscheln stehend, mit filzigem Blütenboden und mit für diese Rosen typischen großen Hochblättern. Sie vertragen keine strengen Winter.

Sektion ***Caninae*** DC. (Hundsrosen)

Diese Sektion umfasst etwa 30 Wildrosenarten aus Asien, Europa und Nordafrika, die häufig mit starken, hakenförmigen Stacheln bewehrt sind. Sie gedeihen gewöhnlich am Wegesrand, in ländlichen Hecken und im Brachland. Die Blätter werden aus 5 oder 7, mitunter auch 9 fein behaarten oder drüsigen Blättchen gebildet. In der Regel besitzen sie einzelne weiße oder blassrosa Blüten, Hochblätter fehlen, die Sepalen fallen nach der Blüte ab. Zwischenartliche Kreuzungen kommen häufig vor.

Sektion ***Carolinae*** Crép. (Carolina-Rosen)

Hierzu zählen sechs Wildrosenarten aus Nordamerika. Die Sträucher sind niedrig und besitzen dünne Triebe, die zahlreiche gebogene oder gerade Stacheln unterhalb der Knoten tragen. Die häufig glänzenden Blätter bestehen aus 7–9 Fiedern. Nach den Blüten, die einzeln oder zu wenigen in Büscheln stehen, erscheinen die mehr oder weniger kugeligen Früchte, von denen die nach der Blüte abgespreizten Kelchblätter rasch abfallen.

Sektion ***Chinenses*** DC. (Bengalrosen)

Syn. *Indicae* Thory

Diese Sektion enthält drei Arten aus China und Myanmar. Es handelt sich um aufrechte oder kletternde Sträucher, deren Zweige hakenförmige Stacheln tragen. Die Blätter werden aus 3–5 (7) Blättchen gebildet und besitzen schmale, am Blattstiel angewachsene Nebenblätter mit spitz zulaufenden, gespreizten Öhrchen. Die weißen, rosafarbenen, gelben oder roten Blüten stehen gewöhnlich in Büscheln, die nach der Blüte nach unten geschlagenen Kelchblätter fallen vor der Fruchtreife ab. Die freien Griffel sind halb so lang wie die Staubblätter.

Diese Arten wurden Ende des 18. Jahrhunderts in Europa eingeführt.

Rosa chinensis var. minima **(Sims) Vos**

Sektion ***Cinnamomeae*** DC. (Zimtrosen)

Hierzu zählen etwa 50 Arten aus Asien (36 aus China), Europa und Nordamerika. Zimtrosen besitzen rosa, rote, lila, magentafarbene oder seltener auch weiße Blüten. Die Sträucher sind hoch, aufrecht und bilden oft Ausläufer. Die Zweige tragen in der Regel gerade oder hakenförmige Stacheln, mit Ausnahme der meist unbewehrten, mitunter drüsig-behaarten Blütentriebe. Die bisweilen immergrünen Blätter bestehen aus 5–11 (15) Fiedern sowie angewachsenen Nebenblättern mit verbreiterten, abgespreizten Öhrchen. Ihre Blüten stehen selten einzeln, die aufrechten Sepalen bleiben nach der Blüte gewöhnlich haften. Die Blütenstandsstiele tragen mehr oder weniger verbreiterte Hochblätter.

Rosa giraldii Crép. Section Cinnamomeae

Sektion ***Gallicanae*** DC. (Essigrosen)

Diese Sektion umfasst mehrere sehr alte Arten und Hybriden aus Kleinasien und Europa. Es handelt sich um aufrechte, nicht sehr hohe Sträucher, deren Zweige gekrümmte, häufig mit drüsigen Borsten vermischte Stacheln tragen. Die recht derben Blätter mit angewachsenen Nebenblättern bestehen gewöhnlich aus 5 Blättchen, seltener aus 3. Die meist einzelnen Blüten sind lang gestielt, ihre Farben reichen von Weiß bis Rosa und Purpur (nie Gelb), mitunter sind sie auch weiß gestreift. Die nach der Blüte nach unten geschlagenen Kelchblätter bleiben an den Früchten bis kurz vor der Fruchtreife haften und fallen dann ab. Die Stängel der vielblütigen Blütenstände besitzen häufig kleine, schmale Hochblätter.

Sektion ***Laevigatae*** Thory (Glattblättrige Rosen)

Diese Sektion besteht nur aus einer in China beheimateten Art: *Rosa laevigata* Michx. ist ein kletternder oder kriechender Strauch mit gebogenen, von Borsten untermischten Stacheln. Die immergrünen Blätter werden gewöhnlich aus 3 ledrigen, glänzenden Fiederblättchen gebildet und besitzen freie oder am Blattstiel kaum angewachsene Nebenblätter, die rasch abfallen. Einzelne große weiße Blüten mit zahlreichen Staubblättern sitzen auf feinstacheligen Blütenstielen. Die aufrecht auf der Hagebutte stehenden Kelchblätter bleiben nach der Blüte haften. Hochblätter fehlen.

Rosa laevigata

Sektion ***Pimpinellifoliae*** DC. (Bibernellblättrige Rosen)

Die Arten dieser Sektion sind niedrige, nur selten über 3 m hohe Sträucher aus Asien und Europa mit weißen, rosa, lebhaft gelben oder malvenfarbenen Blüten. Die aufrechten Zweige sind mit Borsten oder mit geraden, ungleich langen Stacheln besetzt; sie tragen kleine Blätter, die aus 7–9, selten mehr als 15 Blättchen bestehen und an die Blätter des Kleinen Wiesenknopfs *(Sanguisorba minor)* erinnern. Die Nebenblätter sind schmal, lang angewachsen und besitzen verbreiterte, abstehende Öhrchen. Brakteen fehlen. Die einzelnen Blüten tragen ganzrandige, auf der Hagebutte gewöhnlich aufrecht stehende Sepalen, die auch nach der Reife haften bleiben. Eine sehr geringe Anzahl von Arten besitzt Blüten mit 4 Petalen und 4 Sepalen.

Sektion ***Synstylae*** DC. (Vereintgriffllige Rosen)

Hierzu zählen an die 20 Arten mit weißen, rosa oder purpurfarbenen Blüten, die im gesamten Verbreitungsgebiet der Gattung vorkommen, insbesondere jedoch in Asien von Korea bis in die Türkei. Sie gehören zu den Vorfahren der meisten gezüchteten Kletterrosenvarietäten. Ihre Zweige werden sehr lang und tragen gekrümmte oder hakenförmige Stacheln, die Laubblätter bestehen aus 5–7 (9) Fiedern und besitzen lang angewachsene Nebenblätter. Brakteen sind meist nicht vorhanden. Die Blüten stehen in Doldenrispen oder in kleinen dreizähligen Büscheln, ihre nach unten geschlagenen Kelchblätter fallen nach der Fruchtreife rasch ab. Die vorragenden Griffel sind zu einer kleinen Säule verwachsen.

Die zur Säule verwachsenen Griffel in der Kronenmitte.

Anatomie

Die etwa 150 Arten der Gattung *Rosa* weisen beträchtliche morphologische Unterschiede auf. In der Größe rangieren sie zwischen dem bescheidenen Strauch der *Rosa persica*, der einen Kohlkopf in der Höhe gerade überragt, bis hin zu den beeindruckenden Arten *Rosa gigantea* oder *Rosa brunonii*, deren Triebe sich 15 m hoch und höher erstrecken und die gesamte Krone eines großen Baumes überwuchern können.

Auch Farben und Formen der Laubblätter sind breit gefächert, vom winzigen sitzenden (ungestielten) Blatt der *Rosa persica* bis hin zu den großen zusammengesetzten Blättern der *Rosa longicuspis sinowilsonii*. Die Farben reichen von klarem Grün bis Grau oder fast Blau. Manche Blätter sind glatt und glänzend, andere rau und filzig, oft drüsig, mitunter aromatisch. Die Zweige tragen häufig, aber nicht immer Stacheln, manchmal auch Borsten, eine Art mehr oder weniger steifes Haar. Auch die Stacheln variieren in der Form von Art zu Art. Die Blüten der Wildarten sind gewöhnlich einfach, wie bei der Hundsrose, und besitzen meist 5, in einigen Fällen auch nur 4 Petalen.

Formen der Bestachelung **Abb. 1**

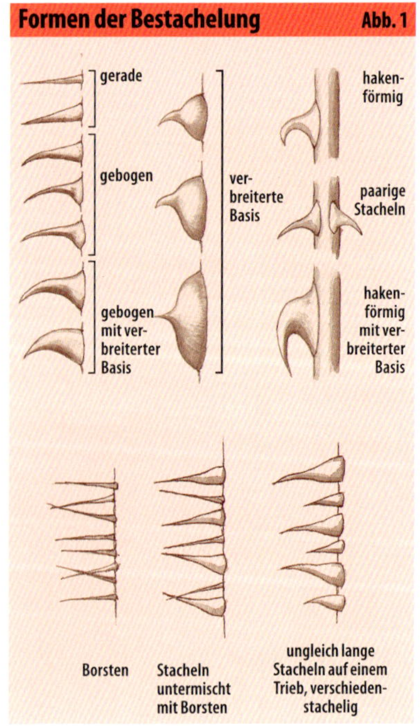

Zweige, Stacheln, Blätter, Blüten und Früchte der Rosen – sie alle liefern uns Hinweise zur Bestimmung einer Art. Um die jeweils typischen Merkmale und so die Art sicher erkennen zu können, müssen diese verschiedenen Organe der Wildrose eingehend betrachtet werden.

Zweige und Stacheln

Die Zweige können kräftig und aufrecht oder dünn und biegsam sein, sich am Boden ausbreiten oder klettern, soweit sie eine geeignete Stütze finden, und tragen bis auf seltene Ausnahmen meist Stacheln. Viele Rosen besitzen grüne Triebe, die nach ein, zwei Jahren grau oder bräunlich werden. Nicht selten sind die Zweige bläulich grün oder sogar violettlich (Foto 1). Bei einigen Arten sind die Jungtriebe bereift, also mit einem feinen, wächsernen Film überzogen, der sich mit dem Finger abstreifen lässt.

R. stylosa

R. canina

R. farreri

R. sweginzowii macrocarpa

R. multibracteata

R. omeiensis chrysocarpa

R. omeiensis pteracantha

R. pteragonis

R. setipoda

Formen der Nebenblätter Abb. 2

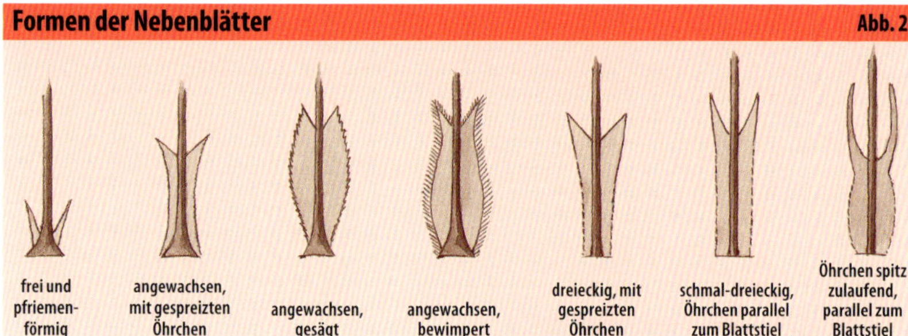

Eine Besonderheit weisen die Zweige der zur Untergattung *Platyrhodon* gehörenden Rosen auf: Ihre Rinde blättert ab, so wie die Rinde von Birken oder manchen Ahornarten *(Acer griseum)* (siehe Foto S. 14).

Rosen besitzen Stacheln und keine Dornen. Stacheln sind Auswüchse der Rinde und lassen sich abstreifen, ohne dabei die eigentliche Rinde zu beschädigen, während ein Dorn aus dem Zweig, meist mitsamt einem Stückchen Holz, nur herausgerissen werden kann. Stacheln können gerade, gekrümmt oder hakenförmig, dünn oder breit, zylindrisch oder flach sein und sind häufig ein zuverlässiges Bestimmungsmerkmal (Abb. 1, Fotos 2–5).Die Farbpalette der Stacheln reicht von Schwarz bis Weiß, dazwischen liegen die verschiedensten Töne in Grün, Braun, Gelb, Purpur oder intensivem Rubinrot (Fotos 6–9).

Blätter und Nebenblätter

Das vom Stängel ausgehende erste Organ eines Rosenblatts ist das Nebenblätterpaar, längliche, blätterartige Auswüchse an der Basis des Blattstiels.

Formen der Blättchen Abb. 3

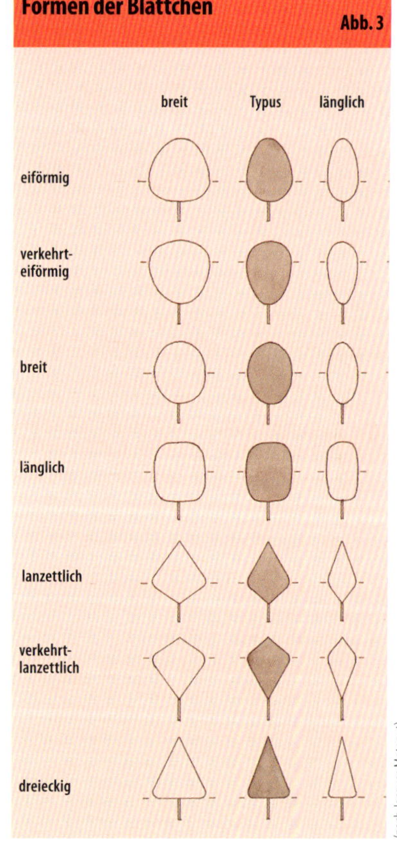

(nach Jacques Moteguт)

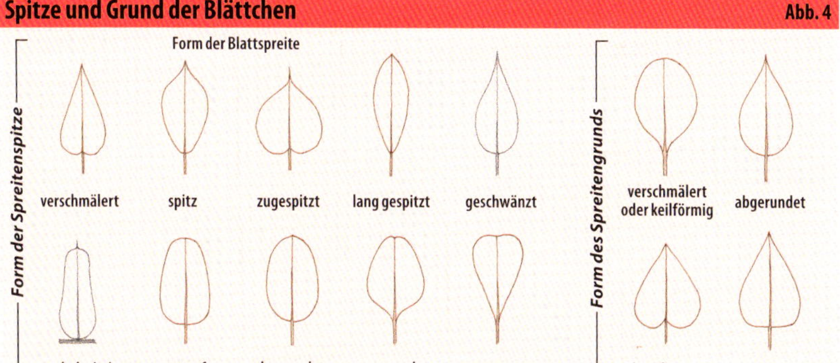

Sie sind meist auf fast gesamter Länge fest am Blattstiel angewachsen. Am Ende befinden sich zwei nicht angewachsene Zünglein, die Öhrchen, die sich von der Achse des Blattstiels mehr oder weniger abspreizen. Wie die Blättchen besitzen auch die Nebenblätter meistens einen gezähnten oder gesägten Rand, die Oberfläche kann mehr oder weniger drüsig sein (Abb. 2).

Die Laubblätter der Rosen sind fast immer zusammengesetzt und unpaarig gefiedert. Die Anzahl der Fiederblättchen ist artabhängig, gewöhnlich sind es 3–11, selten mehr als 15 und nur äußerst selten mehr als 17 *(Rosa roxburghii, Rosa omeiensis)*. Selbst bei einem Individuum ist die Blättchenanzahl relativ variabel: in Blütennähe ist sie meist geringer. In den nachfolgenden Porträts steht die weniger häufig vorkommende Blättchenanzahl in Klammern: Beispielsweise wird bei der *Rosa banksiae* die Anzahl der Fiedern mit 3–5 (7) angegeben, wobei 7 Fiedern sehr selten, aber möglich sind. Bei der Blattgröße beeindrucken einige asiatische Arten: So erreichen die Blätter der *Rosa longicuspis sinowilsonii* eine Länge von knapp 20 cm.

Die Blattspindel trägt häufig winzige Stacheln, die man fühlen kann, wenn man mit dem Finger an der Spindel auf der Blattunterseite entlangfährt.

Bei vielen Rosen sind die Blättchen drüsig. Die Blattspreite hat meist nur auf der Unterseite, gelegentlich auch beiderseits, winzige Drüsen, die mit bloßem Auge kaum zu erkennen sind. Häufig ist die Unterseite auch fein behaart (sehr feine, kurze Härchen) oder filzig behaart (feine, kurze, sehr dicht stehende Härchen). Die Formen der Blättchen sind in den Abbildungen 3 und 4 dargestellt.

Der Blattsaum kann Zähne aufweisen oder ganzrandig sein, oder aber im unteren Teil der Fieder in Nähe der Blattspindel ganzrandig und im oberen Teil gezähnelt sein, der umgekehrte Fall tritt jedoch nie auf.

Die Zähnung kann einfach oder doppelt sein (d. h., ein kürzerer Zahn liegt zwischen zwei langen) mit mehr oder weniger tiefen Einschnitten oder, bei fein gesägtem Rand, feine, spitze Zähne besitzen. Häufig sind gezähnte oder gesägte Blattränder auch drüsig (Abb. 5).

Die Morphologie der Pflanzen, insbesondere der Laubblätter, sagt viel über die Umgebung aus, an die sie sich angepasst haben. So entwickeln Pflanzen in einem dunklen und feuchten Lebensraum große, meist kahle Blätter und besitzen häufig ein wenig ausgeprägtes Stachelsystem. Umgekehrt tragen Rosen in trockenen und sonnigen Gegenden kleine, oft dicht behaarte Blätter, um nicht zu schnell auszutrocknen, und sind mit einem schützenden System aus dichten, gut ausgebildeten Stacheln ausgerüstet.

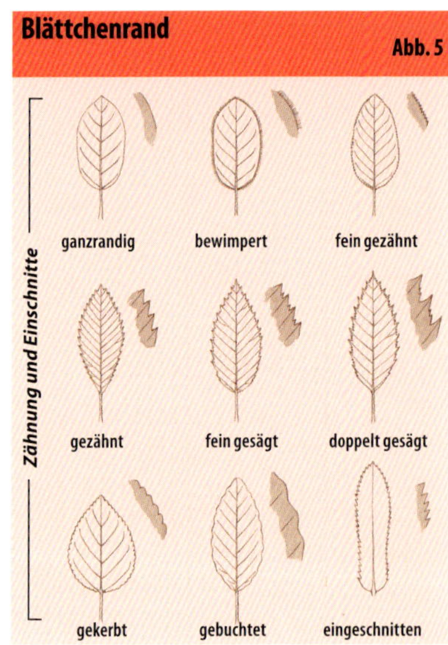

Blütenstände

Rosenblüten entfalten sich auf unterschiedliche Art und Weise: Bei Wildrosen kommen einzelne Blüten etwas weniger häufig vor.

Eine Scheindolde ist ein Blütenstand, der von einer Hauptachse mit einer endständigen, sich als Erstes öffnenden Blüte sowie mehr oder weniger verzweigten Seitenachsen gebildet wird, die ebenfalls eine endständige Blüte sowie weitere seitliche Blüten tragen.

Nicht selten findet man in einem Büschel nur zwei oder drei Blüten. Diese umschreiben wir hier mit Ausdrücken wie paarige Blüten, dreiblütiger Blütenstand oder zu wenigen im Büschel, auch wenn diese Strukturen bei genauerem Hinsehen durchaus den Blütenständen von Dolden, Rispen oder Doldenrispen entsprechen.

Bei einer Dolde entspringen die Blütenstiele alle an einem Punkt des Stängels und die Blüten befinden sich in einer annähernd horizontalen oder leicht nach oben gewölbten Ebene. Die Blüten von Doldenrispen stehen ebenfalls auf ungefähr gleicher Höhe, allerdings setzen die Blütenstiele an verschiedenen Stellen des Stängels an. Rispen bilden eine Art zusammengesetzter Traube in Form einer Pyramide, die von einer einfachen Achse getragen wird und bei welcher die Blütenstiele von der Basis zur Spitze hin immer kürzer werden (Abb. 6).

Form der Hochblätter Abb. 7

elliptisch, Apex zugespitzt

spitz-elliptisch, Apex zugespitzt

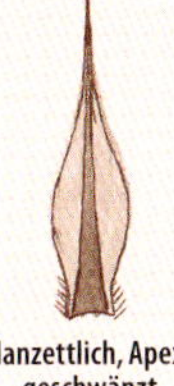
lanzettlich, Apex geschwänzt

elliptisch und stachelspitzig

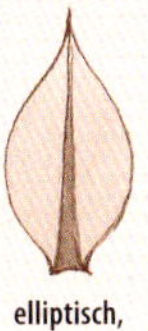
elliptisch, Apex spitz

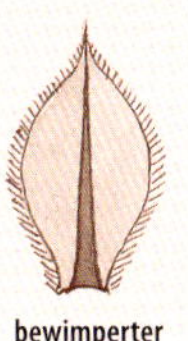
bewimperter Rand

Blütenstandsstiel, Blütenstiel und Hochblätter

Wildrosenblüten besitzen bestimmte für die Gattung *Rosa* typische Merkmale.

Hochblätter, auch Brakteen, sind kleine Blätter in Blütennähe, die mit Ausnahme der Arten der Sektion *Pimpinellifoliae* bei den meisten Arten vorhanden sind. Brakteen, ebenso wie Vorblätter (Brakteolen), erscheinen an der Basis des Blütenstandsstiels oder des Blütenstiels und sind immer ganzrandig, nie gezähnt oder gelappt. Der lateinische Name mancher Art leitet sich direkt vom Vorhandensein der Hochblätter ab: *Rosa bracteata* und *Rosa multibracteata* sind damit offensichtlich reich bestückt (Abb. 7).

Blütenstände Abb. 6

Dolde

Scheindolde

zusammengesetzte Dolde

zusammengesetzte Scheindolde

Doldenrispe

zusammengesetzte Rispe

zusammengesetzte Rispe

Blütenstiele und Blütenstandsstiele tragen häufig winzige oder nadelförmige Stacheln. Mitunter sind sie auch mit Härchen oder Drüsen bedeckt; besitzen sie beides, werden sie als drüsig behaart oder drüsig-borstig bezeichnet.

Die Kelchblätter

Am Ende der Blütenachse befindet sich der Blütenboden, der die verschiedenen Teile der Blüte trägt: Blütenkelch, Blumenkrone, Staubblätter und Stempel. Mit diesen vier Organen ist die Rosenblüte vollständig. Sie ist zwittrig, da sie sowohl männliche als auch weibliche Geschlechtsorgane besitzt. Zudem ist sie radiär, weil all ihre Teile um die Blütenachse herum identisch angeordnet sind.

Der Blütenkelch ist die Gesamtheit der grünen Kelchblätter (Sepalen).

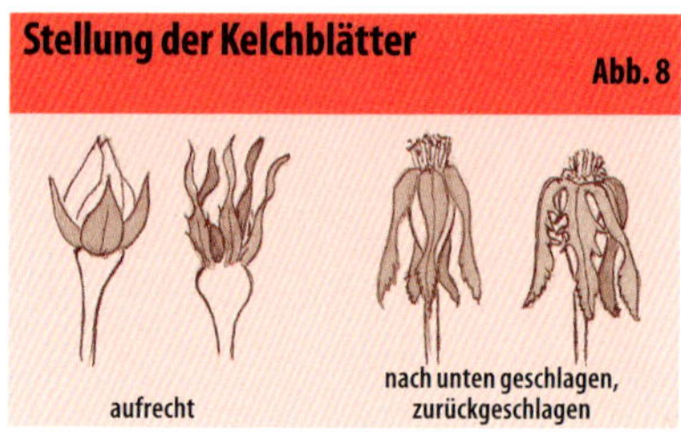

Diese stehen an der Knospe eng und geschlossen aneinander, beim Aufblühen der Blüte öffnen auch sie sich allmählich (Abb. 8). Sepalen erscheinen in verschiedenen Formen, sie können spitz zulaufend, lanzettlich oder blattartig sein (Abb. 9) und liefern damit weitere Merkmale zur Bestimmung einer Art. Die äußere Seite des Kelchblatts ist häufig mit feinen Haaren oder Borsten bedeckt, manchmal auch mit feinen Stacheln. Die Sepalen mehrerer Wildrosenarten weisen Drüsen auf, die mit bloßem Auge kaum zu erkennen sind, aber bei Berührung ein klebriges Sekret absondern und dabei auch oft einen aromatischen Duft verströmen.

Eine weitere Besonderheit der Kelchblätter mancher Arten ist die Fähigkeit, drüsige, kräftig grüne und stark verästelte Auswüchse zu bilden. Sie werden

R. x *centifolia* var. *muscosa* (Mill.) Ser. 'Moosrose'

als «Moos» bezeichnet (*R. muscosa* und alle anderen Moosrosen) und verleihen den Rosen mitunter ein erstaunliches Aussehen.

Alle Rosenblüten, egal ob einfach oder gefüllt, besitzen fünf Kelchblätter mit Ausnahme der *R. sericea*, *R. omeiensis* und ihrer Varietäten, die oft nur vier haben.

Die Knospe ist von zwei Sepalen umhüllt, die sich morphologisch von den

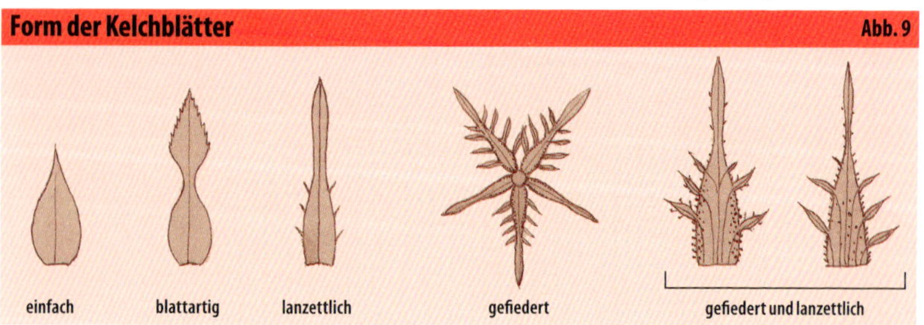

Form der Blütenblätter **Abb. 10**

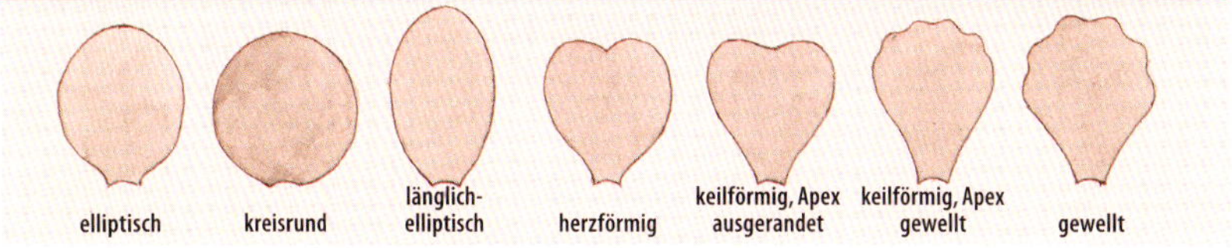

elliptisch | kreisrund | länglich-elliptisch | herzförmig | keilförmig, Apex ausgerandet | keilförmig, Apex gewellt | gewellt

restlichen drei unterscheiden können und häufig fiederteilig sind.

Wie lange die Kelchblätter an Blüte und Frucht bleiben, hängt von der Art ab, ebenso die Stellung während der Fruchtreife. Ob bleibend oder abfallend, abgespreizt, aufrecht oder zurückgeschlagen – auch diese Merkmale der Sepalen sind wichtig zum Erkennen einer Art.

Die Blütenblätter

Die Blumenkrone der Wildrosen wird meist von fünf, gewöhnlich kahlen Blütenblättern (Petalen) gebildet, die konzentrisch angeordnet sind. Durch mutationsbedingte Umwandlung von Staubblättern in Petalen entstehen halb gefüllte Blüten, also Blüten mit 10–20 Petalen, oder gefüllte Blüten bei mehr als 20 Petalen. Natürlich gibt es Ausnahmen. So besitzen beispielsweise *R. omeiensis* und *R. sericea* und ihre Varietäten nur vier Petalen. Bei der *Rosa x dupontii* kann man bei genauem Hinsehen gelegentlich sechs, sieben oder sogar acht Blütenblätter erkennen. Bei Blüten mit weniger als 10 Petalen sind die überzähligen, bedingt durch fehlerhafte Umwandlung von Staub- in Blütenblätter, meist kleiner.

Die Basis des Blütenblattes, der Nagel, ist häufig ein bis zwei Nuancen heller als der obere Teil. Dass umgekehrt der Nagel dunkler ist als der obere Teil, kommt nur selten und nur bei *R. persica* und ihrer Hybride *R. x hardii* vor.

Je nach Art können sich die Petalen überlappen und eine durchgehende Krone bilden oder voneinander durch einen schmalen Spalt getrennt sein, wie bei *R. helenae*.

Das Blütenblatt wird von einem Netz radialer Adern durchzogen, das je nach Art mehr oder weniger sichtbar ist. In den meisten Fällen verblassen die Petalen im Laufe der Blütezeit allmählich.

Die Form der Blütenblätter ist ein weiteres wichtiges Kriterium bei der Artbestimmung (Abb. 10).

Die Staubblätter

Die Staubblätter stellen die männlichen Geschlechtsorgane dar und sind an der Basis der Petalen konzentrisch als Krone angeordnet, ihre Anzahl variiert von 20–100.

Sie bestehen aus einem meist weißen oder strohgelben Staubfaden, dessen Basis im Kelch zwischen Krone und Stempel sitzt und den Staubbeutel trägt.

Die Staubbeutel der Rosen werden von zwei Hälften gebildet. Darin befinden sich die die Pollensäcke, die den Pollen erzeugen und einschließen. Sie sind oft sehr hübsch und dekorativ.

Der Stempel

Der die weiblichen Geschlechtsorgane bildende Stempel besteht aus mehreren Fruchtblättern, die jeweils aus dem die Samenanlage umschließenden Fruchtknoten sowie dem Griffel bestehen, der in der schleimigen, rauen oder zottig behaarten Narbe endet. Die Narben haben die Aufgabe, die Pollenkörner festzuhalten. Die Fruchtblätter sind frei stehend oder teils oder vollständig miteinander verwachsen.

Der Griffel, eine Art mehr oder weniger lange Säule, wird als vorragend bezeichnet, wenn er den Blütenboden überragt und die Narbe sich auf halber Höhe der Staubblätter befindet. Ansonsten befinden sich die Narben auf Höhe des Diskus, einer drüsigen Ringwulst, die die Basis der Fruchtknoten umgibt. Die Wortherkunft der Sektion *Synstylae* vom griechischen *syn*, «zusammen», also wörtlich «vereinigte Griffel», definiert das Merkmal der Arten dieser Sektion deutlich, nämlich die zu einer Säule verwachsenen vorragenden Griffel.

Hagebutten

Am Ende der Blütezeit wandelt sich der Blütenboden um, und es entsteht die Hagebutte, die nur die Hülle für die eigentlichen Früchte der Rose darstellt, die Schließfrüchte im Inneren der Hagebutte.* Die Vielfalt in Form, Farbe und Textur macht den besonderen Reiz dieser Scheinfrüchte aus, wie auch die Fotos in diesem Buch immer wieder zeigen.

Hagebutten sind meist kugelig oder fast kugelig, sie können aber auch birnen-, krug-, kreisel-, flaschen- oder amphorenförmig sein (Abb. 11). Ihr Äußeres ist mitunter lackglatt, oder sie sind mit drüsigen Härchen oder Borsten überzogen. Die Farbpalette reicht von Schwarz über Grün bis Rot oder Orangefarben, mitunter zeigen sie sich sogar zweifarbig. Hagebutten verdeutlichen in wunderbarer Weise die außergewöhnliche Vielfalt, die

* Auch wenn es sich um eine Scheinfrucht handelt, wird die Hagebutte im Folgenden weiterhin als «Frucht» bezeichnet.

Form der Früchte **Abb. 11**

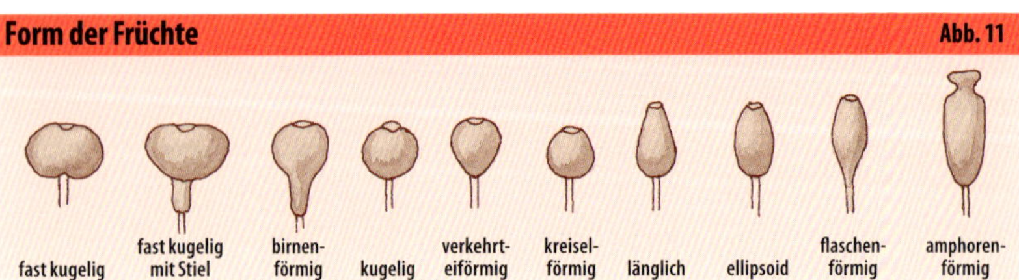

die Natur selbst auf so einem überschaubaren Feld wie dem der Früchte aus der Pflanzengattung *Rosa* hervorgebracht hat.

Winterhärte

Winterhärtezonen sind Klimazonen, die durch die über mehrere Jahre berechneten jahresdurchschnittlichen Tiefsttemperaturen begrenzt werden. Sie zeigen an, welche Pflanzen den Winter in einer bestimmten Region überleben können, da etliche keinen längeren Frost vertragen. Die USDA-Klimazonentabelle (*US Department of Agriculture*, Landwirtschaftsministerium der USA) umfasst 13 Zonen, wobei 1 die kälteste bezeichnet und 13 die wärmste. Diese sind wiederum in Subzonen unterteilt, gekennzeichnet durch die Buchstaben *a*, *b*, *c*; Zone *c* ist etwas wärmer als die restlichen.

Im vorliegenden Buch erscheint die jeweilige Winterhärtezone am Ende eines Porträts, und zwar mit dem Buchstaben «Z» und der entsprechenden Zonenziffer, aber ohne Subzone.

TABELLE WINTERHÄRTEZONEN

ZONE	TIEFSTTEMPERATUR auf Zehnerstellen ab- bzw. aufgerundet
1	< – 46 °C
2	– 46 °C bis – 40 °C
3	– 40 °C bis – 34 °C
4	– 34 °C bis – 29 °C
5	– 29 °C bis – 23 °C
6	– 23 °C bis – 18 °C
7	– 18 °C bis – 12 °C
8	– 12 °C bis – 7 °C
9	– 7 °C bis – 1 °C
10	– 1 °C bis + 4 °C
11	+ 4 °C bis + 10 °C
12	+ 10 °C bis + 16 °C
13	> + 16 °C

Wildrosen in Mitteleuropa

Rosenliebhaber, die auf ihren botanischen Streifzügen in unseren Gefilden heimische Wildrosenarten bestimmen möchten, finden im Anhang (S. 224) eine entsprechende Liste. Ein guter Beobachter wird beim Pflanzensammeln feststellen, dass es sich nicht bei jeder Rose am Wegesrand mit orangeroten Früchten um Hundsrosen handelt (*R. canina* L.), denn allein in Westeuropa gibt es um die 40 Wildrosenarten!

Glossar

Achäne: einsamige, trockene Frucht.

achselständig (axillar): in dem als Blattachsel bezeichneten Bereich zwischen Stängel und Blattgrund sitzend.

Apex: Spitze eines Organs, z. B. eines Laub-, Blüten- oder Kelchblattes.

aufrecht: annähernd vertikal aufsteigend.

ausgerandet: bezeichnet einen Rand mit leichter Einbuchtung an der Spitze (von Laub-, Blüten- oder Kelchblatt).

ausgeschnitten: mit flachem Einschnitt an der Spitze (eines Blatts).

Ausläufer: ein direkt aus einer Baum- oder Strauchwurzel hervorgehender Spross, der der vegetativen Vermehrung dient.

basal: an der Basis sitzend.

berandet: mit einem farblich abgesetzten Rand (Laub-, Blüten- oder Kelchblatt).

bereift: mit einem wachsartigen, pudrigen Sekret überzogen, wie beispielsweise Pflaumen.

bespitzt: abrupt in einer kleinen, kurzen Spitze endend (Blattspitze).

bewimpert: bezeichnet einen mit aufrechten, in Reihe stehenden kleinen Haaren besetzten Rand.

Blättchen: auch Fiederblättchen oder Fieder, bezeichnet bei Rosen das einzelne Blättchen der zusammengesetzten Blätter.

Blattnerven: Blattadern, Gefäßbahnen des Blattes.

Blattspindel (Rhachis): Hauptachse eines zusammengesetzten Blattes oberhalb des Blattstiels.

Blattspreite: die Fläche eines Laubblattes.

Blattstiel (Petiolus): meist schmaler, länglicher unterer Teil eines Blattes, der den oberen Teil des Blatts, die Blattspreite, mit dem Stängel verbindet.

Blütenstandsstiel (Pedunculus): die einen Blütenstand tragende Achse.

Blütenstiel (Pedicellus): bei verzweigtem Blütenstandsstiel der eine einzelne Blüte tragende Stiel.

Blütezeit (Anthese): die Phase des Blühens von der Knospenentfaltung bis zum Verblühen.

borstig: mit langen steifen, fast stacheligen Haaren besetzt.

Braktee: s. Hochblatt.

cuspidat: lang gespitzt.

Dolde: Blütenstand, bei dem die Blütenstiele an einem gemeinsamen Punkt ansetzen und die Blüten in einer geraden oder leicht gewölbten Ebene stehen.

Dolden- oder Schirmrispe: Blütenstand mit auf unterschiedlicher Höhe an der Achse ansetzenden, aber etwa auf gleicher Höhe endenden Blütenstielen.

doppelt gesägt: Blattrand mit ungleich langen Zähnen, meist ein kurzer und ein langer Zahn im Wechsel.
Drüsen: kleine Organe, die verschiedenartige Sekrete absondern.
drüsig: mit Drüsen besetzt.
eingeschnitten: bezeichnet einen Rand mit unregelmäßigen, mehr oder weniger tiefen Einschnitten.
ellipsoid: ellipsenähnlich.
elliptisch: länglich und an beiden Enden abgerundet.
fein behaart: mit feinen, kurzen, weichen, locker stehenden Haaren bedeckt.
fein gesägt: bezeichnet einen Rand mit feinen, regelmäßigen Zähnen wie bei einem Sägeblatt.
fein gezähnt: auch «gezähnelt», beschreibt einen mit kleinen Zähnchen versehenen Rand.
feinstachelig: mit winzigen Stacheln besetzt.
Fieder: siehe Blättchen.
fiederspaltig: kennzeichnet ein geteiltes oder gelapptes Blatt, bei dem die Einschnitte nicht die Spreitenmitte erreichen.
fiederteilig: kennzeichnet ein fiedernerviges Laubblatt oder gelapptes Kelchblatt, bei dem die Einschnitte wie bei einer Feder bis zur Spreitenmitte reichen.
filzig: mit dichtem Flaum oder kurzen, dichten, weichen und miteinander verwobenen Haaren bedeckt, sodass ein mehr oder weniger weicher Filz entsteht.
flach-kugelig: bezeichnet eine in vertikaler Richtung zusammengedrückte, kugelige Form. Eine bei gleichbleibender Proportion flach-kugelige Frucht erinnert an einen Kürbis.
flaumhaarig: spärlich mit kurzem Flaum bedeckt.
ganzrandig: bezeichnet einen ungeteilten Rand ohne Einschnitte oder Zähnung.
geschwänzt (caudat): mit schmalem, länglichem Schwanz oder Anhängsel (z. B. Blattspitze).
gespreizt: bezeichnet locker im offenem Winkel zueinander stehende und in alle Richtungen gehende Zweige.
gezähnt: beschreibt einen mit einfachen Zähnen versehenen Rand.
glutinös: klebrig.
Griffel (Stylus): kleiner, stielartiger Teil, der die Narbe trägt.
heterophyll: verschiedenblättrig, mit mindestens zwei unterschiedlichen Blattformen.
Hochblatt (Braktee): kleines, an der Basis eines Blütenstandsstiels sitzendes Blatt.
Hybride: eine durch Kreuzung zweier genetisch verschiedener Taxa erzeugte Pflanze.
kahl: ohne Haare.
Kelchblatt (Sepalum): äußeres Blatt des Blütenkelchs, das meist mehr oder weniger grün und weniger deutlich sichtbar ist als die Blütenblätter. Die Gattung *Rosa* besitzt gewöhnlich 5 Sepalen.
Klon: eine durch vegetative Vermehrung (Veredelung, Stecklinge, Absenker) erzeugte Pflanze.
Knoten (Nodus): Ansatzstelle der Laubblätter auf der Sprossachse.

kugelig: annähernd kugelrund.
Kultursorte (Kultivar): aus dem Englischen *cultivated variety* zusammengesetztes Wort, das eine züchterisch bearbeitete Pflanze bezeichnet.
länglich: deutlich länger als breit und an beiden Enden abgerundet.
lanzettlich: in Form einer Lanzenspitze (z. B. Blattform).
Lappen: mehr oder weniger abgerundeter Abschnitt zwischen zwei Vertiefungen.
nach unten geschlagen: weit zurückgeschlagen, mehr oder weniger an der Hauptachse anliegend (Kelchblätter).
Nadelstachel: dünner, starrer, gewöhnlich gerader Stachel.
Nagel: schmale Basis des Blütenblattes.
Narbe (Stigma): häufig drüsiges Ende des Griffels, auf dem der Pollen haften bleibt.
Nebenblatt (Stipel): paariger, gewöhnlich blattartiger Auswuchs zu beiden Seiten des Blattgrunds.
Nervatur: auch Blattnervatur, Gesamtheit der Blattnerven.
netzadrig: bezeichnet ein Blatt, dessen Adern netzartig verlaufen.
niederliegend: bezeichnet Triebe, die sich flach auf dem Boden ausbreiten.
ob-: Präfix, das «entgegensetzt, wider» bedeutet.
obkordat: verkehrt-herzförmig.
obovat: siehe verkehrt-eiförmig.
Öhrchen (Auricula): an der Blattbasis sitzende blattartige Lappen.
ovoid: eiförmig, mit der breiteren Stelle in Basisnähe.
paarig: bezeichnet in Paaren auftretende Organe.
Petalum (pl. Petalen): Blütenblatt, Kronblatt.
pfriemenförmig: von der Basis zur Spitze geringfügig schmaler werdend.
razemös: bezeichnet traubige Blütenstände.
Rispe: Blütenstand, bei dem die mehr oder minder verzweigten Nebenachsen von der Basis zur Spitze in der Länge immer kürzer werden.
Scheindolde: Blütenstand, bei dem die Hauptachse nur eine Endblüte trägt und die ebenfalls nur eine Endblüte tragenden Seitenachsen sich unterhalb jeder Endblüte verzweigen.
Sepalum (pl. Sepalen): siehe Kelchblatt.
sessil: siehe sitzend.
sitzend (sessil): ohne Blatt- oder Blütenstiel.
Spindel: siehe Blattspindel.
Sport: Pflanze mit auffälliger Abweichung, die durch Mutation, also einer spontanen Veränderung im Erbgut, entstanden ist; ein Sport kann durch Klonen vermehrt werden.
Spreite: siehe Blattspreite.
stachelspitzig: in einer geraden, steifen Spitze endend (Blattspitze).
Staubbeutel (Anthere): verbreitertes Ende des Staubblattes, das die Pollensäcke enthält, in denen der Pollen gebildet wird.
Staubblätter: männliche Geschlechtsorgane von Pflanzen, bestehend aus dem Staubfaden

(Filament) und dem von ihm getragenen Staubbeutel (Anthere), der den Pollen erzeugt.

sub-: Präfix mit der Bedeutung «ein wenig, etwas, gegen, unter».

Taxon: systematische Einheit beliebigen Ranges, wie etwa Art, Familie oder Klasse, deren Mitglieder ähnliche Merkmale besitzen.

Taxonomie: Wissenschaft der Klassifizierung von Lebewesen in hierarchische Gruppen.

Trugdolde: siehe Scheindolde.

verkehrt-eiförmig: sich zur Spitze hin verbreiternd (z. B. Laub-, Blüten-, Kelchblatt).

Vorblatt (Brakteole): kleines Hochblatt.

Wirtel: Ansammlung identischer im Kreis angeordneter Organe, die gleichzeitig oder fast gleichzeitig auf derselben horizontalen Ebene erscheinen.

Wuchs, auch Habitus: Erscheinung, Statur einer Pflanze.

zottig behaart: mit langen, feinen, gekräuselten, dichten Haaren.

zugespitzt: abrupt in einer länglichen, spitz zulaufenden Spitze endend (Blattspitze).

zurückgeschlagen: nach außen und unten gebogen (z. B. Kelchblätter).

Zur Benutzung des Buchs

Die Artenporträts erfolgen in alphabetischer Reihenfolge der wissenschaftlichen Namen. Der lateinischen Bezeichnung in Kursivschrift folgt der Name des Autors der Diagnose (Beschreibung), gegebenenfalls abgekürzt nach Artikel 46–50 des Internationalen Codes der Botanischen Nomenklatur (ICBN). Nur sehr kurze Namen werden ausgeschrieben. Die kürzeste Abkürzung ist Carl Linné vorbehalten: Sie lautet schlicht «L.». Häufig wird nach dem Namen des Autors auch das Veröffentlichungsdatum der Diagnose angegeben. Gemäß Prioritätsregel muss der Autor der ältesten Beschreibung stets als Erster genannt werden, auch wenn die Art inzwischen anders heißt. Die alphabetische Liste der Autorenkürzel findet sich im Anhang zusammen mit dem vollständigen Namen und ergänzenden biografischen Kurzinformationen. So ist beispielsweise aus dem Namen *Rosa palustris* var. *inermis* (Reg.) C. O. Erlanson ersichtlich, dass die Erstbeschreibung der Rose von Eduard August von Regel (1815–1892) stammt, allerdings hatte er sie *Rosa carolina* var. *inermis* Reg. genannt. Gemäß der jetzt gültigen Bezeichnung, die auf Carl Oscar Erlanson (1901–1975) zurückgeht und 1925 von der Wissenschaftsakademie in Michigan veröffentlicht und von der ICBN angenommen wurde, gehört diese Varietät zur Art *Rosa palustris* Marsh.

In der Titelzeile der Porträts steht rechts neben dem Namen die Untergattung oder Sektion, zu der die Art gehört. Diese wird bei den jeweiligen Varietäten nicht wiederholt und fehlt auch bei Hybriden, deren elterliche Arten zu unterschiedlichen Sektionen oder Untergattungen gehören.

Darunter folgt eine Aufzählung der Synonyme mit Autorennamen.

Soweit der Artname nicht selbsterklärend ist, wird seine Herkunft erläutert.

Die Verbreitung einer Art entspricht ihrem natürlichen Lebensraum. Soweit bekannt, wird auch das Jahr angegeben, in dem eine Pflanze in Kultur genommen wurde.

Unter dem gegebenenfalls vorhandenen Stichwort «Herkunft» werden im Falle von Hybriden die Namen der Eltern angegeben beziehungsweise der Name des Botanikers oder Gärtners, der die Rose ursprünglich entdeckte oder erzielte.

Die Beschreibungen der Pflanze erfolgen stets in derselben Reihenfolge: zunächst ihr allgemeines Aussehen, dann Triebe und Stacheln, gefolgt von Laub, Blüten und Früchten. Die Arten werden detailliert beschrieben, bei Varietäten und gegebenenfalls Kultursorten werden nur die Merkmale benannt, in denen sie vom Arttypus abweichen.

Abkürzungen, lateinische Begriffe

auct.: *auctorum*, Autoren. Soweit die Abkürzung allein steht, zeigt sie an, dass es zu diesem Namen mehrere Autoren gibt, von denen aber keiner eine gültige Beschreibung veröffentlicht hat, z. B. *Rosa suavis* auct., Synonym von *Rosa acicularis* Lindl.

auct. mult.: *auctorum multorum*, von mehreren Autoren. Siehe oben.

ex: Dem Namen des Autors vorangestellt, bedeutet die Abkürzung, dass der Autor das betreffende Taxon zwar beschrieben, aber nicht in gültiger Art und Weise veröffentlicht hat. Zum Beispiel *Rosa iberica* Steven ex M. Bieb.: Das 1819 von Christian von Steven veröffentlichte Taxon war von Friedrich A. M. von Bieberstein beschrieben, jedoch nicht veröffentlicht worden.

f.: *forma*, Form. Beschreibt ein Taxon von niedrigerem taxonomischem Rang als die Varietät. Beispiel: *Rosa x centifolia* var. *muscosa* (Mill.) Ser. f. *alba*.

hort.: Abkürzung für *hortorum* oder *hortulanorum*, Garten-, Gärtner-. Sie steht anstelle eines Autorennamens, wenn es sich um eine gewöhnliche Varietät aus Gartenkultur und nicht um eine Wildpflanze handelt. Beispiel: *Rosa x centifolia* var. *minor* hort., ist eine alte, aus Gartenkultur stammende Varietät von *Rosa x centifolia* L.

non: bedeutet, dass ein Taxon nicht mit dem von einem anderen Autor beschriebenen Taxon zu verwechseln ist, dessen Name dem «non» folgt. Beispiel: *Rosa blanda* Pursh non Ait. bedeutet, dass die unter dem Namen *R. blanda* von Friedrich Traugott Pursh (1774–1820) veröffentlichte Diagnose nicht mit der *Rosa blanda* Ait. zu verwechseln ist, die von William Aiton (1731–1793) gültig beschrieben und veröffentlicht wurde. Übrigens ist *R. blanda* Pursh ein Synonym von *R. nitida* Willd.

R.: Im Textkorpus steht die Abkürzung *R.* für *Rosa*.

sensu: Die korrekte Interpretation einer Beschreibung ist die des Autors mit vorangestelltem «sensu». Beispiel: *Rosa indica* sensu Lour. non L.

subsp. oder **ssp.:** *subspecies*, Unterart, Subspezies. In der Rangordnung der Klassifizierung direkt unter der Art stehend. Die Unterart, die dem im Referenztypus beschriebenen Exemplar entspricht, muss nicht veröffentlicht werden, sie wird durch eine Wiederholung des Namens der Typusart bezeichnet.

var.: *varietas*, Varietät.

x: Der zwischen dem Gattungsnamen *Rosa* und dem Artepitheton stehende Buchstabe «x» bezeichnet eine Hybride einer speziellen Rangstufe. Beispiel: *Rosa* x *nitidula* Bess., Hybride aus *R. canina* L. x *R. rubiginosa* L.

Wildrosen

und ihre wichtigsten Hybriden

Rosa abietina Gren. ex Christ 1873 Sektion Caninae

Synonyme: *R. canina* L. var. *abietina* (Gren. ex Christ) Bouleng, *R. obtusifolia* auct. mult. non Desv. subsp. *abietina* F. Herm.
Trivialname: Tannenrose.
Namensherkunft: Lateinisch *abies* «Tanne», bezugnehmend auf ihren Naturstandort.
Verbreitung: Schweizer Alpen, französischer Jura. Verwandt mit *R. canina* L., von der sie sich durch ihre kleinen blassrosa Blüten unterscheidet.

Rosa abyssinica R. Br. ex Lindl. Sektion Synstylae

Trivialname: Abessinische Rose.
Verbreitung: Horn von Afrika (Äthiopien), Südwesten der arabischen Halbinsel; in Höhenlagen von 800–3000 m.
Beschreibung: 2–2,5 m hoher Kletterstrauch mit gebogenen Trieben, mit vielen geraden und hakenförmigen Stacheln.
• An ihrem Naturstandort immergrüne Blätter, die aus 5–7 elliptischen oder eiförmigen, 2–3 cm großen, mittelgrünen Blättchen bestehen, deren Mittelrippe auf der Unterseite oft fein behaart ist.
• Duftende Blüten, zu 3–10 in Scheindolden, Kelchblätter nach unten geschlagen vor der Fruchtreife abfallend, Blütenblätter weiß bis cremegelb. Öfter blühend.
• Frucht 8–12 mm, kugelig oder länglich, mitunter drüsig, orangerot.
Rosa abyssinica R. Br. ex Lindl. könnte zu den Vorfahren der in Europa bekannten remontierenden Varietäten gehören, wie insbesondere *R. moschata* Herrm.

Rosa x acantha Waitz

Namensherkunft: Griechisch *akantha*, «Stachel».
Herkunft: Hybride aus *R. majalis x R. rugosa*.
Beschreibung: Kräftiger, sehr blütenreicher 3–4 m hoher Strauch, dessen Wuchs stark dem der *R. rugosa* ähnelt.
• Große, aus 7–9 Blättchen bestehende Blätter.
• Einfache, in Büscheln stehende, duftende Blüten, Kelchblätter spitz zulaufend, Petalen rosa oder hellviolett. Spitz zulaufende Knospen.
• Frucht kugelig oder krugförmig, blutrot, mit aufrechten, bleibenden Kelchblättern.

Rosa acicularis Lindl. 1820

Synonyme: *R. acicularis carelica* (Fr.) Matsson, *R. acicularis taquetii* (Lév.) Nakai, *R. alpina* Pall., *R. amurensis* Crép., *R. carelica* Fr. 1845, *R. fauriei* Lév., *R. granulosa* Keller, *R. korsakoviensis* Lév., *R. sayi* Schweinitz, *R. stricta* Macoun & J. Gibson, *R. suavis* auct.

Namensherkunft: Lateinisch *acicula*, «kleine Nadel».

Trivialnamen: Arktische Rose, Nadelrose.

Verbreitung: Europa, Nordamerika, ganz Nordasien. Sie ist die einzige Rose, deren Verbreitungsgebiet bis zum Polarkreis reicht. *R. acicularis* ist das offizielle Blumensymbol der kanadischen Provinz Alberta.

Beschreibung: 1–2,5 m hoher Strauch. Die Äste sind gewöhnlich unbestachelt, rotbraun, steif oder leicht gebogen, dünn, locker verzweigt und tragen dicht stehende, starre, dicke Borsten sowie bisweilen vereinzelte gerade, spitz zulaufende Stacheln mit schmaler Basis.

- Blätter inkl. Blattstiel 7–14 cm lang, breite, weitgehend angewachsene Nebenblätter; (3) 5–7 (9) Blättchen, je 1,5–6 cm lang, eiförmig bis elliptisch, oben matt- bis blaugrün, Unterseite fein behaart, hervortretende Blattnerven, Blattrand einfach oder mitunter doppelt gesägt, Apex spitz oder stumpf.
- Blüten einfach, einzeln oder zu 2–3, duftend, Durchmesser 4–6,2 cm; eiförmige, gesägte Brakteen; Kelchblätter ganzrandig, aufgerichtet, lanzettlich oder blattartig, leicht seidig; Petalen blass- oder dunkelrosa, selten weiß, mit keilförmiger Basis und farbig berandeter Spitze. Mai, Juni.
- Frucht 1,5–2,5 cm, ellipsoid oder birnenförmig, glänzend rot, kahl, mitunter drüsig; Kelchblätter aufgerichtet, bleibend.

Anmerkung: Aufgrund ihrer weiten Verbreitung in der gemäßigten Zone der nördlichen Erdhalbkugel weist die Art große morphologische Variationen auf. Von verschiedenen Autoren als Varietäten beschriebene Pflanzen sind aufgrund vorhandener Zwischenformen kaum voneinander zu unterscheiden und auf Synonyme reduzierbar.

Rosa acicularis* ssp. *acicularis* var. *fennica Lallemant

Synonyme: *R. acicularis* var. *gmelinii* Bunge, *R. baicalensis* Turcz. ex Besser 1834, *R. gmelinii* Bunge 1830.

Namensherkunft: Lateinisch *fennicus*, «finnisch». Tetraploide Variante des Typus, beheimatet in Finnland und Sibirien.

Rosa acicularis* ssp. *acicularis* var. *nipponensis (Crép.) Koehne

Synonyme: *R. acicularis* var. *glauca* Fr. & Savi non Reg., *R. nipponensis* Crép. 1875.

Verbreitung: Japan (Honshu, Shikoku).

Beschreibung: Dichter, bis ca. 1 m hoher Strauch. Jungtriebe korallenrot, mit feinen Stacheln, altes Holz dunkelgrün.

- Bis zu 2 cm lange Nebenblätter; 5–7 (9) mattgrüne Blättchen, länglich, spitz zulaufend, 1–3 cm, Rand fein gesägt; Blatt- und Blütenstiele drüsig und feinstachelig.
- Blüten mehr oder weniger hellrosa, Durchmesser 1–3 cm.
- Frucht ei- oder birnenförmig, rot. Z2

Rosa acicularis* ssp. *sayi* var. *bourgeauniana (Crép.) Crép.

Synonyme: *R. acicularis bourgeauniana* Crép., *R. bourgeauniana* Crép.

Namensherkunft: Eugène Bourgeau (1813–77), französischer Forschungsreisender und Botaniker.

Verbreitung: Nordamerika. Die Varietät unterscheidet sich vom Typ durch größere Blüten mit einem Durchmesser von 5 cm und kugelige Früchte.

Rosa acicularis* ssp. *sayi* var. *sayi (Schweinitz) Rehd.

Synonyme: *R. sayi* Wats. non Schweinitz.

Verbreitung: Nordwestliches Nordamerika, Ontario, Britisch-Kolumbien. Seit 1875 in Kultur.

- Die Blüten sind größer als bei *R. acicularis*, häufig mit einem Durchmesser von 6–6,5 cm.
- Kugelige Früchte.

Rosa acicularis* var. *sayi plena Lewis

Vom kanadischen Baumschulgärtner Percy H. Wright (1898–1989) in der Wildnis von Saskatchewan entdeckt.

- Die Blüten besitzen meist 6–9, mitunter auch 15 Petalen.

Rosa adenosepala Woot. & Standl. — Sektion Cinnamomeae

Synonyme: *R. woodsii* var. *hispida* Lewis.
Namensherkunft: Griechisch *adeno*, «drüsig».
Verbreitung: USA, Neumexiko.

- Die mit *R. woodsii* Lindl. verwandte Art besitzt dunkelrosa Blüten sowie drüsige Kelchblätter und Früchte.

Rosa agrestis Savi 1798 — Sektion Caninae

Synonyme: *R. albiflora* Opiz, *R. gizellae* Borb., *R. pubescens* Klast, *R. rubiginosa* L. ssp. *agrestis* (Savi) Hooker, *R. sepium* Thuillier.
Trivialnamen: Ackerrose, Feldrose, Hohe Heckenrose.
Namensherkunft: Lateinisch *agrestis*, «Feld-, Acker-». Seit 1878 in Kultur.
Verbreitung: West- und Südeuropa, Korsika, Nordafrika.
Beschreibung: Mit *Rosa rubiginosa* verwandter Strauch.

- Dünne, locker und weit auseinanderstehende, bis zu 3 m lange Zweige mit breiten, starken, hakenförmigen Stacheln.
- Blättchen meist 7-zählig, 1,5–5 cm lang, mehr oder weniger fein behaart, länglich oder elliptisch, mit keilförmiger Basis.
- Blüten blassrosa oder weißlich, Durchmesser 2–4 cm, einzeln oder zu 2–3 in Büscheln; Sepalen spitz zulaufend; Griffel leicht vorragend.
- Frucht eiförmig oder länglich, glatt, orangerot, ohne Kelchblätter. Juni, Juli.

Rosa x alba L. — Sektion Gallicanae

Synonyme: *R. procera* Salisb., *R. usitatissima* Gater.
Namensherkunft: Lateinisch *albus, alba* «weiß, blass».
Trivialnamen: Weiße Rose, Weiße Rose von York.
Herkunft: Wahrscheinlich Hybride aus *R. gallica* L. x *R. corymbifera*. Borkh andere mögliche Abstammungen: *R. canina* L., *R. x damascena, R. arvensis* Huds. oder *R. villosa* L. Heute ist unbestritten, dass es sich bei *R. x alba* um die aus Gartenkultur stammende weiße Rose handelt, die bereits den antiken Römern und Griechen bekannt war. Ihre Kultur ist seit mindestens 1597 bestätigt und dokumentiert. Sie war das Emblem des Hauses York während der Rosenkriege.
Beschreibung: 1,8–2,5 m hoher Strauch, kräftige, bogige Zweige mit zerstreuten hakenförmigen, ungleich langen Stacheln, die häufig von Borsten umgeben sind.

- Blätter gräulich grün, bestehend aus 5 (7) Blättchen, je 2–6 cm lang, eiförmig bis rund, leicht zugespitzt oder stumpf, oben kahl, unten flaumhaarig, Rand gesägt.
- Einmal blühend, Blüten zu 1–3 auf drüsigem Stiel, duftend, halb gefüllt oder gefüllt, Durchmesser 6–8 cm; Sepalen gelappt, nach unten geschlagen, an den Enden blattartig, drüsig behaart; Petalen weiß bis blassrosa. Juni.
- Frucht 2–2,5 cm, kugelig oder länglich, glatt, rot.

Z4

Rosa x *alba cymbaefolia* (Redouté) H. Braun 1

Synonyme: *R. cannabifolia, R. cannabina.*
Namensherkunft: Lateinisch «bootförmiges Blatt».
Trivialnamen: Rosier blanc à feuilles de Chanvre (F).
Herkunft: Erstmals von Flobert 1810 bei Laon (Department Aisne, Frankreich) entdeckt, danach in Kultur genommen.
Beschreibung: Strauch mit nahezu unbestachelten Trieben, die Blätter erinnern an Hanfblätter. Weiße, gefüllte Blüten. Gartenvarietät.

Rosa x *alba* var. *incarnata* (Mill.) Weston

Synonyme: *R. x alba* 'Incarnata', *R. x alba* var. *carnea* hort., *R. x alba* var. *rubicunda* Roess., *R. incarnata* Mill., *R. rudicans, R.* 'Incarnata'.
Namensherkunft: Lateinisch *incarnatum*, «fleischfarben».
Trivialnamen: Maiden's Blush (GB). '(Grande) Cuisse de Nymphe', 'Blanc Royale' (F).
Beschreibung: Strauch mit kräftigem Wuchs bis zu ca. 1,5 m Höhe, Zweige nur mäßig bestachelt, unter den Blütenständen behaart. Oft 7 gräulich grüne Blättchen. Blüten gefüllt, duftend, hellrosa.

Rosa x *alba* var. *maxima* hort. 2

Synonyme: *R.* 'Alba Maxima', *R. x alba* 'Maxima'.
Trivialnamen: Jakobitenrose. Great Double White (GB).
Beschreibung: Ca. 2 m hoher Strauch mit graugrünen Blättern. Blüten mehr oder weniger gefüllt, im Aufblühen weiß mit Rosastich, übergehend zu cremeweiß. Juni.

Rosa x *alba* var. *semiplena* hort. 3

Synonyme: *R. x alba* var. *nivea* hort., *R. x alba* 'Nivea', *R. x alba* 'Semiplena'.
Trivialnamen: White Rose of York (GB). Rose à fleur blanche semi-double (F).
Die seit der Antike bekannte Varietät wird auch heute noch zur Herstellung von Rosenessenzen und Rosenwasser angebaut.
Beschreibung: Großer Strauch mit aufrechten, bis knapp 2 m hohen Zweigen. Schönes, bläulich grünes Laub. Zahlreiche flache Blüten, Durchmesser 5–6 cm, stark duftend, halb gefüllt, 8–12 milchig weiße Petalen, Staubblätter goldfarben. Juni. Rote, glatte Früchte.

1

3

2

Rosa albertii Reg. 1883 — Sektion Cinnamomeae

Namensherkunft: Benannt nach Dr. Albert Regel (1845–1909), Botaniker und Forschungsreisender in Turkestan.
Verbreitung: Turkestan, Kasachstan, Mongolei, Sibirien, Nordchina; in Höhenlagen zwischen 1000 und 2000 m.

Beschreibung: Niedriger Strauch von 1–2 m Höhe, grau- oder purpurbraune Zweige mit zerstreuten feinen, geraden Stacheln.
• Blätter inkl. Blattstiel 3–8 cm, Nebenblätter weitgehend angewachsen; 5–7 Fiedern, je 0,8–3 cm lang, elliptisch oder verkehrt-eiförmig. Oberseite kahl, Unterseite flaumhaarig; Rand einfach oder doppelt gesägt, Apex abgerundet oder spitz.
• Blüten einfach, weiß, Durchmesser 3–4 cm, einzeln oder zu 2–3 in Büscheln, Blütenstiel 1,5–3 cm lang; Hochblätter eiförmig, kahl; Sepalen eiförmig, lanzettlich, manchmal blattartig, Spitze geschwänzt.
• Frucht orangerot, birnenförmig oder ellipsoid, 8–10 mm, Kelchblätter nach der Reife abfallend. Verwandt mit *R. willmottiae.*

Rosa amblyotis C. A. Meyer 1840 — Sektion Cinnamomeae

Synonyme: *R. davurica* Hulten non Pall., *R. jacutica* Juz. 1941.
Namensherkunft: Griechisch: «mit kleinen Öhrchen», sich auf die Form der Nebenblätter beziehend.
Verbreitung: Kamtschatka. Seit 1917 in Kultur.
Beschreibung: Mit *R. majalis* Herrm. verwandter Strauch, ca. 1,8 m hoch, mit dünnen, geraden Stacheln.

• Blätter mit 5–7 (9) elliptischen oder länglichen, mattgrünen Blättchen (3–5 cm) mit spitzem Apex und fein gesägtem Rand.
• Blüten einzeln oder in 2- bis 3-zähligen Scheindolden, Durchmesser 5 cm, rosarot.
• Früchte 1,2–2,5 cm, fast kugelig oder birnenförmig, rot.

Rosa x andersonii

Synonyme: *R.* 'Andersonii'.
Namensherkunft: Benannt nach Thomas Anderson (1832–70), Direktor des Botanischen Gartens in Kalkutta von 1861–1868.
Herkunft: Vermutlich Spontankreuzung aus *R. canina* x *R. arvensis* (oder *R. gallica* nach D. Austin), erstmals 1912 von Hillier erwähnt.
Beschreibung: 2 m hoher Strauch mit länglichen, unterseits flaumigen Blättchen.
• Große, einfache Blüten, Durchmesser 7,5 cm, duftend, in Büscheln stehend, Petalen lebhaft rosa, mitunter rosarot, an der Basis weiß.
• Früchte lebhaft rot wie bei der Hundsrose.
Z6

Rosa anemoniflora Fort. ex Lindl. — Sektion Synstylae

Synonyme: *R. sempervirens* var. *anemoniflora* Reg., *R. triphylla* Roxb. ex Hemsl.
Andere Schreibweise. *R. anemonaeflora* Fort. ex Lindl.
Verbreitung: Ostchina, Provinz Fujian. 1844 vom berühmten Pflanzensammler R. Fortune in einem Garten von Schanghai entdeckt.
Beschreibung: Kleinerer Strauch, Triebe purpurbraun, dünn, kahl, kriechend oder kletternd, mit vereinzelten kleinen, flachen, hakenförmigen Stacheln auf verbreiterter Basis, mitunter von kleineren Stacheln und Borsten umgeben.
• Blätter inkl. Blattstiel 4–11 cm; Nebenblätter schmal, weitgehend angewachsen; Blättchen 3, selten 5, je 2–6 cm lang, kahl, mehr oder weniger schmal-eiförmig, lanzettlich, spitz oder zugespitzt, hervortretende Blattadern auf der Unterseite, Blattspindel und Blattstiel feinstachelig, Rand fein gesägt.
• Einfache Blüten in freier Natur, in Kultur oft gefüllt, Durchmesser 2–3 cm, einzeln oder in kleinen Doldentrauben, Blütenstiel drüsig; Hochblätter länglich oder eiförmig; Kelchblätter lanzettlich, innen fein behaart, Apex zugespitzt; Petalen rosa oder weiß, verkehrt-eiförmig; der zur Säule verwachsene Griffel ist etwas länger als die Staubblätter.
• Früchte purpurbraun, eiförmig, Durchmesser ca. 7 mm, kahl, Sepalen bleibend. Wenig winterhart.
Z7

Rosa arkansana Porter ex. J. M. Coult. 1874 Sektion Cinnamomeae

Synonyme: *R. angustiarum* Cockerell 1918, *R. heliophylla* Greene 1916, *R. rydbergii* Greene.

Trivialnamen: Prärie-Rose. Prairie Rose, Arkansas Rose (GB).

Verbreitung: Mittlere und westliche USA, u. a. der namensgebende US-Bundesstaat Arkansas. Seit 1880 in Kultur.

Beschreibung: Niedriger, buschiger, Ausläufer bildender Strauch; grünliche, aufgerichtete, 0,5–1,2 m lange Zweige mit harten Stacheln und Borsten.

• Blätter bestehend aus (3) 9–11 lebhaft grünen Fiedern, je 2,5–6 cm lang, eiförmig oder elliptisch, spitz oder stumpf, Oberseite leicht glänzend, Blattnerven auf der Unterseite mitunter flaumhaarig, Rand gesägt. Große, angewachsene Nebenblätter mit drüsig gezähntem Rand.

• Einfache Blüten, Durchmesser 2,5–4 cm, in Doldenrispen; Sepalen ganzrandig oder gelappt, abstehend oder aufrecht, seidig, mitunter drüsig und zottig behaart; Petalen mittelrosa, dunkelrosa oder hellrot. Juni, Juli.

• Früchte 1–1,5 cm, birnenförmig oder kugelig, rot, seidig oder drüsig, Kelchblätter zurückgeschlagen, bleibend. Z4

Rosa arkansana var. *alba* (Rehd.) Lewis

Synonyme: *R. arkansanoides alba* (Rehd.) Schneider, *R. heliophylla* var. *alba* Rehd., *R. pratincola* var. *alba* Rehd., *R. suffulta* f. *alba* Rehd. Bekannt seit 1901.

• Weiße Blüten.

Rosa arkansana var. *plena* Lewis

Herkunft: Kanada, Saskatchewan.

• Ihre Blüten besitzen bis zu 20 Petalen.

Synonyme: *R. herporhodon* Ehrh., *R. scandens* Moench, *R. repens* Scopoli, *R. sempervirens* ssp. *arvensis* (Huds.) Malagarrica, *R. serpens* Wibel, *R. silvestris* Herrm.
Namensherkunft: Lateinisch *arvensis*, «zum Acker gehörend».
Trivialnamen: Feldrose, Kriechende Rose, Kriechrose.
Verbreitung: West-, Mittel- und Südeuropa, östlich bis in die Türkei, südlich bis Nordspanien. Die Art kommt häufig in Hecken, Gehölzen, Wäldchen und Böschungen vor, sie verträgt Schatten sowie karge, kalkhaltige Böden.
Beschreibung: Strauch mit wuchernden, kriechenden oder mitunter kletternden Zweigen, diese sind rotbraun, gewöhnlich 1–2 m lang, manchmal auch deutlich länger, und tragen viele kleine, robuste, hakenförmige Stacheln mit verbreiterter, abgeflachter Basis.

- Blätter sommergrün, bestehend aus (3) 5–7 Blättchen, je 1–3,5 cm lang, elliptisch, breit-eiförmig oder rund, spitz oder zugespitzt, mehr oder weniger kahl, oben matt dunkelgrün, Unterseite fein behaart mit oft feinstacheliger Mittelrippe, Rand grob gesägt.
- Blüten einfach, manchmal einzeln, häufiger in lockeren 2- bis 8-zähligen Büscheln, mitunter schwach duftend, Durchmesser 2,5–5 cm, Kelchblätter gelappt, spitz, seidig, nur mäßig drüsig, zurückgeschlagen, deutlich kürzer als die Petalen; Petalen cremeweiß bis rosa, Griffel zur Säule verwachsen; Staubblätter goldfarben. Juni, Juli.
- Früchte 0,6–2,5 cm, kugelig oder eiförmig, rotbraun oder hellrot, oft behaart, Kelchblätter abfallend.

Z6

Rosa arvensis var. *ayreshirea* Ser.

Synonyme: *R. arvensis* var. *scandens* Sweet, *R. arvensis* var. *capreolata* Bean, *R. capreolata* Neill.
Trivialnamen: Ayrshire-Rose, Ayrshire Splendens.
Herkunft: Robuste, winterharte Varietät umstrittener Herkunft: Sie soll am Ende des 18. Jh. in England aus Saat entstanden sein, die in Nordamerika gesammelt worden war. Seit 1837 in Kultur.

- Blätter länger als beim Typus; einfache Blüten.

Z4

Rosa x aveyronensis Pons & Coste

Synonyme: *R. caviniacensis.*
Herkunft: Spontankreuzung aus *R. spinosissima* x *R. agrestis.*
Beschreibung: Stark verzweigter, stacheliger Strauch bis 2 m Höhe.

- Blättchen elliptisch oder länglich, drüsig, Rand gesägt.
- Rosa Blüten in 2- bis 10-zähligen Büscheln, nach Apfel duftend.
- Früchte krugförmig, aber recht selten zu sehen, da sie nach der Reife schnell abfallen.

Z6

Rosa atroglandulosa C. K. Schneider 1917

Namensherkunft: Das lateinische Präfix *atro* bedeutet «dunkel».
Herkunft: Seltene, möglicherweise ausgestorbene Art aus der chinesischen Provinz Sichuan. Sie wurde 1917 beschrieben, 2003 von den Autoren der *Flora of China* in der freien Natur jedoch nicht gefunden.

Rosa baiyushanensis Q. L. Wang 1984 Sektion Cinnamomeae

Verbreitung: Beheimatet im Süden der chin. Provinz Liaoning. In Europa unbekannt.
Beschreibung: Strauch mit purpurbraunen, kahlen Trieben mit robusten, gelblich braunen, bis 8 mm langen Stacheln.

- Blätter inkl. Blattstiel 3–6 cm; Nebenblätter weitgehend am Blattstiel angewachsen; 5–7 Blättchen, Unterseite blassgrün, drüsig, Oberseite leicht behaart, Rand doppelt gesägt.
- Einfache Blüten, Durchmesser 2,5 cm, gewöhnlich einzeln, selten zu 2 oder 3 in Büscheln; 1 oder 2 Hochblätter an der Basis; Kelchblätter zurückgeschlagen, gelappt; Blütenblätter rosa.
- Früchte gelbrot, Kelchblätter bleibend.

Rosa balsamica Besser — Sektion Caninae

Synonyme: *R. canina* L. var. *tomentella* (Lém.) Baker, *R. inodora* Hooker non Fr., *R. obtusifolia* auct. mult. non Desv., *R. sclerophylla* Scheutz, *R. tomentella* Lém.
Trivialnamen: Flaumrose, Stumpfblättrige R.

Verbreitung: Bergregionen in Südeuropa und Nordafrika. Seit 1872 in Kultur.
Beschreibung: Kräftiger, bis 3,5 m hoher Strauch, *R. canina* nahestehend. Grüne Triebe mit kurzen, hakenförmigen Stacheln; altes Holz graufarben.
- Blätter bestehend aus 5–7 Blättchen, je 3–4 cm lang, elliptisch, Oberseite glänzend, Unterseite filzig, gräulich grün, Apex spitz, Rand gesägt.
- Einfache Blüten, meist einzeln oder zu 2 oder 3, blassrosa, mitunter weiß, Durchmesser 3–5 cm; Staubblätter goldfarben.
- Früchte kugelig, 1,8–2 cm, grünlich, glatt; Sepalen abfallend.

Rosa banksiae Ait. 1811 — Sektion Banksianae

Synonyme: *R. banksiana* Abel.
Trivialname: Banks-Rose.
Namensherkunft: Zu Ehren von Lady Dorothy Banks, der Ehefrau von Joseph Banks (1743–1820), einem britischen Naturforscher und Botaniker, Direktor von *Kew Gardens* und Präsident der *Royal Society*.
Verbreitung: Zentral- und Westchina; in Lagen bis 1500 m Höhe. In Kultur weit verbreitet, oft in niedrigen Höhenlagen. 1796 entdeckt, 1807 im *Kew Gardens* eingeführt.
Beschreibung: Immergrüner Strauch mit kräftigen, bis zu 12 (15) m langen, kriechenden oder kletternden Zweigen. Die älteren Äste tragen große, starre Stacheln, die jüngsten Triebe sind rotbraun, kahl und tragen wenige vereinzelte, flache, gebogene Stacheln auf verbreiterter Basis. Die Kulturvarietäten sind meist unbestachelt.
- Immergrünes Laub; Nebenblätter frei, abfallend; 3–5 (7) Blättchen, je 2–6,5 cm lang, länglich-lanzettlich oder ei-elliptisch, spitz oder stumpf, ledrig, Oberseite kahl, glänzend, Unterseite entlang der Blattadern fein behaart, hervorstehende Mittelrippe; Rand gewellt und fein gesägt.
- Halb gefüllte oder gefüllte Blüten, Durchmesser 1,5–3 cm, mit zartem Veilchenduft, auf dünnem, 1,5–2,5 cm langem Stiel, in Dolden mit 4–15 Blüten oder in dichten Doldenrispen. Hochblätter klein, spitz zulaufend, abfallend. Sepalen eiförmig, ganzrandig, zurückgeschlagen, Apex spitz zulaufend; Petalen weiß oder gelb; Griffel deutlich kürzer als die Staubblätter. Mai, Juni.
- Früchte kugelig oder kugelrund, orange, mattrot oder dunkelbraun, 5–7 mm, im Juni erscheinend. Kelchblätter abfallend.
- Liebt sonnige Lagen, reagiert empfindlich auf Frühjahrsfrost. Z7

Rosa banksiae var. *banksiae*

Synonyme: *R.* 'Banksiae Alba', *R. banksiae alba* hort., *R. banksiae* 'Banksiae', *R. banksiae* var. *alboplena* Rehd.
Trivialname: White Lady Banks (GB).
Herkunft: In Japan und China in Kultur, 1807 in einem Garten in Kanton vom britischen Pflanzensammler William Kerr (gestorben 1814) entdeckt. Wurde auch in Europa in Kultur genommen, ist aber selten vertreten.
- Immergrüne Blätter.
- Gefüllte, reinweiße Blüten mit Veilchenduft.
- Wenig winterharte Varietät, frostempfindlich.

Rosa banksiae var. *lutea* Lindl. 1827

Synonyme: *R. banksiae* var. *normalis* 'Lutea', *R. banksiae* var. *banksiae* f. *lutea* (Lindl.) Rehd., *R. banksiae luteaplena* Rehd.
Trivialname: Yellow Lady Banks (GB).
Herkunft: China. 1824 brachte der britische Pflanzensammler John Damper Parks (1791–1866) sie nach Europa, sie war aber bereits vorher im Botanischen Garten in Kalkutta in Kultur.
Beschreibung: Außergewöhnlich starkwüchsiger Kletterstrauch, oft 10–15 m hoch, Zweige meist unbestachelt.
- Immergrünes Laub, Blätter bestehend aus 5 Fiedern.
- Gefüllte, in Büscheln stehende Blüten, gelb, schwach duftend, Frühblüher.
- Aus der Banks-Familie ist *R. banksiae lutea* die winterhärteste Rose.

Rosa banksiae var. *lutescens* (Voss) Brumme & Gladis

Synonyme: *R. banksiae* f. *lutescens* Voss, *R. banksiae* var. *normalis* f. *lutescens* Voss.
Verbreitung: China, Bergregionen in den Provinzen Yunnan und Shanxi. Zwischen 1870 und 1890 in Europa eingeführt, nachdem E. H. Wilson (s. Biografie im Anhang) sie auf einem Friedhof entdeckt hatte.
Beschreibung: Unbestachelte Varietät, weniger wüchsig als *R. banksiae lutea*. Die einfachen, gelben, duftenden Blüten besitzen schmale Petalen und goldfarbene Staubblätter. Wenig frosthart.

Rosa banksiae var. *normalis* Reg. 1878

Verbreitung: Westchina (Yunnan, Sichuan, Hubei); in Höhenlagen bis zu 1800 m. 1796 vom britischen Pflanzensammler Robert Drummond in Europa eingeführt.
Beschreibung: Sehr wüchsige, bis zu 15 m hohe Wildform mit oft stark bestachelten Zweigen, die Blätter sind kleiner als beim Typ. Blüten klein, einfach, weiß und in der Mitte rosa, ohne Duft.

Rosa banksiopsis Baker 1914

Namensherkunft: Botanisches Latein, «der Banks-Rose ähnlich».

Verbreitung: Westchina, Provinzen Sichuan, Hubei, Gansu, Shaanxi; in Lagen von 1200–2000 m Höhe; 1907 in Europa eingeführt.

Beschreibung: 1–3 m hoher Strauch. Zweige mit kleinen, geraden Stacheln, im oberen Bereich aber mitunter stachellos.

- Blätter inkl. Blattstiel 5–13 cm; Nebenblätter weitgehend angewachsen; Blattspindel feinstachelig; Blättchen 7–9, eiförmig oder länglich, oberseits kahl, Unterseite kahl oder leicht behaart, mit hervortretenden Blattnerven; Rand fein gesägt, Apex spitz oder zugespitzt.
- Zahlreiche Blüten in Doldenrispen, Durchmesser 2–3 cm, Blütenstiel 1–2,5 cm lang; Brakteen eiförmig; Sepalen blattartig, eiförmig, lanzettlich, kahl oder leicht behaart, länger als die Blütenblätter; Blütenblätter mehr oder weniger dunkelrosa. Juni, Juli.
- Früchte orangerot, ei- oder krugförmig, Durchmesser 8 mm, Sepalen aufrecht, bleibend.
- Ähnelt *R. davidii* und *R. caudata*, unterscheidet sich aber dadurch, dass der Blütenboden und die blattartig erweiterten Kelchblätter seidig und nicht drüsig sind. Z6

Rosa x beanii Heath

Namensherkunft: Benannt nach William J. Bean (1863–1947), Autor von *Trees and Scrubs Hardy in the British Isles.* Wahrscheinlich Hybride aus *R. multiflora* x *R. laevigata* oder *R. banksiae*, oder aus *R. banksiae* x *R. moschata.*
Herkunft: In Ostchina von R. Fortune entdeckt, 1844 in England in Kultur genommen.
Beschreibung: Kriechende oder kletternde Zweige mit verstreuten, kleinen Hakenstacheln.
• Blätter 3,8–7,5 cm lang, bestehend aus 3–5 mehr oder weniger schmal-eiförmigen, lanzettlichen, spitzen oder zugespitzten, kahlen Blättchen mit gesägtem Rand.
• Gefüllte Blüten in lockeren Doldenrispen, Durchmesser 2,5–4,5 cm; Kelchblätter gelappt; Petalen blassrosa mit tiefem, schmalem Einschnitt. Z7

Rosa beauvaisii Cardot 1916

Seltene, vielleicht sogar bereits verschwundene Art, die in Nordvietnam und der chinesischen Provinz Guangxi beheimatet ist. In *Flora of China* (2003) nicht enthalten, da von den Autoren nicht gefunden.

Rosa beggeriana Schrenk ex Fisch. & C. A. Meyer 1841 Sektion Cinnamomeae

Synonyme: *R. anserinaefolia* Boiss., *R. cinnamomea sewerzowii* Reg., *R. iliensis* Chrshan. 1947, *R. lehmanniana* Bunge, *R. regelii* Reuter, *R. silverhielmii* Schrenk.
Namensherkunft: Benannt nach dem deutschen Botaniker H. Begger.
Verbreitung: Afghanistan, Kasachstan, Mongolei, Mittelasien, chinesische Provinzen Gansu und Xinjiang; in Berglagen zwischen 900 und 3000 m Höhe, an Bachufern und am Wegesrand. Vom Naturforscher Alexander Gustav von Schrenk in Russland entdeckt und unter dem jetzigen Namen erstmals 1841 beschrieben.
Beschreibung: Dichter, buschiger Strauch mit aufrechten, leicht bogigen, mitunter kletternden Zweigen von 1,2–3 m Länge; Jungtriebe rötlich, später purpurbraun; zerstreute, bis 8 mm lange, paarig unter den Blättern sitzende Stacheln, diese sind

gelblich, etwas abgeflacht, hakig und breitbasig.
• Duftendes Laub, Blätter inkl. Blattstiel 3–9 cm lang, Nebenblätter weitgehend an-

gewachsen, 5–9 Fiedern, je 0,7–3 cm lang, schmal, elliptisch oder verkehrt-eiförmig, fein behaart, oberseits gräulich grün, unterseits drüsig, mitunter flaumig behaart, hervortretende Blattnerven; Saum fein gesägt, zum Grund hin ganzrandig; Apex mehr oder weniger spitz.

• Blüten einfach, selten einzeln, gewöhnlich zu 8 oder mehr in Doldenrispen, leicht unangenehm riechend, Durchmesser 2–3,8 cm; 1–3 eiförmige Brakteen mit gesägtem Rand; Sepalen lanzettlich, ganzrandig, mitunter drüsig behaart, blattartig, am Ende der Blütezeit abfallend; Petalen weiß, selten rosa. Juni.

• Früchte 6–10 mm, kugelig, kahl, violettlich rot, übergehend zu dunkelpurpurn und schwarz.

Z4

Rosa bella Rehd. & Wils. 1915 — Sektion Cinnamomeae

Verbreitung: Nordwestchina bis Mongolei; in Höhenlagen von ca. 1700 m. Samenernte 1910 von William Purdon, später in Europa in Kultur genommen.

Beschreibung: 1–3 m hoher Strauch mit dünnen, auseinanderstrebenden, purpurgrauen Zweigen; wenige dünne, gerade oder gebogene Stacheln bis 1 cm Länge, von Borsten untermischt.

• Sommergrüne Blätter, inkl. Blattstiel 4–11 cm lang; Nebenblätter weitgehend am Blattstiel angewachsen; 7–9 Fiedern, je 1–3 cm lang, bläulich grün, elliptisch oder breit-eiförmig, kahl, bisweilen drüsig, unterseits entlang der Blattnerven fein behaart, Rand gesägt, Apex spitz oder abgerundet.

• Einfache Blüten, nicht duftend, Durchmesser 2,5–5 cm, einzeln oder zu 2–3 in Büscheln; Hochblätter eiförmig mit fein gezähntem Rand; Sepalen ganzrandig, blattartig, am Ende umgeschlagen, drüsig; Blütenblätter hell bis lebhaft rosa, Spitze ausgerandet. Juni.

• Früchte 1–2,5 cm, eiförmig oder ellipsoid, orangerot, drüsig-borstig, Kelchblätter bleibend.
• Blüten und Früchte der *R. bella* werden in der chinesischen Medizin verwendet. Zudem dienen die Blüten zur Gewinnung von ätherischem Öl, die Früchte zur Herstellung von Konfitüren. Z6

Rosa bella* var. *bella* f. *pallens Rehd. & Wils.

Blassrosa Blüten.

Rosa billotiana Crép. — Sektion Caninae

Synonyme: *R. tomentosa* subvar. *billotiana*.
Namensherkunft: Benannt nach Paul Constant Billot (1786–1863), Botaniker und Lehrer in Haguenau (Elsass).
Verbreitung: Europa.
Ähnelt der *R. canina*, die Früchte sind jedoch identisch mit den Hagebutten von *R. sherardii*. Selten in Kultur.

Rosa blanda Ait. 1789 — Sektion Cinnamomeae

Synonyme: *R. fraxinifolia* Lindl. non Borkh., *R. gratiosa* Lunell, *R. solandri* Tratt., *R. virginiana blanda* Koehne.
Namensherkunft: Lateinisch: «sanft, angenehm».
Trivialnamen: Eschenrose, Eschenblättrige Rose, Hudson-Bay-Rose, Labrador-Rose, Schöne Rose.
Verbreitung: Mittleres und östliches Nordamerika, feuchte oder steinige Gebiete. Seit 1773 in Kultur.
Beschreibung: Aufrechte, braune, 1–2 m lange, unbestachelte Zweige; Jungtriebe violettlich braun, bereift, mitunter kahl oder mit wenigen kleinen Borsten und sehr vereinzelten schmalen Stacheln bedeckt.
• Die 2–6 cm langen Blätter besitzen breite Nebenblätter und bestehen aus 5–7 (9) Blättchen, diese sind elliptisch, länglich

oder eiförmig, spitz oder stumpf, mattgrün, oberseits kahl, unterseits oft seidig behaart; Rand grob gezähnt.
• Blüten einfach, rosa, duftend, Durchmesser 4,5–6,5 cm, einzeln oder zu 3–7 in Büscheln, glatter, kahler Blütenstandsstiel; große Hochblätter. Kelchblätter ganzrandig, seidig, drüsig. Mai, Juni.
• Früchte ca. 1 cm, ei- oder birnenförmig, glatt, rot. Juni, Juli.

Z6

Rosa blanda* var. *carpohispida (Schuette) Lewis

Synonyme: *R. blanda hispida* Farwell.
Namensherkunft: Lateinisch «mit steifhaarigen Früchten».
Die Zweige sind feinstachelig, die Früchte steifhaarig.

Rosa blanda var. *glabra* Crép.

Synonyme: *R. subblanda* Rydb., *R. johannensis* Fernald
Beschreibung: Blätter vollkommen glatt. Blüten blassrosa, Durchmesser 3 cm, einzeln oder zu 2–5 (7) in Büscheln; Kelchblätter spitz zulaufend.

Rosa x borboniana Desp. 1828

Synonyme: *R. borbonica* Chaix 1852.
Trivialname: Bourbonrose.
Herkunft: Spontankreuzung wahrscheinlich aus *R. chinensis* 'Old Blush' x *R. damascena* Mill. var. *semperflorens*. Die Rose erschien auf der Insel Bourbon (heute Réunion), als französische Siedler die elterlichen Arten zur Einfriedung ihrer Felder und Gärten nebeneinander anpflanzten. 1817 fiel dem Botaniker und Direktor der königlichen Gärten der Insel, Nicolas Bréon, die dort als «Edwards-Rose» bekannte *Rosa* x *borboniana* auf. 1819 sandte er Samenkörner an den Gärtner Henri-Antoine Jacques, der im Schloss Neuilly des Herzogs von Orléans, dem späteren Louis-Philippe I., arbeitete. Jacques säte sie aus und nannte die so entstandene Pflanze «Rosier de l'île Bourbon» («Rose der Bourbon-Insel»).
Beschreibung: Etwa 1,5 m hoher Strauch; lange, auseinanderstrebende Zweige mit

Hakenstacheln. Die Blätter bestehen aus 5 eiförmigen Blättchen, die Blüten sind groß, stark duftend, halb gefüllt oder gefüllt und schalenförmig, die Petalen seidig, purpurn bis dunkel karminrosa. Mehr oder weniger öfter blühend.
R. x *borboniana* ist die Vorfahrin der Bourbonrosen, einer großen Gartenhybridfamilie, die sich seit der zweiten Hälfte des 19. Jh. großer Beliebtheit erfreut.

Rosa bracteata Wendl. 1798 — Sektion Bracteatae

Synonyme: *R. lucida* Lawrance non Ehrh., *R. macartnea* Dum. Cours., *R. sinica* L. var. *braamiana* Reg.
Namensherkunft: «Mit Hochblättern».
Trivialname: Macartney-Rose.
Herkunft: Entdeckt von Lord Macartney in der berühmten Baumschule *Fa-Tee* nahe der Stadt Kanton, 1793 in Großbritannien eingeführt.
Verbreitung: Südostchina, Provinzen Fujian, Guizhou, Hunan, Yunnan; Taiwan, Südjapan; Wälder, Flussufer, Küste; in Höhenlagen ab Meeresspiegel bis 300 m; eingebürgert im Südosten und Norden der USA.
Beschreibung: Großer, immergrüner Strauch, Zweige kräftig, auseinanderstrebend, kriechend oder kletternd, filzig, an-

fangs rotbraun, dann gräulich braun, 3–6 m lang, viele, häufig paarig unter den Knoten sitzende Stacheln, diese sind kräftig, flach, hakenförmig, gerade oder leicht gebogen, 9 mm lang und breitbasig, sowie weitere kleinere, zerstreut stehende Stacheln.

• Blätter immer- oder halb immergrün, 4–9 cm inkl. Blattstiel; Nebenblätter gewöhnlich frei; Spindel und Blattstiel feinstachelig; 5–9 (11) dunkelgrüne Blättchen, je 1–5 cm lang, ledrig, verkehrt-eiförmig, elliptisch oder länglich, stumpfspitzig; oberseits kahl und glänzend, auf der Unterseite entlang der Blattnerven leicht behaart, Rand gezähnt.

• Einfache Blüten, gewöhnlich einzeln, seltener zu 2–3 in Büscheln, nach Zitronen duftend, Durchmesser 4,5–10 cm, Blütenstiel 1 cm lang, zottig behaart; Brakteen groß, fein behaart, blattartig, fein gesägt; Kelchblätter verkehrt-eiförmig, ganzrandig, fein behaart; Petalen weiß oder elfenbeinweiß mit ausgerandeter Spitze; der

fein behaarte Griffel ist kürzer als die zahlreichen gelben bis orangeroten Staubblätter. Spät einsetzende, aber lange Blüte: beginnend im Sommer und bis Anfang Herbst andauernd.

• Früchte 2,5–3,8 cm, kugelig, orangerot, fein behaart, Kelchblätter zurückgeschlagen, bleibend.

• Sehr schöne, aber wenig winterharte Rose. Wird gelegentlich mit *R. laevigata* verwechselt.

Rosa britzensis Koehne — Sektion Caninae

Verbreitung: Kurdistan.

Beschreibung: Zweige aufrecht, 2–3 m hoch, mit vereinzelten, kleinen, dünnen Stacheln von 6–8 mm Länge, vor allem auf den Blütentrieben; Jungtriebe rötlich.

• Blätter 12–14 cm, bestehend aus (5) 9–11 Blättchen, je 2,5–3,5 cm lang, grüngrau, elliptisch oder eiförmig, oberseits kahl,

Mittelrippe auf der Unterseite mehr oder weniger drüsig, Rand gesägt.

• Einfache Blüten, einzeln oder zu zweien, Durchmesser 7–10 cm; Sepalen häufig gelappt, flaumig behaart, drüsig; Petalen an der Spitze ausgeschnitten, blassrosa, zu weiß verblassend. Mai, Juni.

• Früchte 2,5–3 cm, eiförmig, dunkelrot oder braun, leicht drüsig, flaumig behaart. Juni, Juli. Z6

Rosa brunonii Lindl. 1820 — Sektion Synstylae

Synonyme: *R. clavigera* Lév., *R. moschata* Herrm. var. *nepalensis* Lindl., *R. nepalensis* Lindl. ex Steud., *R. pubescens* Roxb.

Namensherkunft: Benannt nach dem englischen Botaniker Robert Brown (1773–1858).

Trivialnamen: Himalaja-Moschus-Rose. Himalayan Musk Rose, Brown's Musk Rose (GB).

Verbreitung: Von Afghanistan bis Südwestchina, Himalaja-Regionen in Nepal und Myanmar; in Lagen von 1900–2800 m Höhe. Sehr variable Art, 1822 in Europa eingeführt.

Beschreibung: Starkwüchsiger, 10–12 m hoher Kletterstrauch, mitunter auch breitwachsend, Jungtriebe drüsig, zottig behaart, später rot- oder purpurbraun; Stacheln kurz (5 mm), flach, kräftig, hakenförmig.

• Überhängende Blätter, 17–21 cm lang, weit auseinanderstehend; Nebenblätter weitgehend angewachsen; 5–7 (9) Blättchen, in Nähe der Doldenrispen nur 3–5, je 3–5 cm lang, länglich-verkehrteiförmig oder länglich-elliptisch, oben gräulich oder bläulich grün, mehr oder weniger fein behaart, selten kahl; unterseits filzig, gelegentlich drüsig, Apex zugespitzt; Blattspindel feinstachelig; Rand gesägt.

• Zahlreiche einfache, cremeweiße, stark duftende Blüten, Durchmesser 2,5–5 cm, gruppiert in großen, schmal-konischen Blütenständen; Hochblätter manchmal zusammengewachsen; Sepalen schmal, gelappt, fein behaart und nach unten geschlagen; Griffel zur Säule verwachsen, fein behaart, länger als die gelben Staubblätter.

• Früchte 7–18 mm, eiförmig oder fast kugelig, purpurbraun, kahl und glänzend; Kelchblätter abfallend.

• *R. brunonii* ist leicht mit *R. moschata* zu verwechseln, von der sie sich durch mattgrünes und fein behaartes Laub unterscheidet. Bei vielen als *R. moschata* präsentierten Rosen handelt es sich in Wirklichkeit um *R. brunonii.*
Sehr kälteempfindlich.

Z7

Rosa brunonii var. 'La Mortola'

Benannt nach dem botanischen Garten «La Mortola» nahe der italienischen Stadt Ventimiglia. Es handelt sich um einen Klon der vorstehend genannten Art, eine robustere Gartenvarietät. Die Blätter sind größer, grauer und flaumighaariger; die weißen Blüten sind etwas größer (Durchmesser 5 cm) und stehen in großen Büscheln.

Rosa bushii Rydb. 1918 Sektion Cinnamomeae

Verbreitung: Nordamerika, Missouri.
Beschreibung: Der Strauch ist eng verwandt mit *R. arkansana* und wird mitunter auch als dessen Synonym verwendet. Er erreicht eine Höhe von 1,8 m und besitzt einfache, rosa Blüten sowie längliche, orangerote Früchte.

Rosa caesia Sm. 1812 Sektion Caninae

Synonyme: *R. afzeliana* Fr. subsp. *coriifolia* (Fr.) Keller & Gams, *R. canina* L. var. *caesia* (Sm.) Lindl., *R. canina* var. *coriifolia* (Fr.) Dumort., *R. coriifolia* Fr. 1814, *R. frutetorum* Besser, *R. watsonii* Baker.
Trivialnamen: Blaugrüne Rose, Graugrüne Rose, Lederrose, Lederblättrige Rose.
Namensherkunft: Lateinisch: «bläulich».

Verbreitung: Russland, Kaukasus; seit 1878 in Kultur.
Beschreibung: Mit *R. dumalis* verwandter, ca. 1,5–2 m hoher Strauch; Triebe dicht verzweigt, aufrecht oder gebogen, in jungem Alter oft bläulich bereift, bewehrt mit gekrümmten Stacheln.
- Blätter mit 5–7 Fiedern, diese sind recht ledrig, gräulich grün, länglich oder breitelliptisch, stumpfspitzig, oben kahl, unten fein behaart, der Rand ist drüsig gesägt.
- Blüten einzeln oder zu 2–4 in kleinen Blütenständen, einfach oder gefüllt, kurz gestielt; große Brakteen; Kelchblätter gelappt, mitunter fein behaart; Petalen gelappt, rosa oder weiß; Griffel verwachsen. Juni.
- Früchte bis 2,5 cm, eiförmig oder kugelrund, rot, flaumig behaart; Kelchblätter aufrecht, bleibend.

Z5

Rosa californica Cham. & Schlechtend. 1827

Synonyme: *R. aldersonii* Greene, *R. gratissima* Greene.
Trivialname: Kalifornische Rose.
Verbreitung: Westliche USA bis Mexiko; seit 1878 in Kultur.
Beschreibung: Robuster Strauch mit aufrechten, 1,5–3 m langen Zweigen mit rötlich braunen Enden, Stacheln flach, kräftig, gekrümmt, verbreiterte Basis, in der Regel paarig sitzend; Jungtriebe drüsigborstig.

- Blätter bestehend aus 5–7 Blättchen, je 1–3,5 cm, eiförmig oder breit-elliptisch, Apex stumpf, Oberseite mattgrün, kahl oder glatt, Unterseite oft drüsig, Rand gesägt.
- Einfache, duftende Blüten, Durchmesser 3,5–4 cm, einzeln oder in dichten Doldenrispen, dünn gestielt; Sepalen ganzrandig, aufrecht, innen fein behaart; Blütenblätter dunkelrosa bis hellpurpurfarben; Brakteen blattartig. Juni, Juli.
- Früchte 7–15 mm, rot, eiförmig oder kugelrund, glatt, sichtbarer Hals, Kelchblätter aufrecht, bleibend. Z5

Rosa californica var. *californica* f. *plena*

Synonyme: *R. californica* f. *plena* Rehd.
Strittige Herkunft, möglicherweise die gefüllte Form von *R. californica* oder eine mit *R. nutkana* verwandte Form.
Beschreibung: 2–3 m hoher Strauch mit Ausläufern, reichlich belaubt, Blätter dunkelgrün, im Herbst gelb und rostbraun.

- Halb gefüllte, duftende Blüten, Sepalen blattartig, Petalen rosa, mitunter mit feinen, weißen Streifen, lange, bogige Blütenstiele. Juni, Juli.
- Früchte zinnoberrot.
- Bei der unter diesem Namen kultivierten Rose handelt es sich meist um *R. nutkana* C. Presl. Zudem wird sie häufig mit der von Geschwind eingeführten Varietät 'Théano' verwechselt.

Rosa californica var. *nana* Bean

Zwergstrauch, einfache Blüten.

Rosa x calocarpa (André) Willm.

Synonyme: *R. rugosa* Thunb. var. *calocarpa* André.
Namensherkunft: Griechisch: «(Rose) mit schönen Früchten».
Herkunft: Hybride aus *R. rugosa* Thunb. x *R. chinensis* Jacq.
Erzielt 1891 in Bruant (Frankreich), 1895 in Kultur genommen, aber relativ selten in Gärten zu finden.
Beschreibung: Kräftiger, 2–2,5 m hoher Busch. Die Zweige tragen viele gerade, mit Borsten untermischte Stacheln.
• Blüten rosa, einfach, kleiner als bei *R. rugosa*, in Doldenrispen; Kelchblätter drüsig behaart; Blütenstiel fein behaart. Juni, Juli.
• Zahlreiche kugelige, lebhaft rote Früchte, die lange haften bleiben und der Pflanze einen hohen Zierwert verleihen.

Rosa calyptopoda Cardot 1916 Sektion cinnamomeae

Namensherkunft: Griechisch: «(Rose) mit verdeckten Füßen (Trieben)».
Verbreitung: Recht seltener Strauch aus dem Westen der chinesischen Provinz Sichuan, wo er in Lagen zwischen 1600 und 1800 m Höhe wächst. Außerhalb seiner Heimat anscheinend nicht in Kultur.
Beschreibung: Kleiner, niedriger Busch von 1–2 m Höhe, Zweige purpurbraun, kräftig und gebogen mit zerstreuten, bis zu 1 cm langen Stacheln.
• Blätter inkl. Blattstiel 1,5–4 cm; Nebenblätter weitgehend angewachsen; Blattstiel feinstachelig; 5–7 verkehrt-eiförmige Blättchen, zur Spitze hin fein gezähnt, am Grund ganzrandig.
• Blüten rosa, einfach, mitunter sitzend, Durchmesser 2–2,5 cm, einzeln; 3–5 eiförmige Brakteen.
• Früchte 6–8 mm, rotbraun, annähernd kugelig, Sepalen bleibend.

Rosa canina L. 1753

Synonyme: *R. arguta* Stev. ex Bieb., *R. armata* Stev. ex Besser, *R. biebersteinii* Tratt., *R. caucasica* Lindl., *R. caucasica* Pall., *R. communis* Rouy subsp. *canina* (L.) Rouy, *R. frondosa* Stev. ex Spreng., *R. glauca* Schott ex Besser, *R. leucantha* Loisel., *R. macrantha* Desf., *R. mygindi* H. Braun, *R. pseudoscabrata* Blocki, *R. sphaerica* Gren., *R. surculosa* Woods, *R. taurica* Bieb., *R. vagiana* (Crép.) Sag.
Trivialname: Hundsrose.

Namensherkunft: Lateinisch *canis*, «Hund». In der Antike glaubte man, die Wurzel der Hundsrose könne Tollwut heilen.
Verbreitung: Europa, oft im Flachland, in Hecken oder am Waldrand; Südwestasien, Nordafrika; eingebürgert in Nordamerika.
Beschreibung: Strauch mit gebogenen, mitunter kletternden, bisweilen bis 2–3 m hohen Zweigen mit vereinzelten, kräftigen, stark hakenförmigen und breitbasigen Stacheln.

- Blätter bestehend aus 5–7 Blättchen, je 1,5–4 cm lang, elliptisch-länglich oder eiförmig, spitz oder stumpf, gewöhnlich kahl, Unterseite gelegentlich drüsig behaart, Rand einfach oder manchmal doppelt gesägt.
- Einfache, duftende Blüten, Durchmesser 3–5 cm, einzeln oder in Blütenständen zu 2–5; Kelchblätter gelappt, zurückgeschlagen, unterseits meist kahl; Petalen weiß oder blassrosa. Juni, Juli.

• Früchte 2–3 cm, eiförmig oder kugelig, glatt, rot bis orangefarben; Kelchblätter abfallend.

Eine morphologisch höchst variable Rose mit nahezu 60 Varietäten, von denen nachfolgend nur einige der geläufigsten kurz beschrieben werden.

Anmerkungen: Die Hundsrose wird bereits seit Langem insbesondere für Hochstammrosen und aufgrund ihrer guten Toleranz gegenüber kalkhaltigen Böden als Veredelungsunterlage verwendet.

Auf der *R. canina* und ihren Varietäten kommen häufig Rosengallen, auch Schlafäpfel, vor. Dabei handelt es sich um dicht behaarte, tumorartige Auswüchse, die durch die Rosengallwespe *(Diplolepis rosae)* verursacht werden. Bei etlichen anderen kultivierten Rosen treten sie seltener auf. Z3

Rosa canina var. *andegavensis* (Bast.) Desp.

Synonyme: *R. andegavensis* Bast.
Namensherkunft: Lateinisch *Andegava*, Angers (Stadt in Frankreich).
Trivialnamen: Andegavi-Rose, Anjou-Hundsrose.
Verbreitung: West- und Mitteleuropa.

Unterscheidet sich von *R. canina* durch kahles, nicht drüsiges Laub; drüsig-borstiger Blütenstandsstiel. Früchte häufig borstig.

Rosa canina var. *belgradensis* (Panc.) Brumme & Gladis

Synonyme: *R. belgradensis* Panc. 1865, *R. canina* f. *belgradensis* (Panc.) Keller.
Verbreitung: Serbien.

Einfache, einzelne Blüten, Petalen zartrosa mit weißem Grund.

Rosa canina var. *blondeana* (Ripart) Crép.

Synonyme: *R. blondeana* Ripart ex Déségl., *R.* x *nitidula* Besser f. *blondeana* (Ripart) Borb.
Trivialnamen: Blondeau-Rose, Blondeaus Hundsrose, Glänzende Hundsrose.
Verbreitung: Europa: von Südschweden bis Nordportugal, von England bis in die Karpaten.

Unterscheidet sich vom Typus durch Blättchen mit drüsigem, doppelt gesägtem Rand; Kelchblätter und Blütenstiel sind drüsig.

Rosa canina var. *chavinii* (Rap. ex Reuter) Rhiner

Synonyme: *R.* x *chavinii* Rap. ex Reuter, *R. montana* Chaix subsp. *chavinii* (Rap. ex Reuter) Arcangeli.
Trivialname: Chavins Rose.
Verbreitung: Europa, Alpenmassiv. Möglicherweise Hybride aus *R. canina* x *R. montana*. Seit 1905 in Kultur.
Beschreibung: 1,5–3 m hoher Strauch, Zweige mit schwach hakenförmigen und an der Basis stark verbreiterten Stacheln.
• Laub bläulich grün, 5–7 eiförmige, kahle Blättchen mit spitzem Apex und doppelt gesägtem Rand.
• Blüten blassrosa, Durchmesser 5 cm, einzeln oder in Büscheln.
• Früchte eiförmig, seidig, Kelchblätter ausgebreitet oder aufgerichtet.

Rosa canina **var. *exilis*** (Crép.) Keller

Synonyme: *R. exilis* Crép., *R. canina* f. *exilis* (Crép.) Bräulker.
Namensherkunft: Lateinisch: «klein, dünn».
• Niedriger Busch mit kleinen, rosa Blüten mit einem Durchmesser von 2,5 cm.

Rosa canina **var. *inermis*** hort.

Kräftiger, praktisch unbestachelter Rosenstrauch ohne besonderen dekorativen Reiz, der vorwiegend als Veredelungsunterlage verwendet wird.

Rosa canina **var. *lutetiana*** (Lem. ex Cass.) Baker

Synonyme: *R. aciphylla* Rau, *R. lutetiana* Lem. ex Cass. 1818.
Namensherkunft: Benannt nach Lutetia (antiker Name der Stadt Paris).
Beschreibung: 60–75 cm hoher Rosenstrauch, gänzlich kahl, nicht drüsig, mit blassrosa Blüten.

Rosa canina **var. *pouzinii*** (Tratt.) Wolley-Dod

Synonyme: *R. hispanica* Boiss. & Reuter, *R. inconsiderata* Déségl., *R. micrantha* DC., *R. pouzinii* Tratt. 1823, *R. rubiginosa* var. *parviflora* Willd.
Trivialname: Rosier de Pouzin (F).
Verbreitung: Südeuropa, Nordafrika. Seit 1905 in Kultur.
Beschreibung: 0,9–1,8 m hoher Strauch mit roten Zweigenden.
• Mehr oder weniger drüsige Blättchen.
• Kleine, rosa oder weiße Blüten mit einem Durchmesser von 1–2 cm, einzeln oder in kleinen Büscheln, Blütenstandsstiele dünn und drüsig-behaart.
• Früchte klein, ellipsoid; Sepalen spitz zulaufend, zurückgeschlagen, bleibend.

Rosa canina **var. *spuria*** (Déségl.) Crép.

Synonyme: *R. canina insignis* Wolley-Dod, *R. spuria* (Puget) Wolley-Dod, *R. spuria* Puget.
Namensherkunft: Lateinisch: «falsch, Bastard».
Beschreibung: Rand fast durchgehend einfach gesägt; Blattstiele drüsig; Früchte dick.

Rosa canina **var. *squarrosa*** (Rau) Brumme & Gladis

Synonyme: *R. squarrosa* Rau 1816
Trivialnamen: Drüsige Hundsrose, Sparrige Rose.
Verbreitung: Mitteleuropa.
Beschreibung: Dem Typus sehr ähnlich, die Unterseite der Blättchen ist jedoch drüsig, ebenso Blattstiele und Nebenblätter.

Rosa carolina L.

Synonyme: *R. humilis* Marsh. 1875, *R. pensylvanica* Wangenh., *R. pratensis* Raf., *R. texarkana* Rydb., *R. virginiana* var. *humilis* Schneider. Bisweilen fälschlich als *R. palustris nuttaliana* bezeichnet.

Trivialnamen: Carolina-Rose, Dünenrose, Sandrose, Weidenrose, Wiesenrose.

Verbreitung: Nördliches und östliches Nordamerika; seit 1902 in Kultur.

Beschreibung: 1–1,8 m hoher, schlanktriebiger, stark Ausläufer treibender Strauch, mit geraden, dünnen Stacheln, die paarig an allen Knoten sitzen und mit Borsten untermischt sind; altes Holz ist kaum stachelig.

- Blätter bestehend aus 5–7 Blättchen, je 1–3 cm lang, lanzettlich, elliptisch oder verkehrt-eiförmig, oben dunkelgrün, leicht schimmernd, unten kahl oder flaumig behaart, Rand fein gesägt. Das Herbstlaub verfärbt sich gelb und orange.

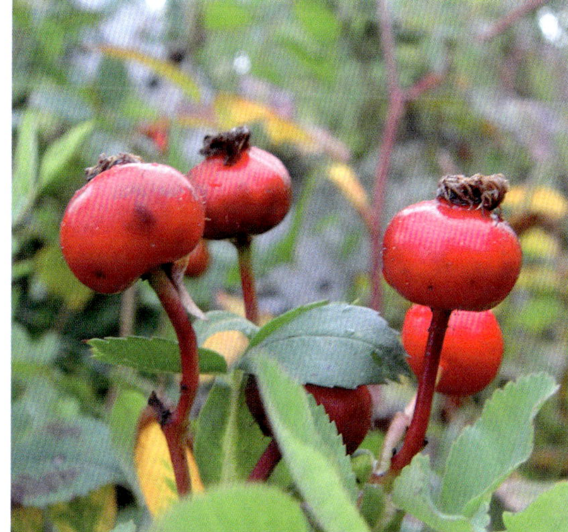

- Einfache, duftende Blüten, Durchmesser 3,8–5 cm, meist einzeln, seltener zu 2 oder mehr, Blütenstiel drüsig-borstig. Sepalen gelappt, abstehend, drüsig-borstig; Petalen blass- bis mittelrosa. Juli, August.
- Früchte annähernd kugelig, 7–9 mm, lebhaft rot, drüsig-borstig, Kelchblätter abfallend.

Z4

Rosa carolina 'Alba' 1

Synonyme: *R. carolina alba* Rehd., *R. lyoni alba* Rehd., *R. virginiana alba* Willm., *R. virginiana* var. *alba* Baker Seit 1880 in Kultur.

Beschreibung: Unterseite der Blätter fein behaart; weiße Blüten.

Rosa carolina var. *glandulosa* (Crép.) Rehd.

Synonyme: *R. mexicana* Wats. non Willd., *R. parviflora* Ehrh. var. *glandulosa* Crép., *R. serrulata* Raf. Seit 1902 in Kultur. Blättchen fein gesägt, drüsig, Blattstiele drüsig, Blüten 5–6 cm Durchmesser.

Rosa carolina var. *grandiflora* (Baker) Rehd. 2

Synonyme: *R. humilis* Marsh. var. *grandiflora* Baker, *R. laxa* Lindl., *R. lindleyi* Spreng., *R. obovata* Raf.

Trivialname: Wiesenrose.

Beschreibung: Vor 1870 in Kultur. Unterscheidet sich vom Typus durch größere Blätter und Blüten; Petalen hellrosa, Durchmesser 5–6 cm.

Rosa carolina var. plena Brumme & Gladis

Synonyme: *R. carolina plena* (Marsh.) Doris Lynes, *R. carolina* 'Plena', *R. pensylvanica plena* Marsh.

Beschreibung: Kleiner, buschiger, Ausläufer bildender Strauch mit einer Höhe bis zu 50 cm, Triebe dünn, behaart und mit paarigen Stacheln unter den Knoten bewehrt. Kleine, schmale, spitze Blättchen mit gesägtem Rand.

• Blüten gefüllt, helles Lachsrosa, Unterseite der Petalen fast zu Weiß verblassend. Unter günstigen Bedingungen öfter blühend.

Rosa carolina var. *triloba* (Wats.) Rehd.

Synonyme: *R. humilis triloba* Wats.

Beschreibung: Hellrosa Blüten mit dreilappigen Petalen.

Rosa carolina var. *villosa* (Best) Rehd.

Synonyme: *R. carolina lyoni* (Pursh) Palmer & Steyermark, *R. humilis* Marsh. var. *villosa* Best., *R. lyoni* Pursh, *R. palmeri* Rydb., *R. pusilla* Raf. Seit 1887 in Kultur.

• Unterseite der Blättchen fein behaart.

1

2

Rosa caudata Baker 1914 — Sektion Cinnamomeae

Namensherkunft: Lateinisch: «geschwänzt, mit Anhängsel», bezugnehmend auf die Form der blattartigen Kelchblätter.
Verbreitung: Westchina, Provinzen Sichuan, Shaanxi, Hubei; in Höhenlagen von 1200–2500 m. Seit 1896 bekannt, 1908 von E. H. Wilson in Europa eingeführt. Eng verwandt mit *R. setipoda*.
Beschreibung: Buschiger, 4 m hoher Strauch mit aufrechten, kahlen, rötlichen Zweigen, nur sehr vereinzelte kräftige, gerade, 4–6 mm lange, breitbasige Stacheln.
• Blätter inkl. Blattstiel 10–20 cm; Nebenblätter breit, drüsig, weitgehend angewachsen; Spindel und Blattstiel feinstachelig; 7–9 Blättchen, je 2,5–5 cm lang, elliptisch oder eiförmig, kahl, Unterseite bläulich grün, entlang der Mittelrippe schwach flaumhaarig; Rand gesägt, Apex spitz oder zugespitzt.
• Einfache Blüten, Durchmesser 3,5–6 cm, mehr oder weniger zahlreich, in dichten Doldenrispen; Hochblätter eiförmig; Sepalen ganzrandig, blattartig, innen

flaumhaarig; Petalen dunkelrosa bis rot, breit-verkehrteiförmig, Apex farbig berandet; Griffel fein behaart, vorragend, kürzer als die Staubblätter; Blütenstiel und Kelch drüsig-borstig. Juni, Juli.
• Früchte orangerot, 2–2,5 cm, eiförmig oder länglich, mit länglichem Hals, drüsig, seidig, Kelchblätter bleibend, häufig aufrecht.

Z6

Rosa x centifolia L. 1753 — Sektion Gallicanae

Synonyme: *R. gallica* var. *centifolia* (L.) Reg., *R. hollandica* Pers. ex Steud., *R. provincialis* Mill. in part (1788) non Herrm. (1762).
Namensherkunft: Ihren Namen verdankt sie den stark gefüllten Blüten mit bis zu 100 Petalen.
Trivialnamen: Hundertblättrige Rose, Kohlrose, Krautrose, Zentifolie, Provence-Rose (der letzte Name resultiert von einer falschen Aussprache des Wortes «Provinz», der auf «Die Vereinigten Provinzen» Bezug nimmt, den früheren Namen Hollands.

Herkunft: Aus Holland, Ende 16. Jh., Komplexhybride aus *R. gallica*, *R. moschata*, *R. canina* und *R. damascena*.

Beschreibung: 1,5–2 m hoher, offener Busch, Zweige mit vielen kleinen, ungleich langen, fast geraden Stacheln besetzt, die größeren sind häufig gekrümmt.

• Blätter bestehend aus 5–7 gräulich grünen Blättchen, diese sind breit-eiförmig oder fast rund, spitz oder stumpf, oberseits mehr oder weniger kahl, unterseits fein behaart, die Blattspindel ist unbestachelt, der Rand grob gesägt.

• Blüten mit 6–8 cm Durchmesser, einzeln oder in kleinen Gruppen, stark gefüllt, rund, kugelig, mit intensivem zuckersüßem Duft. Blütenstiele dünn, drüsig, aromatisch und aufgrund des Gewichts der Blüten überhängend. Die Sepalen sind gelappt, drüsig, abstehend und umgeben die vielen, sich überlappenden Blütenblätter, die meist rosa, seltener weiß oder dunkel purpurrot sind. Juni, Juli.

• Früchte ellipsoid oder kugelrund, rot, Kelchblätter ausgebreitet, bleibend.

Z5

Rosa x *centifolia* var. *bullata* hort. 1-2

Synonyme: *R.* 'Bullata'.

Trivialname: Salatrose.

Herkunft: Mutation von *R.* x *centifolia*, seit 1801 in Kultur.

Beschreibung: 1,2–1,5 m hoher Strauch mit offenem Wuchs.

• Überhängende, oberseits purpurne Blätter, bestehend aus breiten, runzeligen, nahezu zerknüllt aussehenden Blättchen, die an die jungen, purpurnen Blätter des Batavia-Salats erinnern.

• Blüten rosa, duftend, stark gefüllt, in großen Büscheln auf schwach drüsigem Stiel.

Rosa x *centifolia* var. *cristata* Prév. 3

Synonyme: *R.* x *centifolia muscosa cristata, R.* 'Cristata'.
Trivialnamen: Crested Provence Rose (GB). 'Chapeau de Napoléon', 'Crispé Mousseux' (F).
Herkunft: Gegen 1820 in der Umgebung von Freiburg, Schweiz, entdeckt. 1827 von Vibert in den Handel gebracht.
Beschreibung: Spontanmutation des Typus, die sich durch die mit zahlreichen feinen Auswüchsen bedeckten Kelchblätter auszeichnet. Dieses sogenannte «Moos» ist nur auf der Knospe vorhanden und verleiht ihr das Aussehen eines Zweispitzes. Die duftenden, dunkelrosa Blüten sind weniger kugelig als beim Typ. Einmalige Blüte im Juni.

Rosa x *centifolia* var. *major* hort. 4

Synonyme: *R.* x centifolia 'Major'.
Trivialnamen: Kohlrose, Bauernrose, Batavia-Rose. 'Rose des Peintres' (F, «Rose der Maler»).
• 1–1,6 m hoher Busch mit starrem Wuchs; bräunliche Triebe mit ein paar feinen, länglichen Stacheln. Gefüllte, duftende Blüten, Petalen magentafarben, übergehend in klares Rosa.

Rosa x *centifolia* var. *minor* hort. 5

Trivialnamen: 'Petite de Hollande', 'Pompon de Damas' (F).
Herkunft: Erstmals gegen Ende des 18. Jh. erwähnt.
Beschreibung: Kleiner, kompakter Busch bis 1,3 m Höhe. Überreiche, duftende Blüte, Petalen blassrosa, zur Basis hin etwas dunkler; lange Kelchblätter mit hübschen Einschnitten.

Rosa x *centifolia* var. *muscosa* (Mill.) Ser. 1

Synonyme: *R. muscosa* Mill., *R.* x *centifolia* 'Muscosa'
Namensherkunft: Lateinisch *muscosa*, «bemoost».
Trivialname: Moosrose. Old Pink Rose, Common Moss (GB).
Herkunft: Mutation des Typus *R.* x *centifolia,* seit 1699 bekannt, seit 1724 in England in Kultur.
Beschreibung: Kleiner, kompakter Busch bis ca. 1 m Höhe, dichtes Laub. Blütenstiele und Kelch besitzen zahlreiche aromatische, ineinander verschlungene Drüsen, die das nach Kiefer riechende «Moos» bilden. Die mit drüsigen, rötlichen Borsten bedeckten Kelchblätter umhüllen die beiden glatten, nicht «bemoosten» Kelchblätter der Knospe.

- Hübsche, duftende, gefüllte Blüten, Durchmesser 6 cm, in Büscheln; Petalen klares Rosa, zur Mitte hin dunkler; Blütenstiel und Kelch «bemoost»; einmal blühend.
- Keine Früchte.

Rosa x *centifolia* var. *muscosa* (Mill.) Ser. f. *alba* 2

Trivialname: White Moss (GB).
Beschreibung: Mutation der vorgenannten Varietät. Blättchen elliptisch, hellgrün; Knospe und Blütenstiel reichlich mit langem «Moos» bedeckt; Blüten gefüllt, stark duftend, beim Aufblühen leicht blassrosa, anschließend reinweiß; gelegentlich mit einem rosafarbenen Blütenblatt.

Rosa x *centifolia mutabilis* Pers.

Namensherkunft: Lateinisch *mutabilis*, «veränderlich».
Trivialnamen: White Provence (GB). 'Unique Blanche', 'Vierge de Cléry' (F).
Beschreibung: 1,2 m hoher Busch mit breiten, hellgrünen Blättern; stark gefüllte Blüten mit intensivem Duft, Petalen zart, seidig, reinweiß. Einmal und spät blühend. Juni, Juli.

Rosa x *centifolia* var. *parviflora* (Ehrh.) Rehd. 3

Synonyme: *R. burgundensis* Roessler, *R. burgundensis* West, *R. burgundiaca* Roessler, *R. ehrhardiana* Tratt., *R. gallica* L. var. *parviflora* (Ehrh.) Ser., *R. parviflora* Ehrh.
Namensherkunft: Lateinisch: «Kleinblütige Rose».
Trivialname: Burgunderrose.
Herkunft: 1664 erstmals erwähnt. Unsicher, ob die Varietät von *R.* x *centifolia* abstammt.
Beschreibung: Kleiner, aufrechter, 0,5–1 m hoher Busch, Ausläufer bildend, praktisch unbewehrte Triebe, Laub gräulich grün mit sehr kleinen, spitzen, unterseits fein behaarten Blättchen. Die Blüten sind stark gefüllt, klein, flach, duftend und stehen in Büscheln; Petalen von purpurn schattiertem Dunkelrosa, zur Mitte hin heller.

1

2

3

Rosa x *centifolia* var. *pomponia* (DC.) Lindl.

Synonyme: *R. dijonensis* Roessler, *R. pulchella* Willd.
Trivialnamen: Pompon de Meaux, Rose de Meaux (F).
Herkunft: Angeblich 1637 im Garten des Bischofs Dominique Séguier von Meaux gefunden.
Beschreibung: Aufrechter, kleiner Busch, 1–1,2 m hoch, dünntriebig; kleine, hellgrüne Blättchen. Stark gefüllte Blüten (Durchmesser 3–4 cm) auf fein behaarten Blütenstandsstielen, die sich im oberen Teil der Zweige senkrecht nach oben strecken. Einmal und früh blühend.

Rosa x *centifolia* var. *variegata* hort.

Synonyme: *R. provincialis* Herrm. var. *variegata* hort.
Trivialnamen: Cottage Maid, Village Maid (GB). 'Belle villageoise', 'Belle des Jardins', 'La Rubanée' (F).
Herkunft: Um 1845 in Angers entdeckt, wahrscheinlich eine Mutation aus *R.* x *centifolia*.
Beschreibung: Bis zu 2 m hoher Strauch mit kräftigen, sehr stacheligen Zweigen. Blättchen dunkelgrün, grob gesägt. Blüten kugelig, stark gefüllt, einzeln oder in Büscheln, Petalen cremeweiß, dezent zartrosa, mit weißen Streifen.

Rosa cerasocarpa Rolfe 1915 — Sektion Synstylae

Synonyme: *R. gentiliana* sensu Rehd. & Wils. pro parte, non Lév. & Vaniot.
Namensherkunft: Lateinisch: «Rose mit kirschenförmiger Frucht».
Verbreitung: West- und Zentralchina. Seit 1914 in Kultur.
Beschreibung: Strauch mit kletternden Trieben, 3–5 m Höhe, nur sehr vereinzelte robuste, gekrümmte Stacheln.
• Blätter 17–20 cm; Nebenblätter schmal; Blattstiel kahl; (3) 5 Blättchen, je 5–10 cm lang, eiförmig-länglich oder elliptisch, ledrig, spitz oder zugespitzt, kahl; Rand gesägt.
• Zahlreiche Blüten, einfach, weiß, duftend, Durchmesser 2,5–3,5 cm, in großen Doldenrispen; junge Knospen spitz; Kelchblätter zumeist gelappt, fein behaart, drüsig, zurückgeschlagen; Blütenstiel und Kelch drüsig. Juni.
• Früchte 8–13 mm, kugelrund, dunkelrot, fein behaart, Kelchblätter abfallend.

Z5

Rosa chengkouensis T. T. Yu & T. C. Ku 1981 — Sektion Cinnamomeae

Verbreitung: Seltener Strauch aus Zentralchina, entdeckt in der Umgebung von Chongqing in Lagen zwischen 1300 und 2100 m Höhe; außerhalb seiner Heimat nicht in Kultur.
Beschreibung: 1,5–2 m hoher Strauch mit purpurbraunen, kräftigen, gebogenen Zweigen mit geraden, zerstreut oder unter den Blättern paarig sitzenden Stacheln.
• Blätter inkl. Blattstiel 5–8 cm, bestehend aus 5 (7) elliptischen, länglichen oder eiförmigen Blättchen, Unterseite netzadrig, nur leicht behaart, Oberseite kahl, Rand doppelt gesägt.
• Einfache, rosa Blüten, Durchmesser 2,5–3 cm, einzeln oder in Büscheln; Brakteen eiförmig-lanzettlich; Sepalen blattartig, fein behaart.
• Früchte 7–8 mm, dunkelrot, verkehrt-eiförmig, Kelchblätter aufrecht, bleibend.

Rosa chinensis Jacq. 1768 — Sektion Chinenses

Synonyme: *R. chinensis indica* (Lindl.) Koehne, *R. indica* L., *R. indica* sensu Lour. non L., *R. indica* Lour. var. *bengalensis* (Pers.) K. Koch, *R. indica vulgaris* Lindl., *R. montezumae* Bertol. non Humbold & Bonpland, *R. nankingensis* Lour., *R. sinica* L.
Trivialnamen: Bengalrose, Chinarose, Chinesische Rose.
Herkunft: Gartenherkunft. Die öfter blühende Rose wurde Ende des 18. Jh. von Europäern in Kanton entdeckt und um 1800 herum in Europa eingeführt, war jedoch in China bereits seit einigen Jahrtausenden in Kultur. *R. chinensis* war als Vorfahrin unzähliger Abkömmlinge an der Entstehung vieler Rosen in Europa beteiligt, wo ihr insbesondere wegen ihrer Remontanz ein beachtlicher Erfolg beschieden war.
Beschreibung: Gewöhnlich 1–2 m hoher Strauch, der zwergwüchsig oder kletternd sein kann (Varietäten); purpurbraune Zweige, gelegentlich unbestachelt, meist

mit sehr vereinzelten flachen, kräftigen, nach unten gekrümmten Stacheln in unregelmäßiger Anordnung.

- Blätter inkl. Blattstiel 5–11 cm, immergrün, junge Blätter rötlich schimmernd. Nebenblätter weitgehend angewachsen; Blattspindel und Blattstiel etwas bestachelt; 3–5 Fiedern von je 2,5–7 cm Länge, lanzettlich oder breit-eiförmig, Oberseite dunkelgrün glänzend, kahl, Unterseite grünlich, entlang der Mittelrippe fein behaart; Rand fein gesägt; Apex zugespitzt.
- Blüten einfach oder halb gefüllt, Durchmesser 4–5 cm, selten einzeln, meist zu 4–5 in Büscheln, mitunter leicht duftend, am Ende langer Neutriebe auf 2,5–6 cm langem Stiel erscheinend. Hochblätter linealisch; Kelchblätter eiförmig, mitunter blattartig, ganzrandig oder gelappt, glatt oder drüsig, zurückgeschlagen; Petalen blassrosa, scharlachrot oder purpurn, seltener weißlich. Dauerblüte von Juni–Herbst.
- Früchte 1–2 cm, ei-, kreisel- oder birnenförmig, erst bräunlich grün, dann scharlachrot; Kelchblätter abfallend.

Z7

Rosa chinensis* var. *longifolia (Willd.) Rehd.

Synonyme: *R. chinensis* 'Longifolia', *R. indica* var. *longifolia* (Willd.) Lindl., *R. longifolia* Willd.

Beschreibung: 1820 eingeführte Varietät, heutzutage aber kaum noch in Kultur.

Beschreibung: Niedriger Busch, selten höher als 60 cm, mit praktisch unbestachelten Trieben.

- Die Blätter bestehen aus 3–5 schmalen, sehr langen Fiedern von je 5 cm Länge, die an Weidenblätter erinnern; Rand gesägt.
- Zumeist einfache, dunkelrosa Blüten.

Rosa chinensis* var. *minima (Sims) Voss

Synonyme: *R. chinensis* 'Minima', *R. indica* Lour. var. *humilis* Ser., *R. indica* Lour. var. *minima* Bean, *R. indica* var. *pumila* Thory, *R. laurentiana* Tratt., *R. lawranceana* Sweet, *R. semperflorens* Curtis var. *minima* Sims.

Trivialnamen: Miniaturrose, Zwerg-Bengalrose. Fairy Rose (GB).

Herkunft: Unklar, soll in England seit 1805 in Kultur sein.

Beschreibung: Buschiger Zwergstrauch mit vielen, schlanken Trieben von nur 20–50 cm Länge. Kleine Blüten, Durchmesser 2,5–3,5 cm, einfach oder gefüllt, zumeist einzeln, mitunter in kleinen Büscheln; Blütenblätter spitz, rosa, weiß oder rot. Dauerblüte von Juni–Herbst.

Rosa chinensis 'Multipetala'

Trivialname: 'Bengale Bichonne' (F).
Beschreibung: 1–1,5 m hoher Busch. Blüten rosa, gefüllt und lieblich duftend. Öfterblühend.

Rosa chinensis 'Mutabilis'

Synonyme: *R. chinensis* f. *mutabilis* (Correv.) Rehd., *R. mutabilis* Correv., *R.* 'Tipo Ideale'.
Namensherkunft: Lateinisch: «veränderlich».
Herkunft: In Italien war die Rose bereits 1896 verbreitet, als der Baumschulgärtner H. Correvon sie von Prinz Ghilberto Borromeo bekam und sie 1934 in den Handel brachte. Später stellte sich heraus, dass die Rose in Madagaskar relativ bekannt war und angeblich von der Insel La Réunion und evtl. Indien stammte. Seither erfreut sich *R. chinensis* 'Mutabilis' einer beständigen Beliebtheit. Wahrscheinlich handelt es sich um eine Hybride aus *R. chinensis* x *R. odorata*.
Beschreibung: 1–2,5 m hoher Strauch. Jungtriebe purpurn, später mit großen, rötlichen Stacheln.
- Junge Blättchen kupfrigpurpurn, später bläulich grün.
- Blüten schalenförmig, einfach, duftend, Durchmesser 4,5–6 cm; Petalen beim Aufblühen chamoisgelb, Unterseite orange, ab dem zweiten Tag übergehend zu Kupfriglachsrosa, beim Verblühen bisweilen violettlich rosa. Dauerblüte.
- Runde Früchte.

Verträgt trockene Böden.

Rosa chinensis 'Old Blush'

Trivialnamen: 'Parson's Pink' (GB). 'Bengale Rose' (F).
Herkunft: 'Old Blush' erschien in den 1750er-Jahren in Europa, und zwar 1752 im Botanischen Garten von Uppsala in Schweden, der von Linné geleitet wurde. Peter Osbeck hatte ihm die Pflanze von seiner Chinareise mitgebracht. Danach gelangte sie nach *Kew Gardens*. Spuren dieser Varietät findet man jedoch auch in über 1000 Jahre alten chinesischen Schriften. 'Old

Blush' dürfte eine Hybride aus *R. chinensis* x *R. multiflora* sein.
Beschreibung: 1–1,5 m hoher Busch mit mäßig bestachelten Zweigen. Die Knospen sind lang, spitz, dunkelrosa und öffnen sich zu halb gefüllten, blassrosa Blüten mit einem Durchmesser von 5 cm, die in kleinen Büscheln zu 2–3 gruppiert sind und leicht duften. Die Petalen werden dunkel und fallen rasch ab, verwelkte Blüten sieht man bei dieser Rose also nicht. Dauerblüte bis Herbst. Diese Varietät von *R. chinensis* soll die Vorfahrin der meisten modernen Rosen sein, ihren unzähligen Abkömmlingen vermachte sie die Eigenschaft des fast fortlaufenden Blühens.

Rosa chinensis 'Climbing Old Blush'

Kletterform der vorstehenden Varietät.

Rosa chinensis 'Roulettii'

Synonyme: *R. rouletti* Correv. 1922.
Trivialname: 'Pompon de Paris' (F).
Herkunft: In der Schweiz von Dr. Roulet entdeckt und 1922 vom Genfer Baumschulgärtner H. Correvon in Kultur genommen. Von manchen Autoren als Synonym von *R. chinensis* var. *minima* aufgefasst, von der sie sich leicht unterscheidet; andere halten sie für eine Mutation von *R. chinensis* 'Pumila'. Diese Hypothese scheint jedoch kaum haltbar, denn sie stützt sich auf eine nicht dokumentierte Beobachtung einer Rückmutation der Pflanze, aus der *R. chinensis* 'Pumila' hervorgegangen sein soll.

Beschreibung: 20–50 cm hoher Zwergstrauch mit grüngrauem Laub. Gefüllte Blüten, rosa glänzend, 1,9–2,5 cm. Aus der *R. chinensis* 'Roulettii' gingen zahlreiche Varietäten der Miniaturrosen hervor.

Rosa chinensis 'Sanguinea'

Synonyme: *R. indica cruenta, R. sinensis sanguinea.*
Trivialname: 'Bengal Crimson' (GB). Gegen 1818 in Kultur genommen.
Beschreibung: Großer, kompakter, 1–2 m hoher Strauch. Einfache, nicht duftende Blüten; 5 mühlenflügelartige, samtige, lebhaft karmesinrote Petalen; lange, blattartige Kelchblätter. Blüht früh und ausdauernd den ganzen Sommer über.

Rosa chinensis var. *semperflorens* (Curtis) Koehne

Synonyme: *R. bengalensis* Pers., *R. diversifolia* Venten., *R. chinensis* 'Semperflorens', *R. semperflorens* Curtis 1794.

Trivialnamen: Monatsrose. Slater's Crimson China, Willmott's Crimson China (GB).

Herkunft: 1789 in Kalkutta entdeckt und an Gilbert Slater, einen der Direktoren der Ostindienkompanie, überreicht, der sie unter dem Namen «Bengalrose» in Umlauf brachte und 1792 in England einführte. 1798 gelangte sie nach Frankreich. Die Rose stammte aus den Gärtnereien *Fa-Tee* in Kanton. Ihre Blühfreudigkeit und Blütenfarbe waren offensichtlich von größtem Interesse für die Zucht neuer Rosen. Von *Rosa chinensis semperflorens* stammen viele Kultursorten ab, denen sie ihre dunkelrote Blütenfarbe vermachte, einen Farbton, den man bis dahin vergeblich zu erzielen versucht hatte.

Beschreibung: 1–1,5 m hoher Strauch, dünne Triebe mit kurzen Stacheln.

- Blätter häufig purpurn, bestehend aus (3) 5–7 zugespitzten, recht dünnen Blättchen, Rand gesägt.
- Gefüllte oder halb gefüllte Blüten, oft einzeln, bisweilen zu 2 oder 3 in Büscheln, zart duftend, lang und dünn gestielt. Kelchblätter lang, lanzettlich, gewöhnlich gelappt; Petalen seidig, dunkelrosa oder purpurscharlachrot mit fast weißer Basis. Öfter blühend, praktisch dauerblühend bis in den Herbst.
- Früchte hellrot, Kelchblätter abfallend.

Rosa chinensis Jacq. var. *spontanea* (Rehd. & Wils.) T. T. Yu & T. C. Ku 1985

Synonyme: *R. chinensis* f. *spontanea* Rehd. & Wils. 1915, *R. indica* Hemsl.

Trivialname: Wilde Bengalrose.

Herkunft: Indien, Westchina, Nordwesten der Provinz Sichuan; in Lagen zwischen 1000 und 2000 m Höhe. 1885 in der Provinz Hubei von Augustine Henry entdeckt.

Beschreibung: Kleiner, 1–2,5 m, gelegentlich auch 3,5 m hoher Kletterstrauch, dessen Zweige einige wenige große Stacheln besitzen.

- Blätter bestehend aus 3–5 lanzettlichen, oben dunkelgrünen, unten blassgrünen Fiedern.
- Einfache, rote oder rosarote Blüten, Durchmesser 5–6 cm, häufig einzeln, mitunter zu 2 oder 3 gruppiert; Sepalen ganzrandig, Spitze gelegentlich blattartig.
- Orange Früchte.

Rosa chinensis var. *viridiflora* (Lév.) Dipp.

Synonyme: *R. chinensis* 'Viridiflora', *R. indica* Lour. var. *monstrosa* Bean, *R. monstrosa* Breiter, *R.* 'Viridiflora' hort.

Namensherkunft: Lateinisch: «grünblütig».

Trivialname: Grüne Rose.

Herkunft: Sport, d. h. eine durch Mutation entstandene «Missbildung» einer Varietät von *R. chinensis*, die 1833 in Charleston, USA, erschienen sein soll. 1856 in Kultur genommen. Das Interesse gilt den eigenartig aussehenden grünen Blüten.

Beschreibung: Kleiner, praktisch unbestachelter Strauch; gefüllte Blüten, Durchmesser 5 cm, Petalen grün mit purpurnen Streifen. Durch Mutation bildeten sich Staubblätter und Stempel zu einem blattartigen, grünen Gebilde mit teils gesägtem Rand um, die Blütenblätter bildeten sich zurück und wurden durch Kelchblätter ersetzt. Dauerblüte bis in den Herbst.

Rosa clinophylla Thory 1817

Synonyme: *R. involucrata* Roxb. ex Lindl., *R. lindleyana* Tratt., *R. lyelli* Lindl. 1820.
Namensherkunft: Griechisch: «geneigtes Blatt».
Verbreitung: Von Indien bis Myanmar, in Sümpfen und an Flussufern; Einführung in Europa vor 1817.
Beschreibung: Nahe verwandt mit *R. bracteata*, abweichend durch Triebe mit geraden Stacheln.

- Die Blätter bestehen aus 7–9 Blättchen, diese sind filzig, länglich, schmal-elliptisch, zugespitzt und mehr oder weniger fein behaart, die Blattspindel ist feinstachelig.
- Blüten weiß, groß, duftend, Durchmesser 5–7 cm; Hochblätter groß, fein gesägt.
- Früchte 2 cm, filzig.

Wenig winterhart, kommt aber auf feuchten und auch sumpfigen Böden gut zurecht. Z8

Rosa x collina Jacq.

Namensherkunft: Lateinisch: «Hügelrose». Gartenherkunft, seit 1788 in Kultur, wahrscheinlich Hybride aus *R. canina* x *R. gallica* oder aus *R. corymbifera* x *R. gallica*.
Verbreitung: Europa, Westasien. Wird von manchen Autoren als Synonym von *R.* x *alba* aufgefasst, von der sie sich jedoch durch ihre Blütenfarbe unterscheidet.
Beschreibung: Strauch mit kahlen, aufgerichteten, 1,5–2 m hohen Zweigen; die Stacheln sind kräftig, gekrümmt, in jungem Alter rot und später grau.

- Die Blätter bestehen aus 5 (7) Blättchen, die oben kahl und unten entlang der Blattnerven fein behaart sind; der Rand ist gesägt.
- Blüten mehr oder weniger gefüllt, rosa, duftend, Durchmesser ca. 5 cm, einzeln oder zu 2–3; Sepalen gelappt mit blattartigen Enden. Juni, Juli.
- Früchte eiförmig, orangerot, mitunter drüsig.

Z6

Rosa x cooperi hort.

Synonyme: *R. laevigata* 'Cooperi'
Namensherkunft: Benannt nach Cooper, dem Direktor des Botanischen Gartens in Edinburgh von 1934–1950.
Trivialnamen: 'Cooper's Burma Rose' (GB). 'Rosier Cooper de Birmanie' (F).
Herkunft: Wurde 1931 im Botanischen Garten von Edinburgh aus Saat gezogen, die Cooper in Myanmar gesammelt hatte. Wahrscheinlich Spontanhybride aus *R. gigantea* Coll. ex Crép. x *R. laevigata* Michx.

Beschreibung: Der *R. laevigata* ähnlicher, schnell wachsender Strauch, mit eher steifen, purpurfarbenen, bis zu 6 m hohen Ästen.
• Immergrünes, weiches Laub; 18 cm lange Blätter, bestehend aus 7 lanzettlichen, zugespitzten, schimmernden Blättchen mit fein gesägtem Rand.
• Weiße Blüten, Durchmesser 10 cm, die zum Ende der Blüte rosafleckig werden. Empfindlich bei strengem Winter, aber in unseren Klimazonen winterhärter als *R. laevigata*.

Rosa x coryana Hurst

Synonyme: *R. macrophylla* Lindl. 'Coryana'.
Namensherkunft: Benannt nach Reginald Radcliffe Cory (1871–1934), Mäzen des Botanischen Gartens in Cambridge.

Hybride aus *R. roxburghii* Tratt. x *R. macrophylla* Lindl.
Gartenherkunft, 1926 von Dr. C. Hurst im Botanischen Garten von Cambridge erzielt.
Beschreibung: Buschiger, 2,5 m hoher Strauch mit kräftigem Wuchs, der große Ähnlichkeit mit *R. roxburghii* aufweist, von dem er sich aber durch kürzere Zweige mit rötlich brauner Rinde, weniger Stacheln und hellkarminroten Blüten unterscheidet.
• Blätter dunkelgrün, bestehend aus 5–15 Fiedern mit deutlich vertieften Nerven.
• Einfache Blüten, Durchmesser 5–7 cm, dunkelrosa.
• Früchte selten oder fehlend.
Oft fälschlich als «*R. koreana*» bezeichnet.
Z6

Rosa corymbifera Borkh. 1790 — Sektion Caninae

Synonyme: *R. brilonensis* G. H. Loos., *R. canina* subsp. *dumetorum* (Thuill.) Parm., *R. canina* var. *obtusifolia* Desv., *R. collina* DC. non Jacq., *R. deseglisei* Boreau, *R. dumetorum* Thuill. 1820, *R. obtusifolia* Desv. non auct mult., *R. saxatalis* Stev., *R. tomentella* var. *obtusifolia* (Desv.) Crép.
Trivialnamen: Buschrose, Ebensträußige Rose, Heckenrose, Hügelrose.

Namensherkunft: Lateinisch: «ebensträußig.»
Verbreitung: Weit verbreitet in Europa (außer im hohen Norden), Afrika und Südostasien. Seit 1838 in Kultur.
Beschreibung: Strauch mit kriechenden oder aufrechten, 1,5–3 m langen Zweigen, die große, robuste, hakige Stacheln tragen.
• Blätter bestehend aus 5–9 Fiedern, je 2,5–6 cm lang, breit-eiförmig oder rundlich, Apex stumpf, beidseitig fein behaart, Rand gesägt.
• Einfache Blüten, Durchmesser 4–5 cm, in Büscheln; Kelchblätter gelappt, meist kahl, bisweilen leicht drüsig auf der Oberseite; Petalen weiß oder blassrosa. Juni.
• Früchte 1,2–2 cm, eiförmig bis kugelig, orangerot; Kelchblätter abfallend. Z6

Rosa corymbifera var. *froebelii* (Christ) Rehd.

Synonyme: *R. canina froebelii* Christ, *R. dumetorum* var. *laxa*, *R. froebelii* Christ ex Froebel, *R. laxa* hort. non Retz.
Namensherkunft: Benannt nach dem 1874 als Baumschulgärtner in Zürich tätigen Theodor Fröbel. Herkunft ungewiss, seit 1890 in Kultur.
Beschreibung: Kleiner, kompakter Busch mit kräftigen Zweigen.
• Blättchen gräulich grün, groß, beidseitig fein behaart, Nebenblätter lang und schmal.
• Kleine, weiße Blüten, einzeln oder zu 2–3 in Büscheln.
• Früchte rot, ellipsoid oder eiförmig, länglich, früh reifend.
• Da die Rose keine Ausläufer bildet, dient sie, meist unter dem Namen «Laxa», häufig als Veredelungsunterlage.

Rosa corymbulosa Rolfe 1914 — Sektion Cinnamomeae

Namensherkunft: Lateinisch: «Rose mit kleinen Ebensträußen».
Verbreitung: Mittel- und Nordchina, Provinzen Hubei, Shanxi; in Höhenlagen von 1600–2000 m. 1908 von E. H. Wilson entdeckt und in Europa eingeführt.
Beschreibung: Kleiner Strauch, Zweige aufrecht, kriechend oder kletternd, bis zu 2 m hoch, unbestachelt oder mit vereinzelten weichen, geraden, 5 mm langen Stacheln auf verbreiterter Basis.
• Blätter inkl. Blattstiel 5–13 cm, Herbstlaub purpurfarben; Nebenblätter weitgehend angewachsen; Spindel oft feinstachelig; 3–5 (7) Blättchen, je 1,3–6 cm lang, elliptisch bis eiförmig-länglich, spitz, oberseits dunkelgrün, leicht flaumig behaart, Unterseite bläulich grün, fein behaart, Rand einfach oder doppelt gesägt.

• Zahlreiche Blüten, einfach, klein, Durchmesser 2–2,5 cm, auf drüsigem Stiel, selten einzeln, meist in dichten doldenartigen Ständen mit bis zu 12 Blüten; Hochblätter eiförmig; Sepalen blattartig, ganzrandig, fein behaart; Petalen herzförmig, lebhaft rosa oder rot, an der Basis blasser; Kelch drüsig-borstig. Juni, Juli.
• Früchte 8–13 mm, eiförmig oder kugelrund, korallenrot, seidig, drüsig, Kelchblätter aufrecht, bleibend.

Z6

Rosa crocantha Bouleng. — Sektion Synstylae

Namensherkunft: Griechisch: «gelbstachelig».
Verbreitung: Westchina.
Beschreibung: 2,5 m hoher Strauch, die Zweige tragen orangegelbe, gebogene Stacheln.
• Blätter bestehend aus 5–7 elliptischen Fiedern, je 4–5 cm lang, Rand doppelt gesägt.
• Weiße Blüten, Durchmesser 1–1,5 cm, in vielen dichten Rispen.
• Früchte 1–2 cm, kugelig, rot.

Rosa cymosa Tratt. 1823 — Sektion Banksianae

Synonyme: *R. amoyensis* Hance, *R. banksiae* Ait. var. *microcarpa* Reg., *R. bodnieri* Lév. & Vaniot, *R. cavalieri* Lév., *R. chaffonjonii* Lév. & Vaniot, *R. esquiroli* Lév. & Vaniot, *R. fragariaeflora* Ser., *R. fukienensis* Metcalf, *R. indica* L. (p. p.), *R. microcarpa* Lindl. non Besser non Retz. 1820, *R. sorbiflora* Focke.
Namensherkunft: «Trugdoldig» (s. a. Glossar).
Verbreitung: Warme Regionen in Laos, Vietnam, Mittel- und Südchina; offenes Gelände, in Höhenlagen von 200–1800 m. Seit 1904 in Kultur.
Beschreibung: Immergrüner, kletternder oder kriechender Strauch, der 2–5 m hoch werden kann. Zweige kahl oder fein behaart, besetzt mit einigen flachen, hakigen, etwa 6 mm langen Stacheln.
• Blätter inkl. Blattstiel 5–10 cm, Nebenblätter linealisch und frei; Spindel und Blattstiel oft feinstachelig; 3–5 (7) Blättchen, je 2,5–6 cm lang, schmal-eiförmig oder elliptisch, ledrig, beidseitig kahl, oben glänzend, hervorstehende Mittelrippe auf der Unterseite; Rand fein gesägt.

• Zahlreiche Blüten, Durchmesser 1,5–2,5 cm, in flachen, zusammengesetzten Doldenrispen; Hochblätter lanzettlich; Sepalen eiförmig, mehr oder weniger filzig, oft fiederspaltig; Petalen duftend, weiß oder gelb. Spätblüher, Ende Juni, Anfang Juli.

• Früchte kugelig, 4–7 mm, mattrot, schwarz oder dunkelbraun; Kelchblätter abfallend.

• Unterscheidet sich von *R. banksiae* durch stärker bestachelte Zweige und größere, verzweigte, traubige Blütenstände. Z7

Rosa x *damascena* Mill. 1768 — Sektion Gallicanae

Synonyme: *R. belgica* Mill., *R. bifera* Pers., *R. calendarum* Borkh., *R. gallica* L. var. *damascena* (Mill.) Voss.
Trivialname: Damaszenerrose.
Verbreitung: Kleinasien, Iran, Ägypten, Spanien und das gesamte Mittelmeergebiet. Sie soll bereits vor der christlichen Zeitrechnung auf der Insel Samos kultiviert worden sein und im Aphrodite-Kult eine Rolle gespielt haben. Nach neuesten Untersuchungen in Japan handelt es sich um eine Komplexhybride aus (*R. moschata* x *R. gallica*) x *R. fedtschenkoana*.
Beschreibung: Bis zu 2,2 m hoher Busch, dessen Zweige mit Nadelstacheln sowie vielen kräftigen, harten, hakigen Stacheln bewehrt sind.

• Blätter bestehend aus 5 (7) Blättchen, je 2–6 cm lang, gräulich grün, eiförmig oder elliptisch, spitz oder stumpf, mit kahler, gräulich grüner, glatter Oberseite, fein behaarter Unterseite und gesägtem Rand.

• Halb gefüllte Blüten, Durchmesser 7 cm, duftend, in Büscheln mit bis zu 12 Blüten auf schlanken Stielen; Kelchblätter gelappt, zurückgeschlagen, drüsig-behaart, an den Enden spitz zulaufend; Petalen hellrosa bis rot, gelegentlich weiß mit rosa Streifen. Juni, Juli.

• Früchte bis 2,5 cm, mehr oder weniger kreiselförmig, rot, borstig; Kelchblätter abfallend.

Z4

Rosa x *damascena* var. *semperflorens* (Loisel. & Michel) Rowlee

Synonyme: *R. bifera* Poir., *R.* x *damascena* var. *bifera*.
Trivialnamen: Herbst-Damaszenerrose. Autumn Damask, Monthly Rose (GB).
Herkunft: Es handelt sich hierbei um die älteste europäische Remontantrose, auf Italienisch *rosa di ogni mese*, «Monatsrose». Wahrscheinlich eine Mutation von *R.* x *damascena*, die gegen 1660 von Damaskus nach Europa gelangte, vielleicht existierte sie aber auch schon im antiken Italien. *R.* x *damascena* var. *semperflorens* brachte eine beeindruckende Zahl an Abkömmlingen hervor: die Familien der Bourbon- und Remontantrosen.

Beschreibung: 1–2 m hoher Busch mit blassgrünem Laub, die Zweige tragen viele gerade, kräftige, ungleich lange Stacheln. Blüten gefüllt, oft geviertelt, Durchmesser 7–8 cm; intensiv duftend; Petalen hellrosa, umgeben von langen, spitz zulaufenden Kelchblättern. Juni, Juli und spontan nachblühend bis in den Herbst.

Rosa x *damascena* f. *trigintipetala* (Dieck) Keller ex Asch. & Graeb.

Synonyme: *R.* x *damascena* var. *trigintipetala* (Dieck) Keller, *R.* x *damascena* 'Trigintipetala', *R. trigintipetala*
Namensherkunft: Lateinisch: «Rose mit 30 Petalen».
Trivialname: Rose von Kasanlik.
Die Rose wird in Bulgarien unweit der Stadt Kazanlak im Landesinneren großflächig zur Herstellung von ätherischen Ölen für die Parfümindustrie angebaut. Sie besitzt keinen Zierwert.
Beschreibung: 1,5–2 m hoher Busch mit rosa, halb gefüllten Blüten mit bis zu 8 cm Durchmesser, stark duftend. Sie besitzt etwa 30 Blütenblätter, die auch ihren Namen begründen. Juni, Juli.

Rosa x *damascena* f. *versicolor* (West) Brumme & Gladis

Synonyme: *R.* x *damascena* var. *versicolor* West, *R.* x *damascena* var. *variegata* Thory, *R.* x *damascena* 'Versicolor'.
Namensherkunft: Lateinisch: «bunt».
Trivialnamen: 'York and Lancaster Rose' (GB).
Erstmals 1601 von Carolus Clusius beschrieben.
Beschreibung: 1–2 m hoher Busch, grüne, biegsame Zweige mit grünlich grauem Laub, Blättchen fein behaart; stark duftende Blüten mit einem Durchmesser von 7 cm, halb gefüllt oder gefüllt, lange, spitz zulaufende Kelchblätter. Die Farbe der Petalen kann von Rose zu Rose variieren: Nicht selten finden sich auf einem Rosenstock Blüten in mehreren Farben: die einen sind komplett blassrosa, fast weiß, andere kräftiger rosa, und wieder andere besitzen ein paar dunkelrosa gesprenkelte Petalen.

Rosa davidii Crép. 1873 — Sektion Cinnamomeae

Namensherkunft: Benannt nach Pater Armand David (1826–1900), in China tätiger französischer Missionar und Botaniker.
Trivialname: 'Rose du Père David' (F).
Verbreitung: Tibet, Zentral- und Westchina; in Lagen von 1500–3000 m Höhe. 1903 von E. H. Wilson entdeckt, 1908 in Kultur genommen.
Beschreibung: Großer, 1,5–4 m hoher Strauch mit aufrechten oder ausgebreiteten Zweigen, die spärlich mit 8 mm langen, kräftigen, geraden oder leicht gekrümm-

ten, rötlichen Stacheln auf verbreiterter Basis besetzt sind.

• Blätter inkl. Blattstiel 7–14 cm lang, deutlich vertiefte Nerven; Nebenblätter drüsig, bewimpert, weitgehend angewachsen; Spindel und Blattstiel etwas stachelig; Blättchen (5) 7–9 (11), je 2,5–7 cm lang, eiförmig bis elliptisch, Oberseite dunkelgrün, gewöhnlich kahl, derb, runzelig, Unterseite bläulich grün und fein behaart; Rand gesägt, Zähne mitunter drüsig; Apex spitz.

• Einfache, wohlriechende Blüten, Durchmesser 3–5 cm, in großen, offenen Doldenrispen mit 3–12 Blüten, manchmal auch mehr; Blütenstiele 2–4 cm, biegsam, drüsig; Hochblätter groß, lanzettlich, flaumhaarig; Sepalen ganzrandig, blattartig, oft drüsig-behaart; Blütenblätter mehr oder weniger lebhaft hellrosa oder malvenfarbig mit zartrosa Anflug; Kelch drüsig-borstig; Griffel seltsam hervorstehend. Blüte im Juli.

• Früchte 1,5–2,5 cm, eiförmig bis länglich, krugförmig, scharlachrot, hängend, manchmal drüsig-behaart; Sepalen aufrecht, bleibend.

Verwandt mit *R. macrophylla* Lindl.

Z6

Rosa davidii* var. *elongata Rehd. & Wils. 1915

Synonyme: *R. macrophylla* Lindl. var. *robusta* Focke, *R. parmentieri* Lév.
Verbreitung: Zentralchina, in Lagen von 1600–3000 m Höhe.
Beschreibung: Blättchen fein behaart, mit 5–7,5 cm Länge etwas länger als beim Typus, unterseits gelegentlich kahl; Blüten größer, aber weniger zahlreich als beim Typ, in 3- bis 7-zähligen Doldenrispen. Früchte bis 2,5 cm, etwas länglicher als beim Typ.

Rosa davurica Pall. 1789 — Sektion Cinnamomeae

Synonyme: *R. cinnamomea* L. var. *davurica* (Pall.) C. A. Meyer, *R. willdenovii* Spreng.
Namensherkunft: «Rose von Daurien», nach einer Bergregion in Nordostasien.
Verbreitung: Nordostasien, Insel Sachalin, Nordchina, Korea, in Japan auf Hokkaido und Honshu; offene, sonnige Lagen in 400–2500 m Höhe. Seit 1908 in Kultur. Eng mit *R. majalis* verwandt.
Beschreibung: Aufrechter Busch mit kahlen, 0,8–1,5 m langen Trieben, diese sind erst braungrau, später purpurbraun und tragen breite, gelbliche, mehr oder weniger gerade Stacheln, die sich an der Basis abrupt verbreitern und paarig unter den Blättern sitzen.

• Blätter inkl. Blattstiel 4–10 cm; Nebenblätter schmal, bräunlich, ganzrandig, weitgehend angewachsen; 7–9 Blättchen, je 1,5–3 cm lang, länglich, lanzettlich, spitz, oben kahl, unterseits weißlich, drüsig be-

haart, mit hervorstehender und fein behaarter Mittelrippe, Rand doppelt gesägt.
• Einfache, rosa, duftende Blüten, Durchmesser 3–4 cm, einzeln oder in Büscheln zu 2–3, auf kahlem, 5–8 mm langem Stiel; Hochblätter eiförmig mit drüsigem Rand; Sepalen ganzrandig, blattartig, spitz zulaufend, nach oben stehend, länger als die Blütenblätter. Juni, Juli.
• Früchte rot, 1–1,5 cm, kugelig oder elliptisch, glatt; Sepalen aufrecht, bleibend.

Z6

Rosa derongensis T. C. Ku 1990 — Sektion Synstylae

Verbreitung: Im Westen der chinesischen Provinz Sichuan, wo diese seltene Art in über 2000 m Höhe entdeckt wurde; außerhalb ihrer Heimat wird sie anscheinend weder in China noch in Europa kultiviert.
Beschreibung: 1 m hoher Strauch mit gebogenen, purpurbraunen Zweigen mit robusten, gelblichen oder graubraunen Stacheln.
• Blätter inkl. Blattstiel 2,5–3,2 cm, bestehend aus 5–7 verkehrt-eiförmigen, kahlen Blättchen mit dunkelgrüner Oberseite, gelbgrüner Unterseite und fein gesägtem Rand.
• Einfache, weiße Blüten, selten einzeln, meist in Büscheln zu 2–3.
• Frucht eiförmig, 8 mm, rotbraun.

Rosa dumalis Bechst. 1810 — Sektion Caninae

Synonyme: *R. afzeliana* auct. non Fr., *R. afzeliana* Fr. subsp. *vosagiaca* (Desp.), *R. canina* L. ssp. *dumalis* (Bechst.) Nyman, *R. canina* L. var. *glauca* Desv., *R. canina* L. var. *reuteri* Baker, *R. glauca* Vill. ex Loisel. non Pourr. 1788, *R. gypsicola* Block, *R. reuteri* (Godet) Reuter 1861, *R. venosa* Sw. & Spreng 1825, *R. vosagiaca* Desp. ex Déségl. 1828.
Namensherkunft: Lateinisch: «strauchartig».
Trivialnamen: Blaugrüne Rose, Graue Rose, Graugrüne Rose, Vogesenrose.
Verbreitung: Bergregionen in Europa, Kleinasien. Mit *R. canina* verwandt, seit 1872 in Kultur.
Beschreibung: Buschiger Strauch mit mehr oder weniger aufrechten, bläulichen, oft bereiften Zweigen von 1–2 m Länge, quasi unbestachelt, manchmal vereinzelte kräftige, hakige, breitbasige Stacheln.

• Blätter mit (3) 5–7 dicht beieinanderstehenden Fiedern; diese sind 1,2–3,5 cm lang, breit-eiförmig oder rund, spitz oder stumpfspitzig, oben bläulich grün, oft bereift, unten bläulich grün, kahl oder fein behaart und besitzen einen einfachen oder doppelt gesägten Rand sowie auffällig lange Nebenblätter.

• Einfache oder gefüllte Blüten, rosa, einzeln oder in Büscheln, Kelchblätter lanzettlich oder gelappt, nach oben stehend, seltener zurückgeschlagen, kahl oder leicht drüsig, mit spitz zulaufenden Anhängseln und schwach behaarten Enden.
• Früchte 1,5–2,2 cm, eiförmig oder kugelrund, rot, glatt oder drüsig behaart, Kelchblätter bleibend.

Z4

Rosa dumalis Bechst. **var.** ***complicata*** Gren.

Synonyme: *R. glauca* Vill. ex Loisel. var. *complicata* (Gren.) Waldner, *R. vosagiaca* Desp. ex Déségl. var. *complicata* Schinz & Keller.

Beschreibung: Blättchen auf der Unterseite fein behaart. Nicht zu verwechseln mit der Kultursorte *R.* 'Complicata' aus der Familie der Gallicarosen.

Rosa x dupontii Déségl. 1861

Synonyme: *R.* 'Dupontii'; *R. freundiana* Graeb., *R. moschata* Herrm. var. *nivea* Lindl., *R. nivea* Dupont ex Lindl., non DC.

Namensherkunft: Benannt nach André Dupont (s. nachfolgend).

Herkunft: 1817 in einer Hecke bei Angers von André Dupont, Obergärtner im Rosengarten von Malmaison, entdeckt und in Kultur genommen. Galt lange als Hybride aus *R. gallica* x *R. moschata,* doch neueste Chromosomen-Untersuchungen bestätigen diese Annahme anscheinend nicht.

Beschreibung: Kräftiger Strauch mit überhängendem Wuchs, der durch seine geringere Größe von 2–3 m Höhe von *R. moschata* abweicht. Die Zweige sind zunächst aufgerichtet, später ausgebreitet und mit ein paar vereinzelten kleinen Stacheln bekleidet.
• Die Blätter bestehen aus 5 eiförmigen oder elliptischen, 5 cm langen Blättchen

mit gräulich grüner Oberseite und mit fein behaarten Blattnerven auf der Unterseite; Rand doppelt gesägt; Blattstiel drüsig.
• Einfache Blüten auf drüsigem Stiel, angenehm duftend, Durchmesser 6–8 cm, weiß oder fleischrosa, zu 4–7 in Doldentrauben; Kelchblätter unterseits drüsig. Nicht selten besitzen die Blüten 6, 7 oder 8 Petalen. Juni.
• Früchte eiförmig, Durchmesser 1,2 cm, rot und lange bleibend; Kelchblätter abfallend.

Z6

Rosa ecae Aitch. 1880 — Sektion Pimpinellifoliae

Synonyme: *R. mogoltavica* Juz., *Rosa xanthina* var. *ecae* (Aitch.) Bouleng.
Namensherkunft: 1880 in Afghanistan vom Botaniker James Edward Aitchison gefunden, der sie nach den Initialen seiner Ehefrau E. C. Aitchison benannte, «ECA».
Trivialname: Mrs Aitchison's Rose.
Verbreitung: Nordostafghanistan, Nordwestpakistan, Turkestan, Nordchina; steinige, sonnige Abhänge in 500–3000 m Höhe.
Beschreibung: 1,2–1,5 m hoher, kompakter, stark verzweigter und Ausläufer treibender Strauch, dünne, gewundene, mahagonifarbene, sehr stachelige Zweige mit geraden, flachen, rötlichen Stacheln.

- Blätter bestehend aus 5–9 Blättchen, je 4–8 mm lang, dunkelgrün, elliptisch, eiförmig oder mehr oder weniger rund, Apex stumpf, Unterseite drüsig, Rand gesägt, Zähne oft drüsig; Nebenblätter schmal mit abstehenden Öhrchen.

- Einzelne, einfache Blüten, Durchmesser 2–2,5 cm, kurz gestielt und auf der gesamten Stängellänge verteilt; Sepalen ganzrandig, kahl, ausgebreitet oder zurückgeschlagen; Petalen butterblumengelb, oft nicht überlappend. Mai.
- Kleine, aufgerichtete Früchte, 8–12 mm, kugelrund, kahl, bräunlich rot glänzend; Kelchblätter nach unten geschlagen, bleibend.

Z7

Rosa ecae subsp. *primula* (Bouleng.) A. V. Roberts — Sektion Pimpinellifoliae

Synonyme: *R. ecae* Kanitz non Aitch., *R. ecae* Rehd., *R. primula* Bouleng. 1936, *R. sweginzowii* Meyer non Koehne, *R. xanthina* auct. non Lindl.
Namensherkunft: Lateinisch *primula*, «Frühling».
Trivialname: Incense Rose (GB).
Verbreitung: Mittelasien, von Turkestan bis Nordchina. 1910 unweit von Samarkand vom amerikanischen Botaniker Frans Nicholas Meyer (1875–1918) entdeckt.
Beschreibung: Busch mit dünnen, aufrechten und bogigen Zweigen, die bis zu 2 oder 3 m, sogar 4 m lang werden. Jungtriebe bräunlich rot, Stacheln rot, kräftig, gerade, an der Basis

stark verbreitert, paarig unter den Knoten sitzend.

• Stark aromatisches Laub, das bei warmem Wetter und sonnigem Standort Weihrauchduft verströmt. Blätter 3–8 cm lang, bestehend aus (7) 9–15 kleinen Fiedern, je 0,6–2 cm lang, elliptisch bis verkehrt-eiförmig oder verkehrt-lanzettlich, spitz oder stumpf, Unterseite stark drüsig, junge Blätter smaragdgrün; Rand doppelt gesägt, drüsig; Nebenblätter schmal, drüsig, spitz zulaufende Öhrchen.

• Einfache, flache Blüten, Durchmesser 2,5–4,5 cm, einzeln, leicht duftend; Kelchblätter ganzrandig, kahl, aufrecht; Petalen verkehrt-herzförmig, primelgelb, später elfenbeinweiß. Blüht sehr früh (Ende April), aber nur kurz.

• Früchte 1–1,5 cm, kugelrund oder kreiselförmig, rotbraun bis kastanienbraun, glatt, rasch abfallend.

Z5

Rosa elasmacantha Trautv. — Sektion Pimpinellifoliae

Namensherkunft: Griechisch: «plattenförmiger Stachel».
Synonyme: *R. pimpinellifolia elasmacantha* (Trautv.) Crép.
Verbreitung: Kaukasus. Seit 1868 in Kultur.
Beschreibung: Niedriger, 1,5–1,7 m hoher Strauch, dessen Stacheln in zwei Formen auftreten: viele kleine Nadelstacheln sowie flache, breitbasige Stacheln. Laub kahl, Blätter mit 5–13 elliptischen, 1–2,5 cm langen Blättchen. Einzelne, einfache, elfenbeinweiße bis blassgelbe Blüten. Hochblätter fehlend.

Rosa elymaitica Boiss. & Hausskn. — Sektion Caninae

Synonyme: *R. albicans* Godet & Boiss.
Namensherkunft: Lateinisch *elymus*, «hirseähnliches Gras».
Verbreitung: Nordiran.
Beschreibung: Zwergstrauch, nicht höher als 1,5 m; kleine weiße oder rosa Blüten, einzeln oder in Büscheln zu 2–3. Kleine kugelige, drüsig-borstige Früchte.

Rosa x engelmannii Wats.

Synonyme: *R. acicularis* var. *engelmannii* (Wats.) Crép., *R. bankerii* Rydb. non Déségl., *R. engelmannii* Crép., *R. melina* Greene, *R. oreophila* Rydb.
Namensherkunft: Benannt nach Georg Engelmann (1809–1884), Physiker und Autor des Werks *American Plants*.
Verbreitung: USA, Kanada, Bundesstaaten bzw. Provinzen im Westen. Spontanhybride aus *R. acicularis* Lindl. x *R. nutkana* C. Presl, Ähnlichkeit mit *R. acicularis* var. *bourgeauniana*, von der sich die Rose aber

durch kahle Blätter, stärker bestachelte Triebe und 2,5 cm große, ellipsoide Früchte unterscheidet.

Rosa farreri Stapf ex Cox 1930

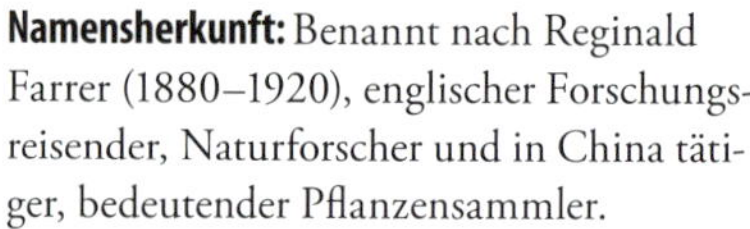

Namensherkunft: Benannt nach Reginald Farrer (1880–1920), englischer Forschungsreisender, Naturforscher und in China tätiger, bedeutender Pflanzensammler.
Verbreitung: Nordchina.
Beschreibung: Kleiner, 1–2 m hoher Busch mit dünnen, borstigen, stacheligen Zweigen.
• Blätter inkl. Blattstiel 3–5 cm; Nebenblätter weitgehend angewachsen; 7–9 (11) Blättchen, je 5–18 mm lang, lanzettlich oder elliptisch, auf der Unterseite kahl oder entlang der Mittelrippe leicht behaart.
• Einfache Blüten, einzeln, Durchmesser 1,5–2 cm; Sepalen ei-lanzettlich; Blütenblätter rosa, blassrosa oder weiß; Brakteen meist fehlend.
• Früchte 8–12 mm, erst grün, dann dunkelrot, ellipsoid, länglich oder birnenförmig, Kelchblätter bleibend.

Rosa farreri f. ***persetosa*** Stapf

Synonyme: *R. graciliflora, Rosa elegantula* 'Persetosa' hort., *R. elegantula* f. *persetosa* Stapf, *R. farreri* 'Persetosa'.

Namensherkunft: Lat.: *Per + setosus*, «vollständig borstig, behaart».

Trivialname: 'Threepenny Bit Rose' (GB).

Verbreitung: Nordwestchina, Provinz Gansu. Die in Europa bekannte Pflanze soll aus Saat hervorgegangen sein, die Farrer 1915 bei einer Expedition in Westchina gesammelt hatte.

Beschreibung: Kleiner Strauch mit ausladendem Wuchs, Ausläufer bildend, stark verzweigt, 1–1,7 m hoch. Zweige dünn, gebogen, stacheliger als der Typus, gänzlich mit feinen, rötlichen Stacheln überzogen.

• Blätter kleiner, bläulich grün, bestehend aus 7–9 eiförmigen, ca. 1,5 cm langen Fiedern mit gesägtem Rand; Herbstlaub purpurrot.

• Viele kleine, sternenförmige Blüten, weiß oder lebhaft lachsrosa, Durchmesser 1,2–2 cm, einzeln oder zu 2

oder 3, Knospen korallenrot, Sepalen bleibend. Einmal blühend.

• Früchte hängend, orangerot, ca. 7–10 mm, bis zum Winter bleibend.

Rosa fedtschenkoana Regel 1878 — Sektion Cinnamomeae

Synonyme: *R. caraganifolia* Sumn., *R. oligosperma* Sumn.

Namensherkunft: Benannt nach der russischen Botanikerin Olga Fedtschenko (1845–1921).

Verbreitung: Mittelasien, Turkestan, Kasachstan und China, Provinz Xinjiang; in Höhenlagen von 2400–2700 m. 1868 von Olga Fedtschenko entdeckt, 1876 im Botanischen Garten von Sankt Petersburg eingeführt, 1890 in *Kew Gardens*.

Beschreibung: Ausläufer bildender Strauch, Zweige purpurbraun, kräftig, stachelig, aufrecht, bis 3 m hoch, besetzt mit Nadelstacheln, Borsten und gelblichen, dünnen, geraden oder gebogenen, paarigen Stacheln; Jungtriebe schmutzig rosa.

• Blätter inkl. Blattstiel 3–4,5 cm; Nebenblätter weitgehend angewachsen; Blättchen (5)–7 (9), je 2,5 cm lang, mehr oder weniger gräulich grün, fast kreisrund oder verkehrt-eiförmig, unterseits fein behaart und hervortretende Blattnerven, Saum am Blattgrund ganzrandig, ansonsten gesägt, Apex spitz; Blattstiel feinstachelig.

• Einfache Blüten, Durchmesser 3,8–5 cm, einzeln oder zu 2–4 in kleinen Büscheln am Zweigende, leicht unangenehmer Geruch (nach überreifer Birne); eiförmige Hochblätter; Sepalen aufrecht, ganzrandig, Apex spitz zulaufend, drüsig behaart, innen fein behaart; Petalen meist weiß, seltener rosa; Staubblätter goldgelb; Blütenstiel und Kelch drüsig. Ausdauernde Blüte im Sommer.

• Früchte hängend, 1,5–2,5 cm, birnenförmig länglich, lebhaft rot oder orangerot, drüsig-behaart; Kelchblätter bleibend. Z4

Rosa filipes Rehd. & Wils. 1915

Namensherkunft: Lateinisch *filum*, «Faden», und *pes*, «Fuß», sich auf den dünnen Blattstiel beziehend.

Verbreitung: Westchina, Provinzen Shaanxi, Sichuan, Yunnan; in Höhenlagen von 1300–2300 m; 1908 von E. H. Wilson entdeckt.

Beschreibung: Kletterstrauch, Zweige gebogen, bis zu 9 oder 10 m lang; Jungtriebe purpurn, mit vereinzelten kleinen, flachen, hakigen, breitbasigen Stacheln.

• Hübsches hellgrünes Laub, im Austrieb kupfrig; Blätter inkl. Blattstiel 8–14 cm; Nebenblätter weitgehend angewachsen; Spindel und Blattstiel feinstachelig; (3) 5–7 (9) Blättchen, je 3,5–8 cm lang, schmal, eiförmig oder elliptisch, zugespitzt, unterseits kahl oder entlang der Blattnerven fein behaart, Rand meist einfach, selten doppelt gesägt.

• Blüten einfach, stark duftend, Durchmesser 2–3,5 cm, reich blühend, zu 25–100 oder mehr in riesigen, lockeren Rispen, die eine Größe von 15–30 cm, manchmal sogar noch mehr erreichen; Brakteen ei-lanzettlich; Sepalen schmal, aufrecht, drüsig, kahl oder leicht behaart; Petalen weiß oder cremegelb, mitunter fein behaart; Griffel zur Säule verwachsen. Einmalblühend, Juli–August.

• Früchte 8–15 mm, eiförmig oder fast kugelig, lebhaft rot, orange oder scharlachpurpurn; Kelchblätter abfallend.

Rosa filipes 'Kiftsgate'

Klon von *R. filipes*, starkwüchsiger und blütenreicher als der Typus. 1954 in den Gärten von Kiftsgate Court, England, erschienen. Die Kletterrose mit 45 cm breiten Blütenständen kann sogar einen Baum oder ein Haus überwuchern; sie bevorzugt schattige Standorte und sehr feuchte Böden.

Rosa foetida Herrm. 1911 — Sektion Pimpinellifoliae

Synonyme: *R. chlorophylla* Ehrh., *R. eglanteria* L. 1760 non 1753, *R. eglanteria* Mill. non L., *R. lutea* Mill. 1768
Trivialnamen: Fuchsrose, Gelbe Rose.
Verbreitung: Südwestasien, von der Türkei bis zum Rande des Himalaja, Georgien, Iran, Pakistan; steinige Hänge in Höhen bis fast 2800 m. Einführung in Europa vermutlich vor 1542; angeblich von Clusius im 16. Jh. in Österreich entdeckt und nach Holland gebracht. In Spanien wohl eingebürgert.
Roger Phillips und Martyn Rix mutmaßten, dass es sich bei *R. foetida* um eine Hybride aus *R. kokanica* x *R. hemispherica* handelte, neuesten Klassifikationen zufolge gilt sie jedoch als Art.

Beschreibung: Je nach Standort 1–3 m hoher Strauch, aufrechte oder gebogene, gräulich braune Zweige mit wenigen ungleich langen, gräulichen, geraden oder leicht gebogenen, weichen und mit Borsten untermischten Stacheln.

- Die Blätter werden von 5–9 aromatischen, 1,5–4 cm langen Blättchen gebildet, diese sind elliptisch oder verkehrt-eiförmig, stumpfspitzig, matt hellgrün, oben kahl, unten mattgrün, fein behaart und leicht drüsig, ihr Rand ist drüsig gesägt.
- Einfache Blüten, Durchmesser 5–7,5 cm, meist einzeln, mitunter in Büscheln zu 2–4, eher unangenehm riechend; Hochblätter fehlend; Kelchblätter aufrecht, ganzrandig oder gelappt, kahl oder drüsig behaart, Spitze blattartig; Petalen lebhaft leuchtendes Schwefelgelb, bisweilen rot überlaufen. Frühblüher, April oder Mai.
- Früchte 8–10 mm, kugelrund, dunkelrot, glatt oder flaumig behaart.

Die Art war mit ihrer Varietät *persiana* an der Entstehung zahlreicher alter und moderner Kultursorten mit lebhaft gelben Blüten beteiligt, hat aber auch ihre Anfälligkeit für Echten Mehltau an alle Abkömmlinge weitergegeben.

Rosa foetida var. *bicolor* (Jacq.) Willm.

Synonyme: *R. aurantiaca* Voss, *R. eglanteria punica* Thory, *R. foetida* var. 'Bicolor', *R. bicolor* Jacq. 1740, *R. lutea bicolor* Sims, *R. lutea punicea* (Mill.) Keller, *R. punicea* Mill.

Trivialnamen: Kapuzinerrose. Austrian Copper (GB).

Verbreitung: Türkei, Mittelasien. Wahrscheinlich eine Mutation von *R. foetida*. Einführung in Europa vor 1590, aber bereits seit dem 12. Jh. in arabischen Ländern in Kultur.

Beschreibung: Ca. 2 m hoher, reich blühender Strauch, dessen intensiv leuchtender Flor ein wahrer Blickfang ist. Die Blüten stehen in Gruppen, ihre Petalen sind auf der Oberseite kupferrot, auf der Unterseite lebhaft gelb. Nahezu alle modernen Kultursorten mit orangefarbenen Blüten stammen mehr oder weniger direkt von dieser Varietät ab.

Rosa foetida var. *persiana* (Lem.) Rehd. 1916

Synonyme: *R. foetida* 'Persiana', *R. hemisphaerica plena* Rehd., *R. lutea* Mill. var. *persiana* Lem. 1848, *R. lutea plena* hort.

Trivialnamen: Persian Double Yellow, Persian Yellow (GB).

Herkunft: 1837 in Persien vom britischen Gesandten Sir Henry Willock (1790–1858) entdeckt und in Großbritannien eingeführt.

Beschreibung: Stacheliger, 1,5–2 m hoher Busch, stark Ausläufer bildend. Die dünnen, stacheligen Zweige tragen kleine, glänzende Blätter mit 7 gelblich grünen Fiedern. Stark gefüllte Blüten, Durchmesser 6–6,5 cm, mit 40 goldgelben Petalen. Frühe, einmal blühende, überreiche Blüte, die weit weniger unangenehm riecht als die Typusart. Juni.

R. foetida persiana ist die Vorfahrin zahlreicher gelbblütiger Kultursorten und war an der Entstehung der berühmten 'Soleil d'Or' beteiligt, die 1898 in Lyon vom Rosengärtner Joseph Pernet-Ducher erzielt wurde und ab 1900 im Handel war.

Z6

Rosa foliolosa Nutt. ex Torr. & Gray 1840 — Sektion Carolinae

Namensherkunft: «Blättchenreiche Rose».

Verbreitung: Südosten der USA, Texas, Arkansas, Oklahoma. Seit 1880 in Kultur.

Beschreibung: Niedriger Busch, Zweige recht schlank, rötlich, 0,5–1,2 m lang, nahezu unbewehrt oder gelegentlich mit vereinzelten dünnen, geraden oder leicht gebogenen Stacheln besetzt.

• Blätter bestehend aus 7–9 (11) Blättchen, je 1,2–3 cm lang, gelblich grün, schmal,

länglich, spitz, mit kahler, glänzender Oberseite, fein behaarter Mittelrippe auf der Unterseite und gesägtem Rand.
• Blüten einzeln oder in Gruppen zu 2–5, einfach, duftend, Durchmesser 3,8–6,5 cm. Sepalen ganzrandig, lanzettlich, zugespitzt, abstehend, drüsig, flaumig behaart, etwas länger als die gelappten, mehr oder weniger lebhaft roséroten Petalen; Blütenstiel und Kelch drüsig-borstig. Späte Blüte im Juli–August.
• Früchte ca. 8 mm, annähernd kugelig, rot, drüsig behaart, Kelchblätter abfallend. Sehr winderharte Pflanze, die auch Trockenheit gut verträgt.

Z6

Rosa foliolosa var. *alba* (Bridwell) Rehd. 1919

Weiße Blüten.

Rosa forrestiana Bouleng. 1936 — Sektion Cinnamomeae

Verbreitung: Westchina, Provinzen Sichuan und Yunnan; Gestrüppregionen in 2400–3000 m Höhe. Entdeckt von George Forrest (1873–1932), einem in China tätigen Botaniker und Pflanzensammler; seit 1918 in Europa in Kultur.

Beschreibung: 1–2 m hoher Strauch, Zweige aufrecht, gebogen oder kriechend, Stacheln gelblich oder kastanienbraun, kräftig, gerade oder nach oben gebogen, paarig unter den Blättern sitzend.

• Blätter inkl. Blattstiel 2,2–6 cm; Nebenblätter breit, weitgehend angewachsen mit drüsigem, fein gesägtem Rand; Spindel und Blattstiel leicht drüsig behaart und feinstachelig; 5–7 (9) Blättchen, je 6–18 mm lang, verkehrt-eiförmig oder rundlich, Unterseite schwach flaumhaarig entlang der Blattnerven, Oberseite kahl, Ränder oft nur zur Spitze hin doppelt gesägt; Spitze abgerundet oder gestutzt.

• Einfache Blüten, Durchmesser 2–3,8 cm, wohlriechend, einzeln oder in Doldenrispen von 2–5 Blüten; Brakteen grün, groß, blattartig mit drüsigem, fein gesägtem Rand, bleibend; Sepalen ganzrandig, blattartig, ei-lanzettlich oder spitz zulaufend, aufrecht, oft drüsig, innen flaumhaarig; Petalen rosa oder karminrot, drüsig, Apex ausgerandet; Staubblätter cremegelb; Griffel hervorstehend; Blütenstiel drüsig-borstig. Juni, Juli.

• Früchte 1–3 cm, ei- bis birnenförmig, lebhaft orangerot, glatt oder drüsig; Sepalen aufrecht, bleibend. Z8

Rosa x fortuneana Lindl. 1851

Alternative Schreibweise: *R.* x *fortuniana* Lindl.

Wahrscheinlich Hybride aus *R. banksiae* Ait. x *R. laevigata* Michx.

Namensherkunft: Benannt nach Robert Fortune (1812–1880), Pflanzensammler in China im Auftrag der *Royal Horticultural Society*.

Herkunft: Zentralchina, 1845 von Robert Fortune in England eingeführt.

Beschreibung: Großer Kletterstrauch mit 7–10 m langen, wuchernden, stacheligen Trieben; zerstreute sichelförmige Stacheln. Ähnlich *R. banksiae*, aber insgesamt größere Pflanzenteile.

• Immergrünes Laub; Blätter dünn, glatt, bestehend aus 3–5 hellgrünen, ei-lanzettlichen Blättchen; Rand gesägt; kleine, pfriemliche Nebenblätter.

• Gefüllte Blüten, einzeln, Durchmesser 5–10 cm, auf kurzem, fein behaartem Stiel; Petalen elfenbeinweiß, locker stehend, unordentlich wirkend. Juni. Wenig winterhart, frostempfindlich.

Rosa x francofurtana Muenchh. 1770

Synonyme: *R. campanulata* Ehrh., *R. francofurtana* Rössig, *R.* 'Francofurtana', *R. germanica* Gordon, *R. inermis* Thory, *R.* x *turbinata* Ait.

Trivialname: Frankfurter Rose, Tapetenrose.

Herkunft: Gartenherkunft vor 1583. Erschienen im 16. Jh. in einem Frankfurter Garten und von Clusius unter dem Na-

men *Rosa sine spinis* («stachellose Rose») beschrieben. Möglicherweise Hybride aus *R. cinnamomea* x *R. gallica* oder aus *R. majalis* x *R. gallica.*

Beschreibung: 1,2–1,5 m, mitunter auch 2 m hoher Strauch, Zweige aufrecht, grünlich grau, unbewehrt oder gelegentlich besetzt mit vereinzelten, von Haaren untermischten Stacheln.

• Blätter bestehend aus 5–7 Blättchen, diese sind gräulich grün, breit-eiförmig oder rund; Apex stumpf, Blattnerven vertieft, Unterseite flaumig behaart, Rand grob gesägt; breite Nebenblätter.

• Recht flache Blüten, Durchmesser 5–7 cm, einzeln oder in Gruppen zu 2–6, selten einfach, zumeist gefüllt, dezent duftend; Kelchblätter drüsig behaart, ganzrandig oder gelappt, aufrecht oder zurückgeschlagen; Petalen purpurrosa mit dunkleren Adern, weißer Nagel auf den kleinen Petalen in der Mitte. Juni, Juli.

• Dicke, rote, kreiselförmige Früchte, Kelchblätter bleibend.

Die Bezeichnung umfasst mehrere Klone.

Z6

Rosa freitagii Zielinsky — Sektion Synstylae

Verbreitung: Afghanistan.

Beschreibung: Wildart, die leicht mit *R. luciae* verwechselt wird. Sie unterscheidet sich von dieser durch ihre Blätter, die aus 3 gestutzten Fiedern mit im oberen Teil gesägtem Rand bestehen, sowie durch Blütenstände in Form kompakter Doldenrispen. Kleine, kugelrunde Früchte.

Rosa gallica L. 1762 Sektion Gallicanae

Synonyme: *R. austriaca* Crantz, *R. cordifolia* Host, *R. grandiflora* Salisb., *R. provincialis* Herrm., *R. pumila* Scopoli non Jacq., *R. rubra* Lam.

Trivialnamen: Essigrose, Französische Rose.

Herkunft: Die Art stammt ursprünglich aus Kleinasien, hat sich aber in Mittel- und Südeuropa sowie Richtung Osten bis in den Iran und Kaukasus weiter verbreitet. Sie wurde im 18. Jh. in der französischen Stadt Provins angebaut. Heute findet man sie noch wild wachsend im Südosten Frankreichs, insbesondere in der Umgebung von Lyon. In Nordamerika eingebürgert.

Beschreibung: Niedriger, Ausläufer treibender Strauch. Die Triebe sind dünn, aufrecht, meist 1–1,5 m hoch, grün oder mattrot und mit ungleichen, schlanken, gebogenen oder hakenförmigen Stacheln sowie drüsigen Nadelstacheln besetzt.

- Blätter mit 3–5 (7) Blättchen, je 1,8–3 cm lang, recht dick und ledrig, breit-elliptisch, stumpfspitzig, oben bläulich grün, leicht runzelig, unterseits flaumig behaart, drüsig; Rand doppelt gesägt, meist drüsig. Blattspindel und Blattstiel drüsig und feinstachelig.
- Einfache oder halb gefüllte Blüten, leicht duftend, Durchmesser 4–8 cm, kräftig gestielt, in der Regel einzeln, seltener in Büscheln zu 2–3. Kelchblätter nach unten geschlagen, gelappt und drüsig; Petalen lebhaft rosa bis violettlich rot; Griffel eng beieinander, aber frei; Staubblätter goldfarben. Blütezeit von Mitte Juni bis Mitte Juli.
- Früchte aufrecht, 1–3 cm, kugelrund, kreiselförmig oder ellipsoid, ziegelrot, drüsig-borstig; Kelchblätter abfallend.
- Kultur: Sehr anpassungsfähige und gut frostharte Pflanze. Bei guten Bodenbedingungen und geeignetem Standort bringt *R. gallica* häufig Kronen mit 10 Blütenblättern hervor. Die Art ist Stammmutter Tausender europäischer Rosenvarietäten; ihre Gene finden sich in *R.* x *damascena*, *R.* x *alba* und *R.* x *centifolia*.

Z5

Rosa gallica var. *conditorum* Dieck Sektion Gallicanae

Trivialnamen: Konditorrose, Ungarische Rose, Zuckerrose.

Namensherkunft: Ungarn. Dort wurde sie früher oft bei der Herstellung verschiedenster Süßwaren verwendet und dieser Tatsache verdankt sie auch ihren lateinischen Namen: *Rosa conditorum* («Konditorrose»).

Beschreibung: Ca. 1,2–1,7 m hoher, wüchsiger Busch.
- Große, herabhängende Blätter mit 5–7 Blättchen von 4–7 cm Länge; Blattspindel feinstachelig; Rand grob gesägt.
- Überreicher Flor mit gefüllten, duftenden Blüten; Petalen herzförmig, rubinrot übergehend in violettrot; Staubblätter goldfarben.

Rosa gallica var. *officinalis* Andr.

Synonyme: *Rosa gallica* var. *officinalis* Thory, *R. gallica maxima, R. gallica* var. *plena Reg., R. provincialis* Mill., *R. pumila* var. *officinalis* (Andr.) P.V. Heath

Trivialname: Apothekerrose.
Herkunft: Wird seit dem 13. Jh. zu Heilzwecken angebaut. Der Legende nach soll Theobald IV. Graf von Champagne die Rose 1240 bei seiner Rückkehr von den Kreuzzügen nach Frankreich mitgebracht haben. Sie ist auf dem gegen 1430 gemalten Altarbild in der Kathedrale von Gent abgebildet.
Beschreibung: Etwa 70 cm hoher Strauch, selten größer, mit rötlichen Zweigen, die kleine, gerade, ungleich lange Stacheln tragen.
- Blätter mit 5 dunkelgrünen, ledrigen, mehr oder weniger rundlichen Fiedern mit kahler Oberseite, fein behaarter Unterseite und doppelt gesägtem Rand.
- Halb gefüllte Blüten, stark duftend, in Büscheln zu 2–6, karminrot, auf manchen Petalen vereinzelte weiße Streifen; Staubblätter goldfarben. Juni, Juli.
- Früchte dick, rund, dunkelrot.

Rosa gallica var. *pumila* (Jacq.) Braun

Synonyme: *R. austriaca* var. *pygmaea* Wallr., *R. gallica pumila* (Jacq.) Ser., *R. humilis* Tausch non Marsh., *R. pumila* Jacq.
Namensherkunft: Lateinisch: «zwergartig».
Trivialnamen: 'Rosier d'amour', 'Rosier d'Autriche' (F).
Verbreitung: In ihrer Wildform noch in Spanien und Italien zu finden. Seit 1789 bekannt, seit 1824 in Kultur.
Beschreibung: Halbstrauch mit kriechenden Zweigen, der nicht größer als 30–60 cm wird; eiförmige Blättchen. Einfache Blüten, Petalen rot, nach innen umgeschlagen; Blütenstiel und Kelch drüsig. Frucht birnenförmig, orange, lange bleibend.

Rosa gallica var. *velutinaeflora* Cariot

Synonyme: *R. velutinaefora* Déségl., *R.* 'Velutinaeflora'
Herkunft: Frankreich. Vor 1872 in Kultur.
Während Déséglise die Rose noch als tief samtrot beschrieb, hat die heute im Handel erhältliche Pflanze große rosé-malvenfarbene Blüten. Spätblüher.
Frucht birnenförmig, rötlich.

Rosa gallica var. *versicolor* L.

Synonyme: *R. gallica* var. *variegata* Andr., *R. gallica* var. *rosa-mundi* West, *R. gallica* 'Versicolor', 'Rosa Mundi'
Namensherkunft: «Rosa Mundi» könnte als Koseform von Rosamund abgeleitet sein, die angeblich die Mätresse von Heinrich II. von England war.
Herkunft: Die Rose wurde 1583 von Clusius unter dem Namen *Rosa gallica variegata* erwähnt, ist aber sicherlich bedeutend älter.
Beschreibung: Mutation von *R. gallica officinalis*, die häufig mit *R. damascena versicolor* verwechselt wird. Ausläufer bildender, 1–2 m hoher Strauch mit mäßig stacheligen Zweigen, der, mit Ausnahme der halbgefüllten Blüten, quasi identisch

mit *R. gallica officinalis* ist. Die Blüten haben einen Durchmesser von 7–9 cm, stehen in Büscheln von 2–7, duften leicht, die Petalen sind weiß-rot-rosa gestreift; Staubblätter goldfarben. Mitunter öfter blühend. Früchte annähernd kugelig, ziegelrot, Kelchblätter abfallend.

Rosa gigantea Collet ex Crép. 1888 — Sektion Chinenses

Synonyme: *R. duclouxii* Lév., *R. macrocarpa* Watt ex Crép. 1888, *R. odorata* 'Gigantea', *R.* x *odorata* var. *gigantea* (Collet ex Crép.) Rehd. & Wils. 1915, *R. xanthocarpa* Watt ex Willm.
Verbreitung: Nordostindien, nördliches Myanmar, Südwestchina; an Waldrändern bis zu 2600 m Höhe. Ihre Entdeckung wird sowohl George Watt (1882) als auch Sir Henry Collet (1888) zugeschrieben, der sie in den Bergen im Shan-Staat im Norden Myanmars gefunden haben soll. In Europa wurde sie 1889 eingeführt.
Beschreibung: Sehr großer, schöner Strauch mit kletternden, 8–12 m langen Trieben, am Naturstandort bisweilen sogar deutlich länger. Diese sind biegsam, purpurgrün, gelegentlich unbestachelt, meist aber mit kräftigen Hakenstacheln bewehrt.
• Große, immer- oder halb immergrüne Blätter mit einer Länge von 22 cm; lange, schmale Nebenblätter mit spitz zulaufenden Öhrchen; 5–7 Blättchen, je 3,8–9 cm, elliptisch oder eiförmig, zugespitzt, mit stark ausgeprägten Blattnerven, Oberseite kahl, glänzend; Rand tief gesägt, drüsig.

• Einfache, große Blüten, Durchmesser 8–12 (15) cm, die schlanken, spitz zulaufenden, blassgelben Knospen entspringen, einzeln oder in Büscheln zu 2–3, duftend; Kelchblätter ganzrandig, an der Spitze verbreitert, zurückgeschlagen; Petalen cremeweiß oder elfenbeinfarben, manchmal rosa; Staubblätter goldfarben. Mai, Juni.
• Früchte 2–3 cm, kugelig oder birnenförmig, erst grün, dann rot oder orangegelb, Kelchblätter abfallend. Im Nordosten Indiens werden die vitaminreichen Früchte im Handel angeboten.

Frostempfindlich, in Europa schwer zu kultivieren.

Z9

Rosa gigantea Collet ex Crép. f. ***erubescens*** (Focke) Rehd. & Wils.

Synonyme: *R.* x *odorata* (Andr.) Sweet var. *erubescens* (Focke) T. T. Yu & T. C. Ku 1985, *R.* x *odorata* var. *gigantea* f. *erubescens* (Focke) Rehd. & Wils.
Namensherkunft: «Rot werdend».
Verbreitung: Westchina.
Beschreibung: Gefüllte, blass- oder dunkelrosa Blüten, kleiner als beim Typus, Durchmesser 3–6 cm.

Rosa giraldii Crép. 1897 — Sektion Cinnamomeae

Namensherkunft: Benannt nach dem in China tätigen italienischen Missionar Giuseppe Giraldi (1848–1901).

Verbreitung: Nord- und Zentralchina, in Höhenlagen zwischen 700 und 2000 m. Seit 1897 in Kultur.
Beschreibung: 1,8–2,5 m hoher Strauch, Zweige dünn, aufrecht oder ausgebreitet mit vereinzelten schlanken, geraden, bis 8 mm langen, paarigen Stacheln.
• Blätter inkl. Blattstiel 4–8 cm; weitgehend angewachsene Nebenblätter mit drüsigem, fein gesägtem Rand; 7–9 Blättchen, je 1–2,5 cm lang, fast kreisrund, verkehrteiförmig oder elliptisch, unten fein behaart, manchmal drüsig, oben kahl, seltener fein behaart; Rand einfach oder doppelt gesägt, Zähne gelegentlich drüsig.

• Einfache Blüten, Durchm. 1,2–3 cm, einzeln oder in Büscheln zu 2–5 auf knapp 1 cm langem, drüsig behaartem Stiel, der oft von großen, eiförmigen Hochblättern verdeckt wird; Sepalen eiförmig-lanzettlich, flaumhaarig, innen fein behaart, Spitze geschwänzt; Petalen rosa, zur Mitte hin blasser, breit-verkehrteiförmig, Apex ausgerandet; Kelch drüsig-borstig. Juni, Juli.
• Früchte eiförmig, selten größer als 1 cm, scharlachrot, drüsig-behaart; Sepalen aufrecht, in der Regel bleibend.
Die mit *R. webbiana* verwandte Rose unterscheidet sich von dieser durch ihr Laub, ihre großen Hochblätter und rosa Blüten mit weißer Mitte. Z5

Rosa giraldii **var.** ***nanothamnus*** (Bouleng.) Brumme & Gladis

Synonyme: *R. beschnauensis* Sumn., *R. nanothamnus* Bouleng. 1935.
Namensherkunft: Griechisch: «Zwergstrauch».
Verbreitung: Mittel- und Ostasien.
Beschreibung: Sehr stacheliger Zwergstrauch.
• Die Blätter werden von 5–9 eiförmigen oder verkehrt-eiförmigen, 3–15 mm langen, kahlen oder fein behaarten Blättchen gebildet.
• Weiße, einzelne Blüten mit einem Durchmesser von 2–4 cm.
• Früchte kugelig, ca. 1 cm, Kelchblätter bleibend.

Rosa giraldii **var.** ***velunosa*** Rehd. & Wils. 1907

Beschreibung: Identisch mit *R. giraldii*, allerdings sind die Blättchen fein behaart und deutlich netzadrig.

Rosa glauca Pourr. non Vill. 1788 — Sektion Caninae

Synonyme: *R. ferruginea* Déségl. non Vill., *R. ferruginea* Vill., *R. guttensteinensis* Jacq. 1821, *R. ilseana* Crép., *R. lurida* Andrews, *R. rubrifolia* Vill. nom. illeg.
Trivialnamen: Bereifte Rose, Blaue Hechtrose, Hechtrose, Rotblättrige Rose.
Verbreitung: Bergregionen in Mittel- und Südeuropa, von den Pyrenäen bis ins ehemalige Jugoslawien. Vor 1830 in Kultur genommen.
Beschreibung: 2–3 m hoher Strauch mit offenem Wuchs und aufrechten oder gebogenen, wenig verzweigten Ästen; Jungtriebe dunkelrot bereift, nahezu unbestachelt.

Vereinzelte gerade oder leicht gekrümmte, bisweilen fein behaarte Stacheln auf verbreiterter Basis.

• Die Blätter bestehen aus 5–(7) 9, je 2–4,5 cm langen Blättchen, sie sind, wie Nebenblätter und Blattstiel, zunächst purpurrot, später gräulich grün oder bläulich, oft braun- oder purpurfarben schattiert, wellig, eiförmig oder schmal-elliptisch, spitz, mit kahler Oberseite, leicht behaarter Unterseite und fein gesägtem Rand.

• Blüten einfach, sternenförmig, nicht duftend, Durchmesser 2,5–5 cm, einzeln oder zu 2–12 in dichten Büscheln; Sepalen lang, abstehend, ganzrandig oder gelappt, glatt oder kugelig, flaumig behaart, die Blütenblätter überragend, diese sind lebhaft rosa oder mehr oder weniger blassrosa mit weißer Basis; Staubblätter goldfarben.

Mai, Juni.

• Früchte aufrecht, 1,3–1,5 cm, eiförmig oder fast kugelig, rotbraun-scharlachrot, glatt oder leicht drüsig-borstig; Sepalen zurückgeschlagen, abfallend. Z2

Rosa glomerata Rehd. & Wils. 1915 — Sektion Synstylae

Namensherkunft: «Geknäuelt, zusammengeballt».
Verbreitung: Westchina, in Lagen von 1300–3000 m Höhe; 1908 entdeckt.
Beschreibung: Buschiger Kletterstrauch, ähnlich *R. rubus*, mit kriechenden, bis zu 9 m langen Trieben, die zerstreute flache, kurze Stacheln auf verbreiterter Basis tragen.
• Blätter inkl. Blattstiel 10–15 cm, Nebenblätter weitgehend angewachsen; (3) 5–7 (9) Fiedern, je 1,8–4,5 cm lang, länglich oder verkehrt-eiförmig, ledrig, Unterseite blassgrau, fein behaart, mit hervortretenden Blattnerven, Oberseite kahl, runzelig, Saum fein gesägt oder annähernd ganzrandig.
• Viele einfache Blüten, Durchmesser 1,5–2,5 cm, in dichten, 4–10 cm großen Doldenrispen, Brakteen fehlend; Sepalen eiförmig, lanzettlich; Petalen weiß, seidig behaart, duftend; Griffel geringfügig länger als die Staubblätter.
• Früchte 8–10 mm, fast kugelig, orangerot.

Rosa glutinosa Sibth. & Sm. 1809 — Sektion Caninae

Synonyme: *R. calabrica* Burnat & Gremli, *R. ferox* Reg. non Bieb., *R. libanotica* Boiss., *R. pulverulenta* Bieb. 1808, *R. pustulosa* Bertol.
Trivialname: Südliche Weinrose.
Verbreitung: Südeuropa, Kleinasien, Libanon, Iran, Afghanistan, Russland (Kaukasus).
Beschreibung: Kompakter, niedriger, buschiger und sehr stacheliger Strauch, der Kiefernharzgeruch verströmt. Ähnlich *R. eglanteria*. Zahlreiche, 30–70 cm lange Zweige, mit vielen weißen, steifen oder gebogenen Stacheln, die mit drüsigen Borsten untermischt sind.
• Blätter bestehend aus (3) 5–7 (9) Blättchen, je 7–15 mm lang, elliptisch, ver-

kehrt-eiförmig oder rundlich, kahl oder leicht behaart, beidseitig drüsig, ebenso wie Blattstiel und Nebenblätter; Rand doppelt gesägt, drüsig.
• Blüten rosa, einfach, einzeln oder paarig, Durchmesser 2,5–3,8 cm; Kelchblätter gelappt, Spitze drüsig und leicht verbreitert; fein behaarter Griffel. Juni.
• Früchte 1,5 cm, ellipsoid oder fast kugelig, scharlachrot, glatt oder drüsig-borstig.
Z6

***Rosa glutinosa* var. *dalmatica* (Kern.) Keller** — Sektion Caninae

Synonyme: *R. dalmatica* Kern.
Verbreitung: Dalmatien. Seit 1882 in Kultur.
Blättchen ca. 2,5 cm lang, größer und weniger behaart als beim Typus; gerade Stacheln, die ellipsoiden, 2,5 cm großen Früchte sind voluminöser.

***Rosa graciliflora* Rehd. & Wils. 1915** — Sektion Pimpinellifoliae

Namensherkunft: Lateinisch: «mit zierlicher Blüte».
Verbreitung: China, Provinzen Sichuan, Yunnan, Tibet; am Rande von Fichtenwäldern, in Höhenlagen von 3300–4500 m. 1908 entdeckt.
Beschreibung: Aufrechter, bis 4 m hoher Busch mit dünnen Zweigen, auf denen zerstreute gerade, feine Stacheln mit verbreiterter Basis sitzen.
• Blätter inkl. Blattstiel 5–8 cm lang; Nebenblätter weitgehend angewachsen; (7) 9–11 Blättchen, je 0,8–2 cm lang, eiförmig oder elliptisch, kahl, unterseits manchmal leicht behaart, oft drüsig, Rand einfach oder teils doppelt gesägt.
• Blüten einzeln, Durchmesser 2,5–3,8 cm, reich blühend; keine Hochblätter; Sepalen lanzettlich, blattartig, innen filzig; Petalen rosa oder lebhaft rot.
• Früchte rot, eiförmig, 2–3 cm, Kelchblätter aufrecht, bleibend.

***Rosa gymnocarpa* Nutt. ex Torr. & Gray 1840** — Sektion Cinnamomeae

Synonyme: *R. abietorum* Greene, *R. glaucodermis* Greene
Namensherkunft: Griechisch: «mit nackter Frucht».
Verbreitung: Nördliches und westliches Nordamerika.
Beschreibung: Niedriger Busch, 0,5–1,5 m Höhe, selten größer. Die aufgerichteten,

dünnen, 1–3 m langen Triebe sind meist unbewehrt oder tragen kleine, gerade Stacheln und Borsten.

• Blätter mit 5–9 relativ weit auseinanderstehenden Blättchen, je 1–4 cm lang, elliptisch, eiförmig oder rund mit stumpfem Apex, meist kahl, unterseits gelegentlich drüsig; Rand doppelt gesägt, oft drüsig; Nebenblätter schmal, drüsig.

• Einfache, fleischrosa Blüten, Durchmesser 2,5–3 cm, einzeln oder zu 2–4 in Büscheln auf kurzen Seitentrieben; Kelchblätter eiförmig, ganzrandig, kahl. Juni, Juli.

• Früchte kugelig oder birnenförmig, glatt, 6–12 mm, orangerot; Kelchblätter abfallend.

Toleriert schattige Standorte.

Z6

Rosa* x *hardii Paxt.

Synonyme: x *Hultemosa hardii* (Cels) Rowlee.
Herkunft: Gartenform, Spontanhybride aus *R. persica* x *R. foetida* oder *R. persica* x *R. clinophylla*, von Hardy erzielt, von Cels 1836 in den Handel gebracht.

Beschreibung: Kleiner, bis zu 2 m hoher Strauch, der *R. persica* sehr ähnlich ist, aber insgesamt größere Pflanzenteile besitzt.

• Blätter dunkelgrün, kahl, mit zwei unterschiedlichen Formen: die einen einfach und sitzend, die anderen bestehend aus 3–7 eiförmigen oder länglichen Fiedern mit tief gesägtem Rand.

• Blüten einfach, einzeln, Durchmesser ca. 5–6 cm; Kelchblätter gelappt; Petalen gelb mit purpurner Basis. Juni, Juli.

• Früchte ellipsoid, ca. 3 cm, orangegelb, etwas stachelig.

• Winterhart, aber sehr anfällig für Echten Mehltau, daher in Kultur schwer haltbar.

Z8

Rosa* x *harisonii Rivers 1840 — Sektion Pimpinellifoliae

Synonyme: *R. foetida* var. *harisonii* Rehd., *R. lutea* Mill. var. *hoggii* Sweet, *R.* 'Lutea Maxima'.

Herkunft: Gartenform, Hybride aus *R. spinosissima* L. x *R. foetida* var. *persiana* Rehd., 1830 wahrscheinlich von Georges

Harison in New York erzielt.
Trivialnamen: Harison's Yellow (GB), Yellow Rose of Texas (US).
Beschreibung: Aufrechter Busch, mitunter Ausläufer bildend, mit unregelmäßigem Wuchs, nicht höher als 0,5–1 m, dünne Zweige mit kurzen Ästen. Ähnelt mit seinen buttergelben Blüten *R. foetida*.

• Blätter mit 5–9 (11) elliptischen, gräulich grünen Blättchen mit drüsiger Unterseite und fein gesägtem, leicht drüsigem Rand; Blattstiel fein behaart.

• Einzelne, gefüllte oder halb gefüllte Blüten, Durchmesser 5–6 cm, unangenehm riechend. Kelchblätter gelappt, leicht behaart, Ränder drüsig. Petalen lebhaft schwefelgelb, mitunter zur Spitze hin gelappt; Blütenstiel feinstachelig. Mai.

• Früchte fast schwarz, borstig.

Z4

Rosa hawrana Kmet — Sektion Caninae

Synonyme: *R.* x *spinulifolia* var. *hawrana* (Kmet) Keller.
Verbreitung: Ungarn. Seit 1914 in Kultur.
Verwandt mit *R. villosa*. Einfache Blüten, Durchmesser 5 cm, Petalen blassrosa, Nagel weiß; Frucht kugelig, borstig.

Rosa heckeliana Trall. — Sektion Caninae

Synonyme: *R. balansaea* Déségl., *R. heckeliana* Nyman, *R. orphanides* Boiss. & Reuter.
Verbreitung: Bergregionen in Südeuropa, Balkan, Sizilien.
Beschreibung: Zwergbusch, nicht größer als 1 m; Jungtriebe mehr oder weniger fein behaart; Zweige mit zerstreuten geraden oder gekrümmten Stacheln besetzt.

• Blätter werden von 5–7 kreisrunden oder eiförmigen Blättchen mit filziger, grauer Unterseite gebildet.

• Kleine, rosa, in der Regel einzelne Blüten, Durchmesser 3–5 cm.

• Früchte kugelig oder eiförmig, rot, 1–2 cm, kahl oder leicht drüsig.

Rosa helenae Rehd. & Wils. 1915

Synonyme: *R. floribunda* Baker non Stev. 1822, *R. moschata* var. *helenae* (Rehd. & Wils.) Cardot, *R. moschata* var. *micrantha* Crép.

Namensherkunft: Benannt nach E. H. Wilsons Ehefrau Helen Wilson, geborene Ganderton.

Verbreitung: Thailand, Vietnam, Zentralchina; in Höhen zwischen 1000 und 3000 m; in Hecken und an Wasserläufen. 1907 von E. H. Wilson entdeckt.

Beschreibung: Strauch mit kräftigen, kletternden oder kriechenden Trieben bis zu 9 m Länge, Jungtriebe purpurbraun, kahl, bewehrt mit starken, kurzen, hakigen, gelblichen Stacheln auf verbreiterter Basis; älteres Holz wird gräulich grün mit braunen Sprenkeln und blättert ab.

• Blätter inkl. Blattstiel 8–17 cm; Nebenblätter weitgehend angewachsen; Spindel und Blattstiel feinstachelig; (5) 7–9 Fiedern, je 2,5–3,5 cm lang, eiförmig, länglich oder lanzettlich, spitz; oben dunkelgrün, kahl, unten grau und auf den hervortretenden Blattnerven fein behaart; Rand fein gesägt.

• Üppiger Flor, Blüten cremeweiß, einfach, duftend, Durchmesser 2,5–3 cm, in endständigen Doldenrispen von 6–15 cm Durchmesser; Brakteen abfallend; Sepalen gelappt, drüsig; Griffel gleich lang wie Staubblätter. Juli.

• Früchte 1–1,5 cm, an den Stielen hängend, eiförmig, ellipsoid oder birnenförmig, scharlach- oder orangerot, drüsig; Sepalen abfallend.

• Frostempfindlich, in kalten Regionen schwer zu kultivieren.

Z5

Rosa hemisphaerica Herrm. 1762

Synonyme: *R. glaucophylla* Ehrh., *R. hemisphaerica* var. *plena* hort., *R. hemisphaerica* 'Flore Pleno', *R. sulphurea* Ait.
Trivialname: Schwefelrose. Sulphur Rose (GB).
Herkunft: Wurde bereits 1584 in der Türkei angebaut und um 1600 herum von Clusius in Europa eingeführt. Als Wildform unbekannt, wahrscheinlich ein Sport mit gefüllten Blüten, der leichter zu kultivieren ist als die Varietät *R. hemispherica* var. *rapinii*, die die eigentliche Typusart sein soll.
Beschreibung: Stark verzweigter, bis zu 2 m hoher Busch mit aufrechten, etwas steifen Zweigen, die mit vielen zerstreut stehenden, dünnen Hakenstacheln bewehrt sind. Die Jungtriebe sind fein behaart.
• Blätter dezent duftend, bestehend aus 5–9 Blättchen, je 2–4 cm lang, eiförmig, Apex stumpf, Grund keilförmig, Oberseite graugrün, Unterseite bläulich grün, mit fein behaarten Blattnerven, Rand zur Spitze hin grob gesägt; Nebenblätter oft gesägt.
• Einzelne, schwefelgelbe Blüten, die grünlich gelben Knospen entspringen und sich schalenförmig öffnen, sie sind stark gefüllt und hängend, Durchmesser 4–5 cm. Kelchblätter aufrecht, zur Spitze hin gesägt. Juni, Juli.
• Früchte 1,2–1,5 cm, kugelig, glatt, dunkelrot.
• Benötigt warmen, sonnigen Standort.

Z6

Rosa hemisphaerica* var. *rapinii (Boiss. & Bal.) Rowlee

Synonyme: *R. rapinii* Boiss. & Bal.
Verbreitung: Asiatischer Teil der Türkei, Iran, Kaukasus, Armenien; in Höhenlagen zwischen 800 und 1800 m.

Wurde 1933 in Kultur genommen, ist aber aufgrund ihrer eher geringen Lebensdauer schwierig zu kultivieren und findet sich daher nur selten in europäischen Sammlungen.
Beschreibung: Wildform der vorstehenden Art; kleiner, bis zu 1 m hoher Busch, Zweige mit Stacheln und Borsten.
• Blätter bestehend aus 7 Blättchen mit flaumhaarigen Blattnerven auf der Unterseite.
• Einfache, lebhaft gelbe Blüten, einzeln oder zu 2 oder 3.
• Früchte kugelig, kahl, gelb oder rot.

Rosa hemsleyana Täckh. 1922 — Sektion Cinnamomeae

Synonyme: *R. macrophylla* Crép. non Lindl., *R. setipoda* Rolfe non Hemsl. & Wils.

Namensherkunft: Benannt nach dem britischen Botaniker William Botting Hemsley (1843–1924).

Verbreitung: Mittel- und Nordchina.

Beschreibung: *R. setipoda* Hemsl. & Wils. relativ nahestehender Strauch, der von manchen Autoren auch als einfache Form desselben betrachtet wird, obwohl er sich von diesem durch seine geringere Größe unterscheidet. Die Zweige sind mit sehr vereinzelten, kurzen, geraden Stacheln auf verbreiterter Basis bewehrt.

- Blätter bestehend aus 7–9 Fiedern, je 2–5 cm lang, elliptisch, drüsig, Blattspindel drüsig, Rand doppelt gesägt, Nebenblätter groß, drüsig, bewimpert.
- Blüten blassrosa, Durchmesser 3–5 cm, in Doldenrispen zu 3–10; Kelchblätter gelappt; Blütenstiel drüsig-borstig. Juni.
- Früchte 2,5 cm, eiförmig, mit recht langem Hals.

Z6

Rosa henryi Bouleng. 1933 — Sektion Synstylae

Synonyme: *R. gentiliana* Rehd. & Wils. non Lév. & Vaniot, *R. moschata* Herrm. var. *densa* Vilm., *R. paucispinosa* H. L. Li.

Namensherkunft: Benannt nach dem in China tätigen irischen Pflanzensammler und Botaniker Augustine Henry (1857–1930).

Verbreitung: Zentral- und Ostchina; in Lagen zwischen 1700 und 2000 m Höhe.

Beschreibung: Der *R. cerasocarpa* relativ nahestehende Kletterrose. Zweige kletternd oder kriechend, purpurbraun, kahl, 3–8 m

lang; mit Ausnahme der unbewehrten Blütenstängel besetzt mit flachen, gebogenen, breitbasigen Stacheln.
- Blätter inkl. Blattstiel 9–14 cm; Nebenblätter weitgehend angewachsen; 5 Fiedern, bisweilen 3 in Nähe der Doldenrispe, länglich, eiförmig oder elliptisch, 3,5–9 cm lang, kahl, hervortretende Blattnerven auf der Unterseite; Rand fein gezähnt; Apex spitz zulaufend.
- Blüten einfach, weiß, duftend, Durchmesser 3–4 cm, in doldigen Ständen von 5–15 cm Größe; Hochblätter lanzettlich, abfallend; Sepalen lanzettlich, innen zottig behaart; Griffel fein behaart, etwas länger als die Staubblätter. Mai.
- Früchte 8–10 mm, annähernd kugelig, dunkelrot glänzend.

Kälteempfindliche Art.

Rosa x hibernica Templeton 1803

Namensherkunft: Lateinisch *Hibernia*, «Irland»: «Irische Rose».
Verbreitung: Nordengland, Schottland, Nordirland. Spontanhybride aus *R. spinosissima* L. x *R. canina*, 1802 von John Templeton in der Gegend von Belfast entdeckt, seitdem in Kultur. Heutzutage nur noch als Kulturform in Gärten.
Beschreibung: Dichter, verzweigter Busch von 1–3,5 m Höhe je nach Boden und Standort. Die in der Jugend dunkelroten Triebe sind leicht gebogen und können bis zu 4 m und länger werden; sie tragen verstreute robuste Hakenstacheln, die von Borsten untermischt sind.
- Blätter bestehend aus 5–7 (9) je 1,8 cm langen Blättchen mit kahler, gräulich grüner Oberseite, leicht behaarter Unterseite und tief gesägtem Rand.
- Einfache Blüten, Durchmesser 3–4 cm, leicht duftend, einzeln oder zu 2 oder 3; Kelchblätter gelappt; Petalen zweilappig, blassrosa, an der Basis etwas heller.
- Früchte 1,2 cm, verkehrt-eiförmig, rotbraun; Kelchblätter bleibend.

Z4

Rosa x *highdownensis* Hillier 1928 — Sektion Cinnamomeae

Synonym: *R.* 'Highdownensis'.
Namensherkunft: Benannt nach der Gärtnerei *Highdown* in Goring-by-Sea, Sussex, Großbritannien. Entstanden aus einem von Sir Frederick Stern 1928 in Highdown erzielten und selektionierten Sämling von *R. moyesii*.
Beschreibung: Ähnlich *R. moyesii*. Bis zu 3,5 m hoher, kräftiger, buschiger Strauch mit unregelmäßigem Wuchs. Die Jungtriebe sind unbestachelt.

- Blüten in großen Büscheln, intensiv rot, mitunter karminrosa, zur Mitte hin blasser.
- Früchte orangerot, kalebassenförmig.

Z6

Rosa hissarica Slob. 1936 — Sektion Cinnamomeae

Synonym: *R. tschimganica* Rajk.
Verbreitung: Tadschikistan, Mittelasien; steinige Hänge.
Beschreibung: Dichter, buschiger, stacheliger Zwergstrauch von 25–35 cm Höhe, manchmal etwas größer, aber maximal 65 cm; viele gelbliche, leicht gekrümmte, breitbasige Stacheln.

- Blätter bestehend aus 5–7 (9) kreisrunden oder verkehrt-eiförmigen Fiedern.
- Einfache Blüten, Durchmesser 2,2–2,5 cm, Blütenblätter weiß mit leichtem zartrosa Anflug oder dunkelrot. Juli.
- Früchte rot, 1,5 cm, kreisrund bis länglich, leicht abgeflacht, in der Regel drüsig.

Rosa horrida Fisch. Sektion Caninae

Synonyme: *R. ferox* Bieb. non Reg. 1810, *R. horridula* Fisch. non Spreng., *R. turcica* Rouy.

Namensherkunft: Lateinisch: «sehr stachelige Rose».

Verbreitung: Südosteuropa, Türkei, Kaukasus. Eingeführt 1796.

Beschreibung: Niedriger Busch mit steifen und stark verzweigten Ästen, nicht höher als 1–1,5 m, mit zahlreichen hakenförmigen, mehr oder weniger kurzen, aber starken Stacheln auf verbreiterter Basis, untermischt mit drüsigen Borsten.

• Blätter bestehend aus 5–7 dunkelgrünen Blättchen, je 0,8–2,2 cm lang, breit-elliptisch oder eiförmig, mehr oder weniger kahl; Unterseite drüsig, Rand doppelt gesägt; Blattstiele und Nebenblätter drüsig.
• Einfache, weiße Blüten, einzeln oder zu wenigen in Büscheln, Durchmesser 2,5–3,8 cm. Sepalen gelappt, am Ende oft blattartig, zurückgeschlagen, innen drüsig; Kelch länglich, drüsig-borstig. Juni.
• Früchte blutrot, 1–1,6 cm, eiförmig, fast kugelig oder kugelrund, kahl oder drüsig behaart; Kelchblätter abfallend.

Z6

Rosa hugonis Hemsl. 1905 Sektion Pimpinellifoliae

Synonyme: *R. xanthina* Crép. non Lindl., *R. xanthina* f. *hugonis* (Hemsl.) A. V. Roberts.

Trivialnamen: Chinesische Dukatenrose, Chinesische Goldrose, Father Hugo's Rose, Goldröschen. Golden Rose of China (GB).

Namensherkunft: Zu Ehren des Missionars Hugh Scallon (bekannt als «Vater Hugo»), der die Rose 1899 in Sichuan entdeckte.

Verbreitung: Zentralchina; offenes Gelände, Waldrand, steinige Böden, in Lagen zwischen 600 und 2300 m Höhe. Wahrscheinlich Naturhybride aus *R. sericea* x *R. xanthina*.

Beschreibung: 2,5 m hoher Strauch; Zweige gebogen, ausladend, purpurn bis dunkelbraun, 1,8–3 m lang, im unteren Teil borstig, ansonsten viele gerade, kräftige, flache, 1,2 cm lange Stacheln auf verbreiterter Basis, die oft genauso lang ist wie der Stachel selbst.

- Dekorative Blätter, mitunter an Farnblätter erinnernd, Länge 4–8 cm inkl. Blattstiel, Nebenblätter weitgehend angewachsen; (5) 7–13 Blättchen, je 0,8–2 cm lang, elliptisch bis verkehrt-eiförmig, Oberseite kahl, Unterseite fein behaart, mit hervortretenden Blattnerven, Rand gesägt.
- Blüten hellgelb, einfach, einzeln, schalenförmig offen, Durchmesser 4–5,5 cm, auf 2 cm langem Stiel; Hochblätter fehlen; Sepalen lanzettlich; Griffel kürzer als die Staubblätter. April, Mai.
- Früchte 1,2–1,5 cm, flach-kugelig, scharlachrot oder violettlich braun, glänzend, Sepalen zurückgeschlagen, bleibend.

Rosa hugonis var. *plena*

Gefüllte Form der vorstehenden Art.

Rosa huntica Chrshan. Sektion Cinnamomeae

Verbreitung: Pamirgebirge.
Beschreibung: Stacheliger Busch mit bläulich grünem Laub; Blätter mit 7–9 verkehrt-eiförmigen Fiederblättchen; Spindel feinstachelig; Rand gesägt. Einfache Blüten, Petalen weiß mit rosa Rand.

Rosa iberica Steven ex Bieb. 1819 Sektion Caninae

Synonyme: *R. rubiginosa* L. var. *aucheri* (Crép.) Christ, *R. rubiginosa* L. var. *iberica* (Stev.) Boiss.
Verbreitung: Anatolien, Kaukasus, Nordiran; in Lagen zwischen 1200 und 2500 m Höhe.
Beschreibung: Buschiger, 1,5–2 m hoher Strauch, Zweige mit Hakenstacheln bewehrt.

- Aromatische Blätter, bestehend aus 5–7 drüsigen, eiförmigen oder elliptischen, 1,5–3,5 cm langen Blättchen.
- Einfache Blüten, Durchmesser 1–3 cm, einzeln oder zu 2–6 in kleinen Büscheln; Kelchblätter schmal und zugespitzt; Petalen rosa oder weiß.
- Früchte kugelig, bisweilen leicht behaart.

Rosa inodora Fr. 1819 Sektion Caninae

Synonyme: *R. agrestis* Savi var. *inodora* (Fr.) Borb., *R. caryophyllacea* Besser, *R. elliptica* Tausch. subsp. *inodora* (Fr.) Schwertschl., *R. rubiginosa* L. var. *caryophyllacea* (Besser) Ser., *R. rubiginosa* L. var. *inodora* (Fr.) Lindl.
Trivialname: Duftarme Rose.
Verbreitung: Kalkreiche Gebirge in West- und Mitteleuropa. Seit 1875 in Kultur.

Beschreibung: Verwandt mit *R. rubiginosa*, Busch mit stacheligen, bis zu ca. 2 m hohen Zweigen.

- Blätter bestehend aus 5–7 Fiedern, je 1,5–3 cm lang, elliptisch bis verkehrt-eiförmig, oben kahl, unten fein behaart.
- Blüten weiß oder blassrosa, seltener lebhaft rosa, Durchmesser 2,5–3,8 cm, unangenehm riechend; kurze, kahle Blütenstandsstiele.
- Früchte eiförmig, scharlachrot; Sepalen ausgebreitet oder aufrecht, bleibend.

Rosa x involuta Sm.

Synonyme: *R. braunii* Keller, *R. doniana* Woods, *R. sabinii* Woods, *R. villosa* Sm. non L.
Namensherkunft: Lateinisch: «eingehüllt».
Verbreitung: Hebriden, Nordschottland. Bei der einst als Art eingestuften Rose handelt es sich um eine vor 1800 entstandene Spontanhybride aus *R. spinosissima* L. x *R. sherardii* Davies. Früheren Hypothesen zufolge galten *R. spinosissima* x *R. tomentosa* als Eltern, dies ist inzwischen aber durch zytologische Untersuchungen widerlegt. Die Bezeichnung umfasst mehrere Klone.

Beschreibung: Niedriger Busch mit offenem Wuchs, stark Ausläufer treibend, ausgebreitete, stachelige Zweige mit einer Länge zwischen 0,5–1 m; älteres Holz wird mahagonifarben.

- Blätter bestehend aus 7–9 gräulich grünen, 1 cm langen Blättchen; die Blattnerven auf der Unterseite sind flaumhaarig, die Ränder grob gesägt.
- Weißliche, einzelne Blüten mit einem Durchmesser von 5 cm, Knospen rot gestreift.
- Früchte braun, krugförmig, 1,2 cm.

Rosa x iwara Sieb. ex Reg. 1860

Synonym: *R. yesoensis* (Franch. & Savi) Mak.
Verbreitung: Japan, Inseln Hokkaido und Honshu. Naturhybride aus *R. multiflora* x *R. rugosa*, 1832 von Siebold in Europa eingeführt.

Beschreibung: Breitwüchsiger Busch mit grauen, filzigen Zweigen, die große, mit Borsten untermischte Hakenstacheln tragen.

- Die Blätter werden aus (5) 7 elliptischen Blättchen mit leicht runzeliger Oberseite und gräulicher, filziger Unterseite gebildet; Nebenblätter tief gezähnt, Öhrchen frei, spitz zulaufend; Spindel und Blattstiel feinstachelig.
- Reich blühend, Blüten weiß, einfach, Durchmesser 3–4 cm, in Doldenrispen.

Z5

Rosa x *jacksonii* Willm.

Herkunft: Gartenhybride aus *R. wichurana* x *R. rugosa*, die von Jackson Dawson im *Arnold Arboretum* (USA) erzielt und 1910 unter dem Namen 'Lady Duncan' in den Handel gebracht wurde; sie gilt als Typus und ist steril.

Beschreibung: Niedriger Busch mit bogigen Zweigen, Stacheln dünn, gerade, ungleich lang.

• Die Blätter werden aus 7–9 länglichen Fiedern mit stumpfem Apex, glänzender, runzeliger Oberseite und gesägtem Rand gebildet.

• Einfache, in Büscheln stehende Blüten mit großen, hellpurpurnen Petalen und eiförmigen, lanzettlichen, bisweilen drüsigen Sepalen.

• Früchte lebhaft rot, krugförmig.

Diploide Hybride, deren tetraploide Form *R.* x *kordesii* ist.

Z5

Rosa x *kamtchatica* Venten. 1802 — Sektion Cinnamomeae

Synonyme: *R. rugosa* var. *kamtchatica* (Venten.) Reg., *R. rugosa* var. *ventenatiana* (C. A. Meyer), *R. ventenatiana* Redouté & Thory.

Trivialname: Kamtschatka-Rose.

Verbreitung: Ostsibirien, Kamtschatka. Seit 1770 bekannt. Spontanhybride aus *R. davurica* Pall. x *R. rugosa* Thunb. oder x *R. amblyotis* C. A. Meyer.

Beschreibung: Ausläufer bildender Strauch mit grauen, filzigen, borstigen, 1,5–1,8 m langen Zweigen, die dünner und weniger stachelig sind als bei *R. rugosa.*

• Blätter leicht aromatisch, Blättchen gräulich grün, länglich, mäßig runzelig.

• Einfache Blüten, rosa, leicht duftend, zu 3–5 in Büscheln, kurze, kahle Stiele. Frühe, kurze Blüte, einmal blühend.

• Früchte klein, kugelig, glatt; Sepalen bleibend.

• Unterscheidet sich von *R. rugosa* durch fein behaarte und weniger stachelige Zweige, weniger runzelige Blättchen, rosa Blüten und kleinere Früchte.

Z4

Rosa* x *kochiana Koehne 1893

Synonyme: *R. oxyacanthus* K. Koch non Bieb.
Namensherkunft: Benannt nach dem deutschen Botaniker Karl Koch (1809–1879), Botanikprofessor an der Universität von Jena, der später Gartenbau in Berlin lehrte.
Herkunft: Hybride aus *R. spinosissima* x *R. carolina* L., erzielt vor 1869.
Beschreibung: Kleiner, dem *R. nitida* recht ähnlicher Busch; grüne, bis 1 m hohe Zweige, sie sind mit Borsten und flachen, hakenförmigen Stacheln bedeckt, die paarig unter den Knoten sitzen. Die Blütentriebe sind kahl.
- Blätter glänzend, bestehend aus 7–9 (11) Fiedern mit gesägtem Rand.
- Blüten einzeln oder zu 2–3, lebhaft rosa bis blass malvenfarben, Durchmesser 4 cm. Juni, Juli.
- Früchte klein, birnenförmig, 8 mm, zinnoberrot.

Rosa* x *koehneana Rehd.

Namensherkunft: Benannt nach B. A. E. Koehne (1848–1918), Botaniker und Lehrer in Berlin.
Herkunft: Hybride aus *R. carolina* L. x *R. rugosa* Thunb., erzielt vor 1893.
Beschreibung: Niedriger, breiter, buschiger, sehr blütenreicher Strauch, der *R. carolina* sehr ähnlich ist. Die Zweige tragen unter den Knoten kleine Stacheln.
- Die Blätter bestehen aus 7 länglichen Blättchen mit fein behaarter Unterseite und gesägtem Rand.
- Blüten purpurrosa, einzeln, größer als bei *R. carolina*, Durchmesser 6 cm, lange Kelchblätter.

Rosa kokanica Reg. ex Juz. 1941 — Sektion Pimpinellifoliae

Synonyme: *R. platycantha* Schrenk var. *kokanica* Reg. 1878, *R. platycantha* var. *variabilis* Reg., *R. xanthina* Lindl. var. *kokanica* (Reg.) Bouleng.
Namensherkunft: Benannt nach der usbekischen Stadt Kokand.
Verbreitung: Iran, Afghanistan, Kasachstan, Mongolei, wo sie auf steinigen Hängen ab 900 m Höhe gedeiht; China, Provinz Xinjiang, in Lärchenwäldern bis 2500 m Höhe. Von Jelena de Belder in Kultur genommen.
Beschreibung: Buschiger Strauch mit unregelmäßigem Wuchs, Ausläufer bildend, ausladende, steife, bis 2 m hohe Zweige. Jungtriebe fein behaart, rötlich braun, bewehrt mit vielen dünnen, flachen Stacheln.

• Aromatische Blätter, inkl. Blattstiel 4,5–8 cm lang; Nebenblätter weitgehend angewachsen; 5–7 (9) Blättchen, breit-elliptisch oder verkehrt-eiförmig, in der Mitte kahl, zum Rand hin drüsig, hervortretende Blattnerven; Rand doppelt gesägt, drüsig.
• Einzelne, einfache Blüten, Durchmesser ca. 2–6 cm; Hochblätter fehlend; Sepalen ganzrandig, kahl, spitz zulaufend, aufrecht; Petalen zurückgeschlagen, hellgelb oder weiß.
• Früchte 1 cm, kugelrund, dunkelbraun oder dunkelpurpurn, Kelchblätter abstehend oder aufrecht, bleibend.

Z4

Rosa x kopetdaghensis Meff.

Synonym: x *Hultemosa kopetdaghensis* (Meff.) Juz.

Hybride aus *R. persica* x *R. hemisphaerica* var. *rapini*.

Verbreitung: Iran, Russland.

Beschreibung: Niedriger Strauch, ähnlich *R. persica*, abweichend von diesem durch fehlende Flecken in der Blütenmitte und das Vorhandensein von Nebenblättern am Grund seiner zusammengesetzten Blätter (die Blätter von *R. persica* sind einfach und sitzend). Steife, mäßig stachelige Zweige; 3–7 elliptische, gräulich grüne, beidseitig filzige Blättchen; gelbe Blüten, Durchmesser 4 cm; Früchte kugelig, glatt, 1 cm.

Rosa koreana Kom. 1901 — Sektion Pimpinellifoliae

Verbreitung: Nordkorea, Nordchina; Waldrand oder felsige Regionen in 600–1200 m Höhe.

Beschreibung: Kleiner, buschiger Strauch bis 1 m Höhe, Triebe stark verzweigt, rötlich braun, dicht borstig, bewehrt mit geraden, 6 mm langen Stacheln, die paarig unter den Knoten sitzen. Jungtriebe weniger stachelig.
• Blätter inkl. Blattstiel 4–7 cm; Nebenblätter angewachsen; 7–11 (15) elliptische oder verkehrt-eiförmige, stumpfspitzige Fiedern mit bisweilen leicht behaarter Unterseite und drüsigem, gesägtem Rand.
• Zahlreiche Blüten, einfach, einzeln, Durchmesser 2–6 cm, duftend; Hochblätter fehlen; Sepalen ganzrandig, lanzettlich, aufrecht, drüsig; Blütenblätter weiß mit rosa Anflug.
• Früchte 1–1,5 cm, eiförmig oder länglich, orangerot, Kelchblätter bleibend.
Die Varietät *glandulosa* zeichnet sich dadurch aus, dass Blättchenunterseite, Blattspindel und Blattstiel stark drüsig sind.

Z6

Rosa kwangtungensis T. T. Yu & H. T. Tsai 1936 — Sektion Synstylae

Verbreitung: Zentralchina, an Wasserläufen und Wegesrändern in Lagen von 100–500 m Höhe.
Beschreibung: Kletternder oder kriechender Strauch, Zweige lang, dunkelgrau oder rotbraun, bestückt mit zerstreuten kräftigen Hakenstacheln.
• Blätter inkl. Blattstiel 3,5–6 cm, bestehend aus 5–7 (9) elliptischen Blättchen, oben dunkelgrün, unten grünlich und vorstehende, feinstachelige Mittelrippe.
• Blüten zu 4–15 in Doldenrispen, einfach oder gefüllt, duftend, Durchmesser 1,5–3 cm, am Rande der Doldenrispe größer; 1–3 Hochblätter; Kelchblätter fein behaart, abfallend; Petalen weiß oder rot.
• Früchte kugelig, purpurbraun, ca. 1 cm.
In *Flora of China* werden drei Varietäten unterschieden, var. *kwangtungensis*, var. *mollis* und var. *plena*, auf die hier aber nicht näher eingegangen werden soll.

Rosa laevigata Michx. 1803 — Sektion Laevigatae

Synonyme: *R. amygdalifolia* Ser., *R. argyi* Lev., *R. camellia* hort., *R. cherokeensis* Donn ex Small. 1907, *R. cucumerina* Tratt., *R. hystrix* Lindl., *R. nivea* DC., *R. sinica* Murr., *R. ternata* Poir., *R. triphylla* Roxb.
Namensherkunft: Lateinisch: «glatt».
Trivialname: Cherokee-Rose.
Verbreitung: Südostasien, China, Taiwan, Vietnam; steinige Lagen zwischen 200 und 1600 m Höhe; in warmen Zonen der USA eingebürgert; in Japan in Kultur. Wird manchmal mit *R. bracteata* verwechselt.
Beschreibung: Strauch von kräftigem Wuchs mit grünen Trieben, die bis zu 10 m oder höher klettern; Stacheln zerstreut, rötlich braun, hart, hakig, gebogen, flach, auf Jungtrieben 4 mm lange, drüsige Borsten.
• Immergrüne Blätter mit einer Länge von 5–10 cm inkl. Blattstiel; Nebenblätter abfallend, drüsig, bisweilen angewachsen, meist frei; Blattspindel und Blattstiel feinstachelig; 3 (5) Blättchen, je 2–6 (9) cm lang, lanzettlich, elliptisch oder eiförmig, ledrig, spitz oder zugespitzt, Oberseite glänzend, kahl, dunkelgrün, Unterseite kahl, Mittelrippe mitunter feinstachelig; Ränder grob und tief gesägt.
• Einfache Blüten, duftend, Durchmesser 5–10 cm, einzeln, gelegentlich paarig; Hochblätter fehlen; Sepalen ganzrandig, blattartig, aufrecht, fein behaart; Petalen

halb gefüllt oder gefüllt, weiß oder elfenbeinweiß, seltener rosa; Griffel fein behaart, deutlich kürzer als die goldgelben Staubblätter. Juni, Juli.

• Früchte 3,5–4 cm, birnenförmig, gelb, orangerot oder rot, übergehend zu purpurbraun, drüsig, borstig, Kelchblätter aufrecht, bleibend.

Anmerkung: Aus der Hagebutte der *R. laevigata* wird Zucker gewonnen, der bei der Fermentierung von Wein zum Einsatz kommt. In der chinesischen Medizin finden Wurzeln, Blätter und Blüten Verwendung.

Rosa langyashanica D. C. Zhang & J. Z. Shao 1997 — Sektion Synstylae

Verbreitung: Diese recht seltene Art stammt aus dem Osten der chinesischen Provinz Anhui, wo sie an Waldrändern in Lagen zwischen 100 und 200 m Höhe entdeckt wurde. Wird außerhalb ihrer Heimat anscheinend nicht kultiviert, weder in China noch in Europa.

Beschreibung: Ca. 2 m hoher Strauch, Zweige purpurn oder gräulich braun, sehr spärlich mit gelblichen Stacheln besetzt.

• Blätter inkl. Blattstiel 7–10 cm; Nebenblätter angewachsen; Fiedern (5) 7–9, elliptisch, ganz oder fast sitzend, kahl, unterseits blassgrün und hervortretende Blattnerven, oben dunkelgrün; Ränder tief und fein gesägt.

• Blüten rosa, Durchmesser 2–3 cm, zu 5–9 in Doldenrispen; Hochblätter fehlend; lanzettliche, ganzrandige Kelchblätter.

• Früchte eiförmig.

Rosa lasiosepala Metcalf 1940 — Sektion Synstylae

Verbreitung: Chinesische Provinz Guangxi, in Höhenlagen zwischen 900 und 1800 m.

Beschreibung: Kletterstrauch mit bis zu 10 m langen, kräftigen, gebogenen, kahlen, purpurbraunen Trieben, besetzt mit zerstreuten kurzen, starken, hakigen Stacheln.

• Blätter inkl. Blattstiel 17–25 cm; Nebenblätter weitgehend angewachsen; 5 (7) Blättchen, oft 3 in Nähe der Doldenrispe, je 7–12 cm lang, elliptisch, ledrig, kahl, hervortretende Blattnerven auf der Unterseite; fein gezähnter Rand.

• Zahlreiche, einfache, weiße Blüten, Durchmesser 3–4 cm, in zusammengesetzten Doldenrispen; Brakteen fehlend; Sepalen lanzettlich, zurückgeschlagen, filzig, weißlich; Griffel etwas länger als die Staubblätter.

• Früchte annähernd kugelig, purpurbraun, 1,8–2,3 cm, Kelchblätter fallen bei der Fruchtreife ab.

Rosa latibracteata Bouleng. Sektion Cinnamomeae

Namensherkunft: Lat.: «Rose mit breiten Hochblättern».
Verbreitung: Westchina, Yunnan. Seit 1936 in Kultur. Starke Ähnlichkeit mit *R. forrestiana* und *R. webbiana*, von denen sie sich aber durch große Hochblätter und paarige Blüten unterscheidet.

Rosa laxa Retz. 1803 Sektion Cinnamomeae

Synonyme: *R. gebleriana* Schrenk 1843, *R. soongarica* Bunge.
Namensherkunft: Lateinisch: «schlaff, locker, ausgebreitet».
Verbreitung: Südsibirien, Pamir, Turkestan, Mongolei, Indien, Nordwestchina; in Höhen von 500–1500 m. Seit etwa 1800 in Kultur.
Beschreibung: 1–2,5 m hoher Strauch, Zweige dünn, steif oder leicht gebogen, kahl, mit grüner, gelegentlich rot angehauchter Rinde, spärlich mit Stacheln besetzt; diese sind gelblich, breit, flach, stark hakig, seltener gerade, breitbasig und sitzen paarweise unter den Blättern, oft untermischt von Borsten und feinen Stacheln.
• Blätter inkl. Blattstiel 4,5–10 cm; Nebenblätter drüsig, weitgehend angewachsen; (5) 7–9 hellgrüne Fiedern, je 1,5–4 cm lang, eiförmig, elliptisch oder länglich,

gewöhnlich fein behaarte Unterseite mit hervortretenden Blattnerven; Rand einfach, häufig doppelt gesägt.
• Einfache Blüten, Durchmesser 3–5 cm, einzeln oder zu 2–6 in Doldenrispen; Hochblätter mit feinen, steifen Haaren bedeckt; Kelchblätter ganzrandig, aufrecht, oft drüsig behaart, Spitze blattartig; Petalen weiß oder blassrosa, an der Spitze ausgeschnitten. Juli.
• Früchte 1–1,8 cm, länglich oder eiförmig, rot, kahl, häufig glänzend, Sepalen aufrecht, bleibend.
• Es werden zwei Varietäten unterschieden: *R. laxa* var. *laxa,* deren Blättchen beidseitig kahl sind, und *R. laxa* var. *mollis* mit fein behaarten Blättchen.
Nicht zu verwechseln mit *R.* 'Laxa', eine der häufigsten Veredelungsunterlagen im Gartenbau. Z6

Rosa x *l'heritieranea* Thory 1821

Synonyme: *R. boursaultiana* Desp., *R. boursaultii* hort., *R. reclinata* Thory
Trivialname: Boursault-Rose.
Namensherkunft: Benannt nach Charles-Louis L'Héritier de Brutelle (1746–1800), französischer Magistrat und Botaniker.
Herkunft: Gartenherkunft, Hybride aus *R. chinensis* und einem weiteren Elternteil. Züchtung vor 1820.
Beschreibung: Bis zu 4 m hoher Kletterstrauch; Triebe je nach Standort grün oder rötlich, meist unbestachelt oder gelegentlich mit vereinzelten gelblich grünen, weichen, schlanken Stacheln besetzt.
• Blätter bestehend aus 3–7 ei-länglichen Blättchen mit gesägtem Rand.
• Üppiger Flor, Blüten halbgefüllt, schalenförmig abgeflacht, ohne Duft, in Doldentrauben; Kelchblätter ganzrandig; Petalen violettlich rot mit weißer Basis.
• Früchte fast kugelig, kahl, glatt.

Rosa longicuspis Bertol. 1861 — Sektion Synstylae

Synonyme: *R. charbonneaui* Lév., *R.* x *irridens* Focke, *R. lucens* Rolfe 1916, *R. moschata* Herrm. var. *yunnanensis* Crép., *R. willmottiana* Lév., *R. yunnanensis* (Crép.) Bouleng.
Namensherkunft: Lat.: «lange Lanzenspitze».

Verbreitung: Ausläufer des Himalaja, Nordostindien, Westchina, Myanmar. Seit 1915 in Kultur.

Beschreibung: Starkwüchsiger Strauch, dessen rötliche Jungtriebe zu kräftigen, kletternden, wuchernden, bis zu 8 m langen Zweigen heranwachsen, die Jungtriebe tragen meist viele gekrümmte oder hakige Stacheln, nur die Blütenstängel sind unbewehrt.

- Große immer- oder halb immergrüne Blätter von 12–28 cm Länge, dunkelgrün, im Austrieb rötlich; Nebenblätter fein gezähnt; (3) 5–7 Blättchen, je 5–10 cm lang, ledrig, glänzend, schmal-eiförmig oder elliptisch, zugespitzt, Unterseite netzadrig, kahl, seltener auf der Mittelrippe fein behaart; Rand tief gesägt.

- Einfache Blüten mit intensivem Bananenduft, Durchmesser 3,8–5 cm, zu etwa 15 in großen, lockeren Rispen. Sepalen gelappt, drüsig behaart; Petalen weiß mit seidig behaarter Unterseite, Staubblätter goldfarben.
- Früchte 1,5–2 cm, breit-ellipsoid oder kugelrund, erst olivgrün, später scharlach- oder orangerot, oft drüsig behaart. Juni, Juli, August.
- Sehr empfindliche Art, wenig winterhart, nördlich der Loire nur schwer in Kultur zu halten.

Z9

Rosa longicuspis var. *sinowilsonii* (Hemsl.) T. T. Yu & T. C. Ku 1981

Synonym: *R. sinowilsonii* Hemsl. 1906.

Namensherkunft: Benannt nach «Wilson, dem Chinesen», der Beiname des Botanikers und berühmten Pflanzensammlers E. H. Wilson (1876–1930).

Verbreitung: Südwestchina. 1904 von Wilson in Großbritannien eingeführt.

Beschreibung: Kräftiger Strauch, der bis in 15 m Höhe klettert. Kurze Hakenstacheln.

- Immer- oder halb immergrüne, bis zu 30 cm große Blätter, bestehend aus 5–7 Fiedern, je 7 cm lang, dunkelgrün, kahl, Oberseite glänzend, runzelig, Unterseite leicht behaart, purpurn;

Rand tief gesägt, Blattstiel feinstachelig.

• Die weißen Blüten entspringen eiförmigen Knospen, besitzen einen Durchmesser von 3–5 cm und stehen in dichten Doldenrispen mit etwa 30 Blüten. Blütenstiel dick, rötlich, drüsig-borstig, Sepalen geschwänzt, Petalen ganzrandig, unterseits fein behaart. Juni, Juli.

• Kleine, bis zu 1,2 cm große Früchte, rot, borstig, annähernd kugelig; Sepalen abfallend.

Sehr empfindliche Art, wenig winterhart.

Z9

Rosa lucens Rolfe **'Erecta'** Sektion Synstylae

Beschreibung: Die Varietät von *R. lucens* Rolfe gilt als Synonym von *R. longicuspis* Bertol., ist aber unter diesem Namen bekannt. 3 m hoher Strauch mit gelblich grünem Laub und halb gefüllten, roséweißen Blüten mit einem Durchmesser von 3 cm. Juni.

Rosa luciae Franch. & Rochebr. ex Crép. 1871 Sektion Synstylae

Synonyme: *R. franchetti* Koidz., *R. philippinensis* Merr. 1921.

Namensherkunft: Benannt nach Lucie Savatier, der Ehefrau von Ludovic Savatier, einem französischen Botaniker und Experten der japanischen Flora.

Verbreitung: Mittelgebirge in Japan, Korea, Ostchina, Taiwan; eingebürgert in den USA. Einführung in Europa durch Dr. Max Ernst Wichura, preußischer Botaniker und Diplomat in Japan, der die Pflanze 1859 entdeckte und an die Botanischen Gärten von München und Brüssel sandte. Seit 1870 in Kultur.

Beschreibung: Der *R. wichurana* Crép. sehr nahestehend, aber etwas weniger winterhart. Kletternder oder niederliegender Busch mit 3–5 m langen, purpurbraunen, bestachelten Zweigen, die Stacheln sind zerstreut, oft purpurn, klein, flach, gebogen oder gerade, breitbasig. Die kriechenden Triebe können leicht wurzeln. Alle Pflanzenteile sind kahl.

• Blätter immer- oder halb immergrün, inkl. Blattstiel 5–10 cm lang; Nebenblätter angewachsen; Spindel und Blattstiel feinstachelig; 5–7 (9) Blättchen, je 1–4 cm lang, dünn, elliptisch oder verkehrt-eiförmig, spitz oder zugespitzt, Oberseite dunkelgrün, leicht glänzend, unterseits grünlich und hervortretende Blattnerven; Rand gesägt. Die Blättchen der Jungtriebe sind oberseits violettlich, unten grün.

• Blüten einfach, Durchmesser 1,5–3 cm, meist zu 3–30 in Doldentrauben, duftend; Knospen kurz und rundlich. Hochblätter eiförmig, abfallend; Sepalen lanzettlich, zurückgeschlagen; Petalen weiß oder rosa; Griffel verwachsen, geringfügig länger als die Staubblätter. Mai, Juni.

• Früchte 6–18 mm, eiförmig oder fast kugelig, rot oder purpurbraun, glänzend oder leicht drüsig-behaart.

Z7

Rosa luciae* var. *hakonensis Franch. & Savi

Synonyme: *R. hakonensis* Koidz., *R. jasminoides* Koidz.
Verbreitung: Japan, Inseln Honshu, Shikoku, Kyushu.
Beschreibung: Diese eher blütenarme Varietät zeichnet sich durch ihre zugespitzten, dünnen, kahlen Blättchen mit weißlicher Unterseite sowie kleine, einzelne oder paarige weiße Blüten mit einem Durchmesser von 2,5 cm aus. Mai, Juni.

Rosa luciae* var. *fujisanensis (Mak.) Mak. 1913

Synonyme: *R. fuisanensis* (Mak.) Mak.
Verbreitung: Japan, Inseln Honshu, Shikoku.
Beschreibung:
• Die Blätter werden aus 5–7 eiförmigen oder eiförmig-elliptischen Blättchen gebildet, diese sind von hellerem Grün als die des Typus, unterseits ganz oder fast kahl, die Seitenfiedern sind etwas kleiner, die Endfieder ist leicht ledrig, der Apex spitz.
• Einzelne, kleine Blüten mit einem Durchmesser von 1,5–2,5 cm, Petalen weiß, gelappt; lange, goldgelbe Staubblätter. Recht blütenarm.

Rosa lucidissima Lév. 1911 — Sektion Chinenses

Synonyme: *R.* 'Anemone', *R. anemonoides* Rehd., *R.* x *anemonoides* Rehd. 1927, *R. boisii* Cardot, *R. lucidissima* f. *setosa* Cardot.
Trivialname: Anemonenrose.
Namensherkunft: Lateinisch: «stark glänzend».
Verbreitung: Mittelchina, Provinzen Sichuan, Guizhou, Hubei; in Lagen zwischen 400 und 1400 m Höhe; 1903 von Julien Cavalerie entdeckt.
Die Herkunft dieser Rose war lange strittig: Alfred Rehder hielt sie für eine Hybride aus *R. laevigata* x *R. chinensis*, Griffiths dagegen vermutete Gartenherkunft, entstanden wahrscheinlich aus *R. laevigata* x *R.* x *odorata*. Neuesten genetischen Analysen zufolge sind *R. lucidissima* und *R. laevigata* jedoch zwei eigenständige Arten.
Beschreibung: Immer- oder halb immergrüner, 3–4 (9) m hoher Kletterstrauch, kräftige Zweige mit vereinzelten flachen, gebogenen, breitbasigen Stacheln und gelegentlich mit dichten Borsten.
• Blätter inkl. Blattstiel 6–11 cm; Nebenblätter weitgehend angewachsen; Blatt-

spindel und Blattstiel feinstachelig; 3, selten 5 Blättchen, länglich oder elliptisch, kahl, unterseits blassgrün, oben glänzend, ins Purpurbraune gehendes Dunkelgrün; Rand gesägt.

• Einfache, einzelne Blüten, Durchmesser 3,5–4 cm; Hochblätter fehlen; Kelchblätter lanzettlich, innen fein behaart; Petalen purpurrosa mit dunkleren Adern.
• Früchte borstig, oft purpurschwarz, ei- oder birnenförmig. Z8

Rosa macounii Greene — Sektion Cinnamomeae

Synonyme: *R. grosserata* E. Nelson, *R. subnuda* Lunell.
Namensherkunft: Benannt nach dem britischen Botaniker John Macoun (1831–1920).
Verbreitung: Nordwestliches Nordamerika; mit *R. woodsii* verwandte Art, 1826 in Kultur genommen.
Beschreibung: Strauch, dessen Triebe in jungem Alter borstig, später mit geraden Stacheln bewehrt sind.
• Blätter bestehend aus 5–7 verkehrt-eiförmigen Blättchen mit bläulich grüner Oberseite, fein behaarter Unterseite und doppelt gesägtem Rand.
• Blüten blassrosa, klein, Früchte klein, flach-rund.

Rosa macrophylla Lindl. 1820 — Sektion Cinnamomeae

Synonyme: *R. hoffmeisteri* Klotzsch, *R. hookeriana* Bertol.
Namensherkunft: Aus dem Griechischen: «Großblättrige (Rose)».
Verbreitung: Asien, Himalaja von Ostpakistan bis Westchina (Tibet, Yunnan); in Lagen zwischen 2100 und 3800 m Höhe. Anfang des 19. Jh. in Europa eingeführt.
Beschreibung: Großer, 2,5–4 (5) m hoher Strauch, Jungtriebe bereift, Zweige kräftig, aufrecht oder bogig, dunkelrot, purpurn oder mitunter violettlich malvenfar-

ben, meist unbestachelt, gelegentlich mit vereinzelten starken, geraden Stacheln bewehrt, die paarig unter den Blättern sitzen.
• Große Blätter, inkl. Blattstiel bis zu 20 cm lang; Nebenblätter weitgehend angewachsen; Spindel und Blattstiel mitunter feinstachelig; (7) 9–11 (13) Blättchen, je 2,5–6 cm lang, elliptisch oder schmal-eiförmig, spitz oder zugespitzt, oben kahl, unterseits fein behaart, manchmal drüsig, hervortretende Blattnerven; Rand einfach oder doppelt gesägt.
• Einfache Blüten, Durchmesser 3,5–5 cm, einzeln oder zu 2–3 (5) in Büscheln, Blütenstiel drüsig; Hochblätter 1–2 cm mit drüsig behaartem Rand; Blütenboden mit bräunlichen Borsten bedeckt; Sepalen ganzrandig, drüsig behaart, Apex spitz zulaufend, blattartig; Petalen mittel- oder dunkelrosa, rot oder rosé-malvenfarben. Juni.
• Früchte dick, hängend, 1,5–3 cm, lebhaft rot glänzend, fast kugelig oder krugförmig, drüsig-behaart, Sepalen aufrecht, bleibend. Juni, Juli.

Z7

Rosa macrophylla var. *glaucescens* hort.

Sport von *R. macrophylla*, eingeführt von Hillier.
Beschreibung: Zweige bläulich bereift; Blättchen schmal, runzelig, beidseitig bläulich grün; Blüten purpurrosa.

Rosa mairei Lév. 1912 — Sektion Pimpinellifoliae

Namensherkunft: Benannt nach Édouard Le Maire aus Gent. Die Rose wurde 1996 von Stephen G. Haw als Synonym von *R. sericea* eingestuft, mit der sie bestimmte Merkmale teilt, v. a. die Blüten mit 4 Petalen. In *Flora of China* (2003) wird *R. mairei* jedoch als Art anerkannt.
Verbreitung: China, Provinzen Yunnan, Sichuan, Guizhou, Tibet; in Lagen zwischen 2300 und 4200 m Höhe.
Beschreibung: 0,5–2 m hoher Strauch, Zweige kräftig, purpurrot oder purpurbraun, mit sowohl 1 cm langen, geraden, mehr oder weniger starken, mitunter flügelförmigen Stacheln, als auch 2 cm langen, abgeflachten, dreieckigen Stacheln, die paarig unter den Blättern sitzen, sowie zerstreuten Borsten auf altem Holz.
• Blätter inkl. Blattstiel 2–7 cm; Nebenblätter weitgehend angewachsen; 5–9 (11) Blättchen, je 0,6–2 cm lang, länglich oder verkehrt-eiförmig, beidseitig fein behaart, Rand zur Spitze hin gesägt, Spitze abgerundet, stumpf oder gestutzt.
• Einfache, einzelne Blüten, Durchmesser 2–3 cm; Hochblätter fehlen; 4 eiförmige

oder lanzettliche, innen fein behaarte Sepalen; 4 weiße Blütenblätter.

• Früchte 1 cm, rot oder braun glänzend, eiförmig oder kugelig, Kelchblätter aufrecht, mitunter abstehend, bleibend.

Rosa majalis Herrm. 1762 — Sektion Cinnamomeae

Synonyme: *R. cinnamomea* L. 1759 (non 1753), *R. collincola* Ehrh., *R. spinosissima* Rydb. non L.

Namensherkunft: Lateinisch: «Mairose».

Trivialnamen: Mairose, Zimtrose. Cinnamon Rose (GB).

Verbreitung: Nord- und Mitteleuropa, Russland, Sibirien. In den USA zum Teil eingebürgert.

Bereits vor 1600 in Kultur.

Beschreibung: 1,5–2 m hoher Strauch, Ausläufer bildend, Zweige bräunlich rot, aufrecht, schlank, borstig, an den Enden stark verästelt, oft unbewehrt, gelegentlich zwei Stachelformen, die einen fein und schmal, die anderen hakenförmig. Die Stacheln sitzen paarig unter den Blättern.

• Blätter bestehend aus 5–7 Blättchen, je 1,5–4,5 cm lang, elliptisch oder verkehrteiförmig, Apex stumpf oder zugespitzt, oberseits dunkelgrün bis bläulich grün, unterseits gräulich, dicht behaart, Rand gesägt; Nebenblätter schmal mit abstehenden Öhrchen.

• Blüten einzeln oder in kleinen Büscheln, einfach oder gefüllt (zwei Varietäten), Durchmesser 3–5 cm, kurze, kahle Blütenstiele; große Hochblätter, oft länger als die Blütenstiele; Sepalen ganzrandig, schmal, mit wollig behaartem Rand; Blütenblätter an der Spitze leicht ausgeschnitten, mittel- bis purpurrosa. Frühblüher, Mai.

• Früchte aufrecht, kugelrund oder leicht länglich, 1–1,5 cm, scharlach- bis dunkelrot, glatt, Sepalen aufrecht, bleibend.

Z6

Rosa majalis var. *plena* (West) Brumme & Gladis

Synonyme: *R. cinnamomea* var. *plena* Reg., *R. foecundissima* Muenchh. 1770, *R. majalis* var. *foecundissima* Hyl., *R.* 'Foecundissima'.
Trivialname: 'Stevens Rose' (GB).

Beschreibung: Seit 1596 in Kultur. Varietät der vorstehenden Art mit gefüllten Blüten.

Rosa marginata Wallr. Sektion Caninae

Synonyme: *R. caucasica* Reg., *R. glandulosa* Besser non Bellardi 1814, *R. humilis* Besser non Marsh., *R. jundzillii* Besser, *R. terebinthinacea* Déségl., *R. trachyphylla* Rau, *R. zagrabiensis* Vuk. & H. Braun. ex A. Kern. 1884.
Trivialnamen: Raublattrose, Raublättrige Rose, Jundzills Rose.
Namensherkunft: «Farbig berandete Rose».
Verbreitung: Beheimatet in Westeuropa bis Russland, im Kaukasus und in Turkestan. Wahrscheinlich Hybride aus *R. canina* x *R. gallica* oder *R. waitziana*. Seit 1870 in Kultur.
Beschreibung: *R. canina* recht nahestehend. Ausläufer bildender Strauch, aufrechte oder kriechende, 1,5–2,5 m lange Zweige mit wenigen vereinzelten Stacheln, diese sind dünn, gerade oder leicht gekrümmt, bisweilen mit Borsten untermischt.
• Blätter ziemlich ledrig, kahl, bestehend aus 5–7 Blättchen, je 2,5–4,5 cm lang, dunkelgrün, verkehrt-eiförmig oder breitelliptisch, spitz oder zugespitzt, leicht drüsig, Unterseite drüsig behaart, insbesondere auf den Nerven. Rand drüsig, doppelt gesägt.
• Blüten einfach, leicht duftend, mit einem Durchmesser von 5–7 cm größer als bei *R. canina*, meist einzeln, gelegentlich auch zu 2–8 in Büscheln, Blütenstiele seidig, drüsig. Kelchblätter gelappt, abstehend oder zurückgeschlagen, Unterseite drüsig; Petalen hell- oder fleischrosa, beim Verblühen verblassend.
• Früchte 1,5–2,5 cm, eiförmig, länglich oder kugelrund, dunkelrot, glatt oder drüsig und spärlich steif behaart, Sepalen aufrecht oder abstehend, bei der Fruchtreife abfallend.

Z5

Rosa marginata* var. *godetii (Gren.) Rehd.

Synonyme: *R. godetii* Gren., *R. jundzillii godetii* Keller.
Namensherkunft: Benannt nach dem Schweizer Botaniker Charles Godet (1797–1879).
Verbreitung: Ostfrankreich.

Rosa x mariae-graebnerae Asch. & Graeb. — Sektion Carolinae

Synonym: *R.* 'Mariae-Graebnerae'.
Herkunft: Gegen 1900 im Botanischen Garten von Hannoversch Münden entdeckt. Wahrscheinlich Hybride aus *R. virginiana* Herrm. x *R. palustris* Marsh. Kommt auch in freier Natur vor, soweit ihre Vorfahren sich ebenfalls in der Nähe befinden.
Beschreibung: Aufrechter, 0,8–1,6 m hoher Busch, stark Ausläufer treibend. Jungtriebe unbestachelt, meist kahl, später mit leicht gebogenen Stacheln bewehrt.
• Glänzend grüne Blättchen mit grob gezähntem Rand; hübsches Herbstlaub, das sich erst lebhaft gelb, dann orange und purpurn verfärbt.
• Einfache, fleischrosa Blüten. Späte, aber lange Blüte von Juli–September.
• Früchte annähernd kugelig, lebhaft rot.
Z5

Rosa marretii Lév. 1910 — Sektion Cinnamomeae

Synonym: *R. rubro-stipulata* Nakai.
Verbreitung: Insel Sachalin, seit 1908 in Kultur.
Beschreibung: Niedriger, 0,8–2 m hoher Busch. Aufrechte, dunkelpurpurne, spärlich bestachelte Zweige, Stacheln dünn, gekrümmt.
• Blätter mit 7–9 länglichen, kahlen, 2–3 cm langen Fiederblättchen; Nebenblätter rötlich; Rand gesägt.
• Blüten nur wenige, rosa, Durchmesser 3,8–5 cm, zu 3–6 in Büscheln; Sepalen unterseits fein behaart. Juni.
• Früchte annähernd kugelig, 1,2 cm, rot; Sepalen bleibend.

Rosa maximowicziana Reg. 1878

Synonyme: *R. faureri* Lév., *R. luciae* Franch. & Rochebr. var. *aculeatissima* Crép. ex Reg.
Namensherkunft: Benannt nach K. J. Maximowicz (1827–1891), Konservator des Botanischen Gartens von Sankt Petersburg und Forschungsreisender im Fernen Osten.
Verbreitung: Mandschurei, Russland, Korea, China. Vor 1880 in Kultur.
Beschreibung: Buschiger Strauch mit langen, kletternden oder kriechenden Zweigen, die flache, hakenförmige, ca. 6 mm lange Stacheln tragen; Jungtriebe borstig und feinstachelig.
• Blätter inkl. Blattstiel 4–11 cm; Nebenblätter schmal, weitgehend angewachsen, drüsig, bewimpert; Blattstiel drüsig, feinstachelig; (5) 7–9 dunkelgrüne Blättchen, je 1,5–5 cm lang, eiförmig, elliptisch oder länglich, spitz oder zugespitzt, kahl, leicht behaart, unterseits entlang der Mittelrippe bisweilen feinstachelig; Rand fein gesägt.
• Zahlreiche einfache Blüten ohne Duft, Durchmesser 2,5–5 cm, in kleinen Doldenrispen; lange, eiförmige Hochblätter; Kelchblätter gelappt, Petalen weiß mit Rosastich; Griffel zur Säule verwachsen. Juni, Juli.
• Früchte eiförmig, 8–12 mm, rot oder dunkelbraun glänzend, glatt, Kelchblätter abfallend. Z6

Rosa maximowicziana var. *jackii* (Rehd.) Rehd.

Synonyme: *R. coreana* Keller non Kom., *R. jackii* Rehd. 1910, *R. kellerii* Baker non Dalla Torre & Sarntheim.
Namensherkunft: Benannt nach George Jack (1861–1949), kanadischer Dendrologe und Mitarbeiter des *Arnold Arboretum*.
Verbreitung: Korea. Seit 1905 in Kultur.
Beschreibung: Varietät mit purpurnen, mäßig bestachelten Zweigen ohne Borsten; Blättchen 6 cm lang; Nebenblätter ganzrandig; 20 Blüten je Doldenrispe; Früchte klein, rot, birnenförmig, 5–7 mm.

Rosa maximowicziana var. *pilosa* (Nakai) Nakai

Synonym: *R. jackii* Rehd. var. *pilosa* Nakai.
Verbreitung: China, Korea. Seit 1916 in Kultur.
Beschreibung: Blütentriebe, Blätter, Blatt- und Blütenstiele fein behaart.

Rosa micrantha Borrer ex Sm.

Synonyme: *R. floribunda* Stev. ex Besser non Baker, *R. micrantha* Sm., *R. numerosa* Libert ex Lejeune, *R. rubiginosa* L. var. *micrantha* (Borrer ex Sm.) Lindl., *R. rubiginosa* Britton & Brown non L., *R. rubiginosa* var. *nemoralis* Thory.
Trivialname: Kleinblütige Rose.
Namensherkunft: Griechisch: «kleinblütig».
Verbreitung: West- und Osteuropa bis in die Ukraine, mit Ausnahme des hohen Nordens, Nordwestafrika, Südwestasien; in Nordamerika eingebürgert. Vor 1800 in Kultur genommen.
Beschreibung: Mit *R. rubiginosa* L. verwandter Strauch mit stark verzweigten, gebogenen, 1,8–3 m langen Ästen, die gebogene oder hakige Stacheln tragen.
• Blätter bestehend aus 5–7 Fiedern, je 2–3 cm lang, elliptisch oder breit-eiförmig, Grund abgerundet, Apex spitz, Oberseite mehr oder weniger kahl, Unterseite drüsig, stark behaart. Rand drüsig, doppelt gesägt.
• Einfache Blüten, Durchmesser 2,5–3 cm, einzeln oder zu 2–8 in Büscheln; Kelchblätter gelappt, an den Enden spitz zulaufend, Unterseite drüsig; Petalen blassrosa, seltener weiß. Juni.
• Früchte 1,2–1,8 cm, eiförmig oder fast kugelig, rot, glatt oder drüsig behaart; Kelchblätter abfallend.

Z6

Rosa x micrugosa Henkel

Synonym: *R. vilmorinii* Bean.
Namensherkunft: «Kleine *rugosa*».
Herkunft: Hybride aus *R. rugosa* x *R. roxburghii*, erzielt von Maurice de Vilmorin (1849–1918), beschrieben unter dem Namen *R. vilmorinii* von W. J. Bean, *Kew Gardens*; eine Zeit lang verschwunden. Die mit denselben Eltern 1905 im Botanischen Garten von Straßburg erzielte Hybride, die unter dem Namen *R.* x *micrugosa* beschrie-

ben wurde, ist mit Sicherheit dieselbe Pflanze wie Vilmorins Kreation.
Beschreibung: Dichter, verzweigter Busch mit aufrechten, 1,5–2 m hohen Zweigen, die reichlich mit geraden Stacheln bewehrt sind.
- Zahlreiche Blättchen, runzelig wie bei *R. rugosa*, dunkelgrün glänzend.
- Blüten (8) 10–12 cm; kurze Blüte im Juni.
- Viele Früchte, orangerot, annähernd kugelig, borstig; den Früchten von *R. roxburghii* ähnlich.

Z5

Rosa x *micrugosa* var. *alba* hort.

Sämling der vorstehenden Hybride, erzielt von Hurst in Cambridge. Aufrechter, 1,5 m hoher Busch mit weißen, duftenden Blüten.

Rosa minutifolia Engelm. — Untergattung Hesperhodos

Namensherkunft: Lateinisch: «Rose mit winzigen Blättern».
Verbreitung: Südkalifornien, USA, bis Mexiko. Ende 19. Jh. entdeckt, seit 1910 in Kultur.
Beschreibung: Niedriger, dichter, buschiger Strauch, nicht höher als 1,2 m, Jungtriebe zunächst borstig, später mit dünnen, bräunlich roten Stacheln besetzt.
- Kleine, 2–2,5 cm lange Blätter, bestehend aus 3–5 (7) Blättchen, je 4–8 mm lang, elliptisch oder eiförmig, Rand schmal eingeschnitten und gesägt, drüsig; Unterseite fein behaart.
- Einfache Blüten, Durchmesser 2,5 cm, rosa oder purpurn, einzeln oder in Büscheln, kurz gestielt. Mai, Juni.

• Früchte ca. 8 mm, annähernd kugelig, rot, borstig.
• Seltene, vom Aussterben bedrohte Art, die nur in warmem, trockenem Klima gedeiht.

Z9

Rosa minutifolia var. *alba* Engelm.

Varietät der vorgenannten Art mit weißer Blüte.

Rosa mollis Sm. 1813 — Sektion Caninae

Synonyme: *R. heterophylla* Woods non Cochet, *R. mollissima* Fr. 1828 non Willd. 1787, *R. mollissima* Willd. var. *mollis* (Sm.) Drejer, *R. pomifera* Herrm. subsp. *mollis* (Sm.) Schwertschl., *R. villosa* L. subsp. *mollis* (Sm.) Keller & Gams, *R. villosa* L. var. *mollissima* Rau.
Trivialnamen: Weiche Rose, Weichhaarige Rose.
Namensherkunft: Lateinisch: «weich».
Verbreitung: Europa, von Portugal bis Finnland, östlich bis in die Ukraine, Naher Osten. Seit 1818 in Kultur.
Beschreibung: 1,2–2,5 m hoher Busch; *R. villosa* recht nahestehend, abweichend durch rötlich oder bläulich bereifte Jungtriebe, sehr kräftige junge Blütenstängel und kleine Blättchen.
• Blätter bestehend aus 5–7 eiförmigen Fiedern, je 1,2–3,5 cm lang, oben graugrün, unten filzig, Rand doppelt gesägt.
• Duftende Blüten, einzeln oder zu 2–4, Durchmesser 4–5 cm, drüsige Blütenstiele; Kelchblätter gelappt, drüsig behaart; Petalen dunkelrosa, selten weiß. Juni, Juli.
• Früchte scharlachrot, 1–1,5 cm, borstig; Sepalen aufrecht, bleibend.

Z6

Rosa montana Chaix ex Vill. 1786 — Sektion Caninae

Synonyme: *R. arvensis* Huds. var. *montana* (Chaix) Lindl., *R. canina* L. var. *montana* (Chaix) P. V. Heath, *R. rubrifolia* var. *glandulosa* Ser.

Trivialnamen: Bergrose, Südalpenrose, Südalpine Rose.

Verbreitung: Südeuropa, Nordafrika; in Lagen über 900 m Höhe.

Beschreibung: Bis zu 3 m hoher Strauch, Zweige bläulich grün oder violettlich mit geraden oder hakigen Stacheln.

- Bläulich grüne Blätter bestehend aus 7–9 ei-rundlichen, stumpfspitzigen Blättchen mit doppelt gesägtem Rand.
- Blüten blassrosa, zu weiß verblassend, Durchmesser 2,5–4 cm; Petalen gelappt.
- Früchte rot, ei- oder birnenförmig, borstig, Kelchblätter aufrecht, bleibend.

Rosa montezumae Humbold & Bonpland ex Thory — Sektion Caninae

Namensherkunft: Benannt nach Montezuma, dem König von Mexiko im 15. Jahrhundert.

Verbreitung: In Mexiko eingebürgert, aber ursprünglich wohl nicht von dort. In Kultur unbekannt.

1,5 m hoher Busch mit blassroten Blüten mit einem Durchmesser von 3,8 cm. Juni.

Rosa morrisonensis Hayata & Coll. 1911 — Sektion Pimpinellifoliae

Synonyme: *R. sericea* Lindl. var. *morrisonensis* (Hayata) Masamune.

Namensherkunft: Benannt nach dem Morrison-Berg, früher «Yu-Shan-Berg», der höchsten Erhebung im gleichnamigen Gebirge im Zentrum Taiwans. Die Rose wurde 1996 von Stephen G. Haw als Synonym von *R. sericea* bezeichnet, mit der sie bestimmte Merkmale, etwa Blüten mit 4 Petalen, teilt. Heute ist *R. morrisonensis* aber als eigenständige Art anerkannt, insbesondere in *Flora of China* (2003).

Verbreitung: Hochgebirge in Taiwan, auf dem Berg Yu Shan, in Lagen über 3200 m Höhe.

Beschreibung: Niedriger Busch, nicht höher als 1 oder 2 m, Zweige dünn, gebogen, kahl, mit vielen, weißlichen, geraden, flachen, etwa 1 cm langen Stacheln, die paarig unter den Blättern sitzen, bisweilen

auch mit dichten Borsten.
• Blätter inkl. Blattstiel 3–5 cm; Nebenblätter angewachsen; 7–11 (13) Blättchen, je 8–13 mm lang, eiförmig oder länglich, kahl, Rand zur Spitze hin fein gesägt.
• Einzelne Blüten, Durchmesser 2,5 cm, auf 1–1,5 cm langen Stielen, achselständig an den Triebenden; Hochblätter fehlend; 4 Sepalen, ganzrandig, lanzettlich, innen fein behaart; 4 weiße Petalen.
• Früchte rot, birnenförmig oder verkehrteiförmig, abgeflacht, kahl, 6–8 (15) mm, Kelchblätter abstehend, bleibend.

Rosa moschata Herrm. 1888 — Sektion Synstylae

Synonyme: *R. arborea* Pers., *R. broteroi* Tratt., *R. brownii* Tratt., *R. manuelii* Losa, *R. ruscinonensis* Gren. & Déségl.
Namensherkunft: «Rose mit Moschusduft».
Trivialnamen: Moschusrose. Musk Rose (GB).
Verbreitung: Seit über 500 Jahren in Südeuropa in der Mittelmeerregion und bis Afghanistan in Kultur. Ob die Rose ursprünglich aus Indien oder Südchina stammt, ist jedoch ungewiss. Sie könnte aus *R. brunonii* hervorgegangen sein. Laut Thory wurde sie 1565 in Augsburg entdeckt und 1596 in England eingeführt.
Beschreibung: Stark verzweigter Strauch, gebogene oder halb kletternde, purpurne oder rötliche Triebe mit einer Länge von 3–10 m, die sehr vereinzelte robuste, gerade oder leicht gebogene Stacheln tragen.
• Blätter bestehend aus 5–7 Blättchen, je 3–7 cm lang, breit-eiförmig oder breit-elliptisch, spitz oder zugespitzt, glänzend; Oberseite kahl, glatt, dunkelgrün, zur Spitze hin rot schimmernd; Unterseite gräulich, an den Nerven mitunter fein behaart; Nebenblätter bewimpert; Blattstiel drüsig-borstig; Rand gesägt.
• Einfache, gelegentlich halb gefüllte Blüten, Durchmesser 3–5,5 cm, zarter Moschusduft, zu 3–7 in lockeren Doldenrispen auf drüsig behaarten Blütenstandsstielen. Sepalen ganzrandig, gelappt, zurückgeschlagen, fein behaart; Blütenblätter weiß oder cremefarben, mit der Zeit zurückgeschlagen. Die Blüte beginnt spät, dauert aber den Sommer über bis in den Herbst hinein.
• Früchte 1–1,5 cm, fast kugelig oder eiförmig, rotorange, meist fein behaart, mitunter drüsig.

• *R. moschata* spielte eine wichtige Rolle bei der Züchtung vieler Kultursorten, insbesondere bei den Hybridfamilien der *Rosa* x *lambertiana* und der Noisetterosen, an deren Entstehung sie beteiligt war.

Z6

Rosa moschata var. *nastarana* Christ 1888

Synonyme: *R. pissardii* Carr. 1880, *R.* 'Nastarana'.
Verbreitung: Iran.
Beschreibung: Blättchen bläulich grün, kleiner als beim Typ, Unterseite stets kahl, Ränder tief gezähnt. Blüten mehr oder weniger hellrosa, größer und zahlreicher als beim Typ.

Rosa moschata var. *plena* West

Synonyme: *R. moschata flore semipleno* Thory, *R. moschata* 'Plena'
Beschreibung: Blättchen filzig; Blüten halbgefüllt.

Rosa moschata 'Umbrella'

Herkunft: Erschienen im Rosengarten *L'Haÿ-les-Roses*.
Beschreibung: 2–3 m hoher Busch mit überhängendem Wuchs. Späte, aber üppige Blüte, die bis in den Herbst andauert. Einfache, weiße und wohlriechende Blüten in doldenartigen Ständen.

Rosa moyesii Hemsl. & Wils. 1906 — Sektion Cinnamomeae

Synonyme: *R. fargesii* Osborn non Bouleng., *R. macrophylla* Lindl. var. *rubrostaminea* Vilmorin.
Trivialnamen: Blutrose, Rote Büschelrose, Tibetanische Bergrose.
Namensherkunft: Zu Ehren des in China tätigen Missionars E. J. Moyes.
Verbreitung: Chinesische Provinzen Sichuan und Yunnan; kalkhaltige Böden in Lagen zwischen 2000 und 3600 m Höhe. 1890 entdeckt; Saat von E. H. Wilson nach Großbritannien gesandt. 1903 in Kultur genommen.

Beschreibung: Großer Busch mit aufrechten, 2–4 m hohen, kräftigen, bräunlich roten, im unteren Teil stacheligen und an den Enden kahlen Zweigen; Stacheln gelblich, gerade, stark, mit breiter Basis, oft paarig angeordnet.

• Blätter bestehend aus 7–13 Blättchen, je 1–4 cm lang, breit-elliptisch bis eiförmig, spitz, oben dunkelgrün, unten leicht bläulich grün und mit Ausnahme der Mittelrippe kahl; Rand fein gesägt.

• Einfache Blüten, Durchmesser 4–6,5 cm, einzeln oder in Büscheln zu 2–4, auf drüsig-borstigem Stiel; Kelchblätter ganzrandig, verkehrt-eiförmig, geschwänzt, fein behaart, mäßig drüsig; Petalen herzförmig, hellrosa, dunkelrosa bis blutrot; Blütenboden kahl, bisweilen drüsig behaart; Staubblätter goldfarben. Juni.

• Früchte hängend, 3,8–6 cm, amphorenförmig, dunkel orangerot, drüsig, zur Basis hin fein behaart. Sepalen aufrecht, bleibend. Z5

Rosa moyesii var. *fargesii* Rolfe non Bouleng.

Synonyme: *R. fargesii* hort., *R. moyesii* 'Fargesii'.
Namensherkunft: Benannt nach Paul-Guillaume Farges (1844–1912), französischer Missionar und Pflanzensammler in Sichuan.

Beschreibung: Tetraploide Form von *R. moyesii;* niedriger als der Typus. Jungtriebe und Blütenstiele sind purpurfarben, die eiförmigen, stumpfspitzigen Blättchen kürzer und breiter, die Blüten rosa bis rosérot, die Früchte dicker. Seit 1900 in Kultur.

Rosa moyesii 'Geranium'

1938 von B. O. Mulligan in Wisley (Großbritannien) erzielt, entstanden aus einem Sämling von *R. moyesii.*
Beschreibung: Kompakter, ca. 2,5 m hoher Strauch; Blättchen lebhaft grün; Blüten scharlach- bis geranienrot; Frucht orangegelb, dicker als beim Typus, aber mit kürzerem Hals. Ein in Kultur weit verbreiteter Klon.

Rosa moyesii var. *moyesii* f. *rosea* Rehd. & Wils.

Synonyme: *R. holodonta* Stapf 1931.
Verbreitung: Westchina, dort seit 1908 in Kultur.
Beschreibung: 2,5–3 m hoher Strauch, der *Rosa moyesii* sehr ähnlich ist, seine Blättchen sind jedoch bis zu 5 cm lang, auf der Unterseite, vor allem auf der Mittelrippe, fein behaart und die Ränder grob gesägt.
• Blüten einzeln oder zu 2–6 in kleinen Büscheln, Durchmesser 5 cm; Petalen blass- bis dunkelrosa.
• Früchte hängend, 6 cm, orangerot, lackglänzend, amphorenförmig, glatt oder borstig, Kelchblätter bleibend.

Z5

Rosa mulliganii Bouleng. — Sektion Synstylae

Verbreitung: Westchina, wo sie 1907 entdeckt wurde. Seit 1917 in Kultur.
Beschreibung: Starkwüchsiger, kletternder oder kriechender Strauch, der 10 m Höhe und mehr erreicht. Die dunkelgrünen Zweige sind mit starken, breitbasigen Hakenstacheln bewehrt.
• Blätter halb immergrün, bestehend aus 5–7 Blättchen, je 4–6 cm lang, elliptisch, spitz oder zugespitzt, erst rot getönt, dann smaragdgrün, auf der Oberseite glänzend, auf der Unterseite fein behaart; Rand gesägt.

- Viele Blüten, cremeweiß, Durchmesser 4,5–5,5 cm, auf drüsig behaarten, 2,5–3,5 cm langen Stielen, in Doldenrispen oder lockeren Büscheln; Sepalen stets gefiedert.
- Früchte 1,2 cm, eiförmig, orangerot, glatt oder leicht drüsig; Kelchblätter bleibend.
- Die der *R. rubus* recht ähnliche Rose wird oft fälschlich unter dem Namen *R. longicuspis* angeboten.

Z5

Rosa multibracteata Hemsl. & Wils. 1906 Sektion Cinnamomeae

Synonyme: *R. latibracteata* Bouleng., *R. orbicularis* Baker, *R. reducta* Baker, *R. rotondibracteata* Cardot.

Trivialname: Kragenrose.

Namensherkunft: «Rose mit vielen Hochblättern».

Verbreitung: Chinesische Provinzen Yunnan und Sichuan, zwischen 1600 und 2800 m Höhe; dort von E. H. Wilson entdeckt. 1910 in Europa eingeführt.

Beschreibung: Buschiger, 2–4 m hoher wie breiter Strauch. Die bogigen, dünnen Zweige sind zunächst grün, später bräunlich rot und mit robusten, 1 cm langen, geraden, gräulichen Stacheln besetzt, die sich zur verdickten Basis hin verbreitern und gewöhnlich paarig unter den Blättern sitzen.

- Leicht aromatische Blätter, inkl. Blattstiel 5–9 cm lang; große, weitgehend ange-

wachsene Nebenblätter; Spindel und Blattstiel leicht drüsig behaart und feinstachelig; (5) 7–9 in der Regel kahle Blättchen, je 6–15 mm lang, verkehrt-eiförmig bis elliptisch oder mehr oder weniger rund, Apex stumpf, oben leicht matt, dunkelgrün, unten gräulich grün, Mittelrippe hervorstehend, leicht behaart; Rand an der Spitze doppelt gesägt.

• Einfache Blüten, leicht unangenehm riechend, Durchmesser (2) 3–5 cm, selten einzeln, meist in endständigen langen, schmalen Doldenrispen; Blütenstiel drüsig-borstig; 3–5, mitunter auch 8–10 deutlich sichtbare Hochblätter, die in 2 Rosetten an der Basis der Doldenrispe angeordnet sind; Sepalen blattartig, dreieckig, ganzrandig, dicht behaart; Blütenblätter hellrosa, lilarosa oder rötlich; Staubblätter elfenbeinweiß.

• Früchte 6–15 mm, kugelrund bis ei- oder flaschenförmig, rotorange glänzend, vereinzelte drüsige Borsten, Sepalen aufrecht, bleibend. Z7

Rosa multiflora Thunb. ex Murr. 1784 — Sektion Synstylae

Synonyme: *R. dawsoniana* Ellw. & Barry ex Rehd., *R. franchetii* var. *paniculigera* (Mak.) Koidz., *R. intermedia* Carr., *R. linkii* Denhardt, *R. microcarpa* hort., *R. multiflora* var. *thunbergiana* Thory, *R. polyantha* Sieb. & Zucc. non hort., *R. thunbergii* Tratt., *R. thyrsiflora* Leroy ex Déségl., *R. wichurae* K. Koch.

Trivialnamen: Büschelrose, Rispenrose, Vielblütige Rose. Japanese Rose, Baby Rose (GB).

Verbreitung: Korea, China, Japan. Der englische Botaniker Leonard Plukenet (1642–1706) bekam die Rose von dort zugesandt und beschrieb sie bereits 1696. In Europa wurde sie zwischen 1860 und 1880 eingeführt, in den USA wurde sie ebenfalls eingeführt und hat sich dort eingebürgert. Die 1784 von Thunberg beschriebene Pflanze stammte aus Japan, unweit von Nagasaki.

Beschreibung: Buschiger, starkwüchsiger Strauch mit gebogenen, kriechenden oder manchmal kletternden Zweigen, diese sind 3–5 m lang, meist kahl und in Ausnahmefällen unbewehrt, gewöhnlich tragen sie paarig unter den Blättern kleine, robuste, gebogene Stacheln auf verbreiterter Basis.

• Blätter inkl. Blattstiel 5–10 cm; Nebenblätter bewimpert, drüsig, fein behaart und am Blattstiel weitgehend angewachsen; Blattspindel und Blattstiel feinstachelig; (3) 5–9 (11) Fiedern, je 1–5 cm lang, klargrün, verkehrt-eiförmig oder elliptisch, spitz, zugespitzt oder stumpf, Unterseite bisweilen fein behaart, Rand tief gesägt.

• Reicher Flor, Blüten einfach, halb gefüllt oder gefüllt, fruchtiger Duft, Durchmesser 1,5–4 cm, in kegelförmigen Doldentrauben; kleine Hochblätter; Sepalen kurz, gelappt oder lanzettlich, drüsig, fein behaart; Petalen ins Weiße gehendes Cremeweiß, bei Gartenvarietäten schmutzig rosa oder rosa; Griffel länger als die goldfarbenen Staubblätter. Juli.

• Früchte 6–8 mm, eiförmig oder kugelrund, rotbraun oder purpurn glänzend, den ganzen Winter bleibend.

Z5

Rosa multiflora var. *adenochaeta* (Koidz.) Ohwi ex H. Ohba

Synonym: *R. adenochaeta* Koidz.

Namensherkunft: Griechisch: «drüsig behaart».

Verbreitung: Japan.

Robuste, winterharte Varietät mit großer Blühfreudigkeit; einfache Blüten, Durchmesser 3–4 cm, in großen Schirmrispen; Petalen rosa, zur Mitte hin weiß.

Rosa multiflora* var. *calva Franch. & Savi

Synonym: *R. calva* Bouleng.
Namensherkunft: Lateinisch *calva*, «kahl».
Herkunft: China, Japan.

Rosa multiflora* var. *carnea Thory 1821

Synonyme: *R. blinii* Lév., *R. florida* Poir., *R. grevilli* Sweet, *R. lebrunei* Lév., *R. multiflora* 'Carnea', *R. multiflora* var. *plena* Reg., *R. rubeoides* Andrews.
Namensherkunft: Lateinisch: «fleischfarben».
Die aus *R. multiflora* var. *cathayensis* hervorgegangene, aus Gartenkultur stammende Varietät ist starkwüchsiger als der Typus, sie wurde 1814 in England eingeführt.
Die Blättchen sind unterseits fein behaart, die Blüten gefüllt, fleischrosa und auf dünnem Stiel sitzend.

Rosa multiflora* var. *cathayensis Rehd. & Wils. 1908

Synonyme: *R. adenochaeta* Lév. 1912 non Hy, *R. calva* Bouleng. var. *cathayensis* (Rehd. & Wils.) Bouleng., *R. cathayensis* (Rehd. & Wils.) Bailey, *R. kwangsiensis* H. L. Li, *R. macrophylla* Lindl. var. *hypoleuca* Lév., *R. polyantha grandiflora* hort., *R. uchiyamana* Mak. 1908, *R. wilsonii* hort. non Borrer.
Namensherkunft: «Cathay» ist der einstige Name für den mongolischen Teil Chinas, der durch Marco Polo bekannt wurde und auf den Namen des Kitan-Volks zurückgeht.
Verbreitung: Mittel- und Südostchina, in Lagen zwischen 300 und 2000 m Höhe. Seit 1907 in Kultur.
Beschreibung: Wildform von *R. multiflora*, Busch mit unordentlich wirkendem Wuchs, rötliche Zweige.

- Blätter bläulich grün, Unterseite der Fiedern fein behaart.
- Einfache oder halb gefüllte Blüten, Durchmesser 2–4 cm, in dichten Doldenrispen auf kahlem, leicht drüsigem Stiel; Petalen cremeweiß oder blassrosa.
- Früchte rot.

Anmerkung: Aus den Blüten der *R. multiflora cathayensis* werden ätherische Öle für die Kosmetikindustrie gewonnen. Die Wurzeln, die über einen Tanningehalt von 25 % verfügen, kommen beim Gerben zum Einsatz. Und in der chinesischen Medizin finden alle Teile dieser Rose Verwendung.

Rosa multiflora* var. *gentiliana (Lév. & Vaniot) T. T. Yu & Tsai

Synonym: *R. gentiliana* Lév. & Vaniot.
Verbreitung: China.
Beschreibung: 6–10 m hoher Strauch mit dunkelgrünem Laub und weißen, duftenden Blüten.

Rosa multiflora* var. *nana (hort.) Brumme & Gladis

Synonyme: *R. carteri* hort., *R. multiflora* 'Nana', *R. polyantha* Sieb. & Zucc. var. *nana* hort.
Herkunft: Ungewiss, wahrscheinlich eine aus *R. multiflora* mit chinesischen Rosen gekreuzte Hybride oder eine einfache, zwergwüchsige Mutation von *R. multiflora*.
Seit 1893 im Handel. Die unter diesem

Namen bekannte Rose wurde vom Baumschulgärtner Léonard Lille aus Lyon-Villeurbane zwischen 1879 und 1891 aus Saatgut gezogen und unter dem Namen 'Multiflora nana remontant' in Kultur genommen.
Beschreibung: Zwergstrauch, nicht höher als 0,6–1,2 m; Blüten klein, wohlriechend, einfach oder gefüllt, weiß, blassrosa oder elfenbeinfarben, dauerblühend. Rote Früchte.
Anmerkung: Der Name bezeichnet eine Gruppe von Hybriden oder Klonen, deren Blüte bereits 8–10 Wochen nach der Aussaat bei einer Pflanzenhöhe von gerade einmal knapp 20 cm einsetzen kann. Die Varietät toleriert arme Böden und dient in Europa häufig als Veredelungsunterlage. Sie gehört zu den Vorfahren der Polyantharosen.

Rosa multiflora* var. *platyphylla Thory

Synonyme: *R. multiflora* 'Grevillei', *R. platyphylla* (Thory) Takasina non Rau, *R.* 'Platyphylla', *R. thoryi* Tratt.
Namensherkunft: Griechisch: «breitblättrig».
Trivialname: 'Seven Sisters Rose' (GB).
Verbreitung: Diese mutmaßlich aus Gartenkultur stammende Varietät kommt ursprünglich aus China und Japan und war dort bereits im 18. Jh. in Kultur. Zeitpunkt und Umstände ihrer Einführung in England sind unklar. Sie wird oft Sir Charles Greville zugeschrieben mit Datierung auf das Jahr 1815 oder 1817. Zu diesem Zeitpunkt war Charles Greville (1749–1809) allerdings schon seit mehr als sechs Jahren tot. Mit Sicherheit weiß man lediglich, dass Redouté diese Rose 1819 malte, und zwar nach Vorlage einer Pflanze, die ihm Noisette besorgt hatte und deren Saat 1817 in London gekauft worden waren. Da ein Synonym dieser Rose *R. multiflora* 'Grevillei' lautet, ist anzunehmen, dass Greville durchaus eine Rolle bei der Einführung oder Verbreitung der Rose spielte.
Beschreibung: Starkwüchsige Kultursorte, die 5–6 m Höhe erreichen kann.
- Blätter bestehend aus 5–7 breiten, runzeligen Blättchen mit gesägtem Rand und fein behaarter Mittelrippe.
- Blüht in großen Doldenrispen mit 25–30, bisweilen sogar 50 Blüten, diese sind meist gefüllt, dunkelrosa bis purpurkirschrot, beim Verblühen weiß oder blassmalvenfarben verblassend. Den unterschiedlichen Farbnuancen der Petalen verdankt die Rose ihren englischen Namen *Seven Sisters*, «die sieben Schwestern».

Rosa murielae Rehd. & Wils. 1915 — Sektion Cinnamomeae

Namensherkunft: Benannt nach E. H. Wilsons Tochter Muriel; er fand die Art in der an Tibet angrenzenden chinesischen Gebirgsregion.
Verbreitung: Chinesische Provinzen Sichuan und Yunnan, zwischen 2300 und 3800 m Höhe. Seit 1904 in Kultur.
Beschreibung: Kletternder oder kriechender Strauch, Ausläufer bildend, Zweige rötlich, dünn, kahl, aufrecht oder gebogen, 1,5–3 m lang, gelegentlich unbewehrt oder mit vereinzelten dünnen, geraden Stacheln, die dicht mit Borsten und feinen rosa Stacheln untermischt sind.

• Blätter inkl. Blattstiel 9–14 cm; Nebenblätter kahl, weitgehend angewachsen; Blattspindel und Blattstiel leicht behaart und feinstachelig; 9–15 Blättchen, je 1–4,5 cm lang, elliptisch oder länglich, spitz; Mittelrippe auf der Unterseite fein behaart; Rand drüsig gesägt.
• Einfache Blüten, Durchmesser 2–3 cm, mitunter einzeln, meist in kleinen Doldenrispen mit 2–7 Blüten auf dünnen, oft drüsigen Stielen; Hoch- und Vorblätter eilanzettlich; Sepalen ganzrandig, zugespitzt, innen fein behaart, Spitze blattartig, die Petalen überragend; Petalen kreisrund, weiß oder rosa. Juni, Juli.
• Früchte flaschenförmig, rotorange, glatt, 1–2 cm; Kelchblätter bleibend.

Z6

Rosa nitida Willd.

Sektion Carolinae

Synonyme: *R. blanda* Pursh non Ait., *R. redutea* var. *rubescens* Thory, *R. rubrispina* Bosc ex Poir.
Trivialnamen: Glanzrose, Glanzblättrige Rose.
Namensherkunft: Griechisch: «glänzend».
Verbreitung: Nordöstliches Nordamerika; saure Böden. Seit 1807 in Kultur.
Beschreibung: Buschiger, niedriger Strauch, stark Ausläufer treibend, Zweige aufrecht, häufig rot getönt, nicht länger als 0,5–1 m. Viele verstreute dünne, gerade Stacheln von 3–5 mm Länge, die dicht mit purpurbraunen oder roten Borsten untermischt sind.
• Glänzende Blätter; breite Nebenblätter mit drüsigen Zähnen; Fiedern (5) 7–9, je 1–3 cm lang, elliptisch, spitz, Oberseite dunkelgrün glänzend, Unterseite mehr oder weniger fein behaart; Rand fein gesägt. Herbstlaub dunkelrot glänzend.
• Blüten, einfach, duftend, Durchmesser 2,5–6,5 cm, meist einzeln, bisweilen zu 2 oder 3, dünn gestielt; Sepalen ganzrandig, schmal, fein behaart oder drüsig; Petalen lebhaft rosa oder dunkelrosa; Staubblätter goldfarben. Juni, Juli.
• Früchte 8–10 mm, kugelrund oder fast kugelrund, dunkelscharlachrot, drüsig-behaart; Sepalen zurückgeschlagen, rasch abfallend.

Z3

Rosa nitida spinosa Lewis

Synonym: *R. carolina setigera* Crép.
Verbreitung: USA, Neuengland, Ostkanada.
Beschreibung: Die Zweige tragen verbreiterte Stacheln.

Rosa x nitidula Besser

Namensherkunft: Diminutiv zu *nitida*, «leicht glänzend».
Verbreitung: Naturhybride aus *R. canina* L. x *R. rubiginosa* L., die in ganz Europa vorkommt: von England bis Portugal, von Schweden bis Griechenland.
Beschreibung: Ähnlich *R. canina*, unterscheidet sich von dieser durch Blättchen mit doppelt gesägtem, drüsigem Rand. Die Petalen ihrer der Hundsrose ähnlichen Blüten sind blassrosa und mehr oder weniger herzförmig.
Ihre Hagebutten sind rot, dick und karaffenförmig.

Rosa nutkana C. Presl. — Sektion Cinnamomeae

Synonyme: *R. fraxinifolia* Borrer ex Hooker, *R. manca* Greene 1899, *R. spaldingii* Greene, *R. woodsii* Reg.
Namensherkunft: Benannt nach der Insel Nootka in Britisch-Kolumbien.
Trivialname: Rosier de Nootka (F).
Verbreitung: Westliches Nordamerika, von Alaska bis Nordkalifornien. Seit 1876 in Großbritannien in Kultur.
Beschreibung: Strauch mit aufrechten, purpurbraunen, 1,5–3 m langen Zweigen, diese sind gelegentlich unbewehrt, tragen aber meist kräftige, gerade, breitbasige, paarige Stacheln, die mit feinen Haaren untermischt sind. Jungtriebe borstig.
• Blätter bestehend aus 5–7 (9) Blättchen, je 1,5–5 cm lang, dunkelgrün, glatt, eiförmig bis elliptisch, spitz oder stumpf, unterseits drüsig, bisweilen fein behaart; Rand drüsig, doppelt gesägt.
• Einfache Blüten, Durchmesser (4) 5–6,5 cm, meist einzeln, mitunter in Büscheln zu 2–3 auf drüsig borstigem Blütenstandsstiel. Kelchblätter ganzrandig, mehr oder weniger drüsig-behaart, leicht seidig; Petalen gelappt, glänzend rot bis purpurrosa, gelegentlich weiß. Juni, Juli.
• Dekorative Früchte, 1,5–2 cm groß, kugelig oder fast kugelig, rot, glatt, bis in den Winter bleibend.

Z4

***Rosa nutkana* var. *hispida* Fern.**

Synonym: *R. macdougalii* Holzinger.
Verbreitung: Westliches Nordamerika, von Utah bis Britisch-Kolumbien.
Beschreibung: Die Varietät unterscheidet sich vom Typus durch Blättchen mit flaumig behaarter Unterseite und dem grob und einfach gesägten, nicht drüsigen Rand. Die Blütenstandsstiele sind kahl, die Früchte drüsig-borstig.

Z4

***Rosa* x *odorata* (Andr.) Sweet 1818** Sektion Chinenses

Trivialname: Teerose.
Verbreitung: Myanmar, Nordthailand, Nordvietnam und China, wo sie in der Provinz Yunnan in Lagen zwischen 1400 und 2700 m Höhe endemisch, aber aufgrund der Zerstörung ihres natürlichen Lebensraumes vom Aussterben bedroht ist. In den Provinzen Yunnan und Zhejiang in Kultur.
Beschreibung: Immer- oder halb immergrüner Strauch mit kriechenden oder kletternden Trieben, der an die 10 m hoch werden kann. Die kräftigen, kahlen Zweige tragen zerstreute starke, flache, gebogene, 7 mm lange Stacheln auf verbreiterter Basis.
• Blätter inkl. Blattstiel 5–10 cm; Nebenblätter weitgehend angewachsen, Öhrchen frei, kahl; Spindel und Blattstiel etwas stachelig, drüsig behaart; 5–(7) 9 Fiedern, je 2–7 cm lang, elliptisch, eiförmig oder länglich, ledrig, beidseitig kahl; Apex spitz oder zugespitzt; Rand gesägt.
• Blüten einfach (var. *gigantea*, s. *R. gigantea* S. 94), halb gefüllt oder gefüllt, Durchmesser 3–10 cm, einzeln oder zu 2–3 in

Büscheln, sehr stark duftend. Sie erblühen am Ende eines Blütenstiels, der 1–3 linealische, mehr oder weniger drüsige Hochblätter besitzt. Sepalen lanzettlich, seltener gefiedert, außen kahl, innen zottig behaart; Petalen weiß oder rosa überlaufenes Weiß, gelegentlich gelb oder orangegelb; Griffel vorragend. Spät, aber öfter blühend.
• Früchte rot, kugelig, seltener birnenförmig, kahl, Kelchblätter abfallend. Empfindlich bei strengem Winter.

Z8

Rosa* x *odorata* var. *odorata

Synonyme: *R. chinensis* Jacq. var. *fragrans* (Thory) Rehd., *R. gechouitangensis* Lév., *R. indica* L. var. *odorata* Andrews, *R. indica fragrans* Thory, *R. indica* Lour. var. *odorata* Andrews 1810, *R. indica* var. *odoratissima* Lindl., *R. odoratissima* Sweet ex Lindl., *R. oulengensis* Lév., *R. thea* Savi, *R. tongtchouanensis* Lév.

Verbreitung: Aus alter Gartenkultur stammende Varietät, die noch immer in den chinesischen Provinzen Jiangsu, Sichuan, Yunnan und Zhejiang kultiviert wird, aber auch andernorts, besonders in Europa, weit verbreitet ist.

Beschreibung: Merkmale wie oben; gefüllte oder halbgefüllte Blüten mit einem Durchmesser von 5–8 cm, Blütenblätter weiß oder leicht zartrosa.

Anmerkung. Unter die Bezeichnung *Rosa* x *odorata* fallen mehrere in China seit Jahrhunderten angebaute Kletterhybriden mit sehr alter Herkunft, die *R. chinensis* Jacq. x *R. gigantea* Coll. ex Crép. relativ nahestehen, höchst wahrscheinlich auch aus ihr hervorgegangen sind. *R.* x *odorata* ist die Vorfahrin der meisten modernen Teehybriden.

Der unter dem Namen 'Hume's Blush Tea-Scented China' oder auch 'Tee-Rose' oder 'Tea Rose' bekannte Klon gilt vor allem als Synonym von *R. indica* L. var. *odorata* Andrews, *R. indica fragrans* Thory und *R. indica* Lour. var. *odoratissima* Lindl. In der ersten Hälfte des 19. Jh. war die Rose in Europa relativ bekannt, insbesondere in England. Dorthin gelangte sie 1810 durch den Politiker und Chrysanthemen-Sammler Sir Abraham Hume (1749–1838), der sie zusammen mit einer Chrysanthemen-Sendung von den Gärtnereien in Fa Tee in Kanton erhalten hatte und in seinem Garten in Hertfordshire anpflanzte.

Die Rose war bekannt für ihren Teeduft, vom dem man übrigens nicht wusste, ob Blätter oder Blüten ihn verströmten, und wies zudem eine damals in Europa sehr geschätzte Eigenschaft auf: sie war öfter blühend. Später verliert sich ihre Spur. Möglicherweise ist sie in Europa ganz verschwunden, sie könnte allerdings auf den Bermuda-Inseln unter dem Namen 'Spice' oder 'Bermuda Spice' bis heute überlebt haben. Es handelt sich dabei um einen Klon, der in etlichen Punkten mit den Beschreibungen der 'Hume's Blush Tea-Scented China' übereinstimmt, vor allem in Bezug auf die rosafarbenen, gefüllten, wohlriechenden Blüten.

Rosa x *odorata* var. *odorata* f. *ochroleuca* (Lindl.) Rehd. — Sektion Chinenses

Synonyme: *R.* x *odorata* var. *ochroleuca* Lindl., *R.* x *odorata* 'Ochroleuca'.

Namensherkunft: «weißlich gelb».

Trivialname: Park's Yellow Tea-Scented China (GB).

Herkunft: Vermutlich eine weitere Spontanhybride aus *R. chinensis* Jacq. x *R. gigantea* Coll. ex Crép., deren Verbreitung wir der chinesischen Gartenkultur verdanken. Sie wurde 1824 von John Damper Parks in den Gärtnereien von *Fa Tee* entdeckt und in England für die *Royal Horticultural Society* eingeführt.

Beschreibung: Großer, bis zu 8 m hoher Strauch mit gebogenen oder kletternden Zweigen. Jungtriebe tragen gekrümmte, braunrote Stacheln ohne Haare und Drüsen. Ältere Zweige sind meist unbewehrt, gelegentlich besitzen sie vereinzelte kleine, gekrümmte Stacheln.

- Blätter bestehend aus 3–5 (7) leicht ledrigen Fiedern mit grün glänzender Oberseite, hellerer, kahler Unterseite und fein gezähntem Rand mit drüsigen, roten Zähnen. Nebenblätter sehr schmal, 0,5–2 mm lang, fast auf gesamter Länge angewachsen.
- Große, gefüllte, blassgelbe Blüten.
- Früchte 2 cm, grün übergehend zu orangerot; 2–3 Samen pro Hagebutte.

Anmerkung: Wahrscheinlich ist auch dieser ursprüngliche Klon 'Park's Yellow Tea-Scented China' verschwunden. Davon war jedenfalls der Leiter des Botanischen Gartens in Chiswick, George Gordon (1806–1879), überzeugt, der sie 1842 für ausgestorben erklärte. Die bis heute überlebende Form soll die im 19. Jh. unter dem Namen *R. indica flavens* bekannte Rose sein.

Rosa* x *odorata (Andrews) Sweet **var. *pseudo-indica*** (Lindl.) Rehd. 1916

Synonyme: *R. pseudoindica* Lindl. 1820, *R. chinensis* Jacq. var. *pseudoindica* (Lindl.) Willm.
Trivialname: Fortune's Double Yellow (GB).
Herkunft: Wurde 1845 im Garten eines Mandarins in Ningbo (früher Ningpo) in der chinesischen Provinz Zhejiang vom berühmten Botaniker und Pflanzensammler Robert Fortune (1812–1880) entdeckt und in England eingeführt.
Beschreibung: Kräftiger, bis 3 m hoher Strauch. Öfter blühend, große, gefüllte, stark duftende Blüten mit einem Durchmesser von 7–10 cm, in lockeren Blütenständen mit 4–8 Blüten; Petalen scharlach getöntes Kupfergelb mit lachsfarbenem Schimmer, im äußeren Bereich rot schattiert. Juni–September.

Rosa omeiensis Rolfe 1912 — Sektion Pimpinellifoliae

Synonyme: *R. omeiensis* Rolfe 1915, *R. sericea* Lindl. f. *aculeatoeglandulosa* Focke, *R. sericea* var. *omeiensis* (Rolfe) Rowlee, *R. sorbus* Lév.
Trivialname: Omei-Rose.
Namensherkunft: Benannt nach dem Berg *Emei Shan* oder *Omei Shan*, (3099 m), einem heiligen Berg der Buddhisten in der chinesischen Provinz Sichuan.
Verbreitung: Von E. Faber auf den Berghängen des Emei Shan in Westchina entdeckt. Kommt auch in Zentralchina und Tibet vor, auf trockenen Hängen zwischen 700 und 4000 m Höhe. Einführung 1901.
Beschreibung: Aufrechter, 1–4 m hoher Strauch mit dünnen, gebogenen, gräulich braunen Zweigen, diese tragen gerade, 7 mm lange Stacheln mit stark verbreiterter Basis, die paarig unter den Blättern sitzen, sowie gelegentlich zusätzlich dreieckige, 1,5 cm lange und 3 cm breite Stacheln; die Jungtriebe sind oft vollständig borstig.
• Blätter inkl. Blattstiel 3–6 cm; Nebenblätter weitgehend angewachsen, Öhrchen ganzrandig oder fein gesägt, mitunter drüsig; Spindel und Blattstiel feinstachelig. Insbesondere ihre Blättchenzahl von (5) 9–13 (19) unterscheidet sie von *R. sericea*, der sie ansonsten recht ähnlich ist. Die Blättchen sind länglich oder elliptisch lanzettlich, 0,8–3 cm lang und 0,4–1 cm breit; die Unterseite ist kahl oder auf der Mittelrippe fein behaart, manchmal drüsig, die Oberseite kahl, der Rand fein gesägt.
• Blüten einfach, einzeln, schalenförmig, Durchmesser 2,5–3,5 cm, achselständig, Blütenstiel 0,6–2 cm lang; keine Hochblätter; 4 lanzettliche Sepalen mit zugespitztem oder spitz zulaufendem Apex; gewöhnlich 4, seltener 5 Petalen, diese sind weiß und dreieckig oder eiförmig.
• Früchte 0,8–1,5 cm, ei- oder birnenförmig, zweifarbig, mehr oder weniger orangegelb und hell- oder dunkelrot, auf einem die Hagebutte verlängernden, fleischig verdickten, roten oder gelben Stiel; Kelchblätter aufrecht, bleibend.

Rosa omeiensis f. *chrysocarpa* Rehd.

Synonym: *R. sericea* Lindl. f. *chrysocarpa* (Rehd.) Rowlee.
Namensherkunft: Griechisch: «goldfrüchtig».
Frucht hellgelb.

Rosa omeiensis var. *omeiensis* f. *paucijuga* T. T. Yu & T. C. Ku 1986

Zwischenform von *R. omeiensis* und *R. sericea.*

Die Blätter bestehen aus nur 5–9 Blättchen und sind kahl, der Fruchtstiel ist leicht verdickt.

Rosa omeiensis var. *omeiensis* f. *pteracantha* (Franch.) Rehd. & Wils. 1915

Synonym: *R. sericea* var. *omeiensis* f. *pteracantha* Franch.
Namensherkunft: Griechisch: «flügelstachelig».
Trivialname: Stacheldrahtrose.
Verbreitung: Gebirge in Westchina (Sichuan), in Höhenlagen von etwa 3000 m. Einführung 1890.
Beschreibung: Jungtriebe tragen rote Borsten und Stacheln mit sehr breitbasigen, flügelförmigen Stacheln, die erst durchscheinend rubinrot sind und sich am Ende des Sommers verhärten und undurchsichtig braungrau verfärben.

- Die Blätter bestehen aus 9–11 Blättchen.
- Die Blüten sind kurz gestielt, einfach, meist weiß, mit 4, selten 5 Petalen.
- Die Früchte sind etwas kürzer als beim Typ.

Rosa orientalis Dupont ex Ser. — Sektion Caninae

Synonyme: *R. armena* Boiss., *R. heckeliana* Tratt. subsp. *orientalis* (Dupont ex Ser.) Meikle, *R. villosa* L. subsp. *orientalis* (Dupont ex Ser.) Reg.
Trivialname: Orientalische Rose.
Verbreitung: Südosteuropa, Balkanregion, Kleinasien, bis in 3000 m Höhe. Einführung 1905.
Beschreibung: Zwergstrauch, selten höher als 50–60 cm. Jungtriebe dicht behaart und mit wenigen zerstreuten dünnen, geraden oder leicht gebogenen Stacheln auf verbreiterter Basis bestückt.

- Blätter bestehend aus 5 (7) Fiedern, je 1,5 cm lang, fein behaart, elliptisch; Oberseite hellgrün, unten gräulich grün, beidseitig flaumhaarig; Rand grob gezähnt.
- Einzelne rosa Blüten auf kurzem, drüsigem, feinstacheligem Stiel.
- Früchte ellipsoid, rot, 1,2 cm; Kelchblätter aufrecht, bleibend.

Rosa oxyacantha Bieb. 1819 — Sektion Cinnamomeae

Synonyme: *R. pimpinellifolia* L. var. *subalpina* Bunge ex Bieb.
Namensherkunft: Griechisch: «spitzstachelig».
Verbreitung: Mongolei, Sibirien, chinesische Provinz Xinjiang.
Beschreibung: 1–2 m hoher Strauch mit kahlen Zweigen, die zahlreiche gelbliche Stacheln tragen.

- Blätter inkl. Blattstiel 4–9 cm; Nebenblätter angewachsen; Blättchen 7–9, länglich oder elliptisch, kahl, hervortretende Blattnerven, Rand doppelt gesägt.
- Einfache Blüten, Durchmesser 2,5–3 cm, einzeln, seltener in Büscheln mit 2–3 Blüten; Hochblätter eiförmig; Sepalen lanzettlich, blattartig, dicht drüsig behaart; Blütenblätter verkehrt-eiförmig, rosa.
- Früchte 1–1,5 cm, hellrot, länglich oder eiförmig, kahl oder leicht behaart, Kelchblätter aufrecht, bleibend.

Rosa palustris Marsh. 1785

Synonyme: *R. carolina* Gray non L., *R. caroliniana* Bigelow, *R. corymbosa* Ehrh., *R. elongata* Rössig ex Stendel, *R. fragrans* Salisb., *R. hudsoniana* Thory, *R. lancifolia* Small, *R. pensylvanica* Michx., *R. virginiana* Du Roi non Mill.

Namensherkunft: Lateinisch: «Sumpfrose».

Verbreitung: Östliches Nordamerika, von Florida bis Quebec; Feuchtgebiete. 1726 in Europa eingeführt.

Trivialname: Sumpfrose.

Beschreibung: Breitwüchsiger, 1,5–2,5 m hoher Strauch, stark Ausläufer bildend, Zweige aufrecht oder kriechend, dünn, rötlich oder purpurbraun, mit paarigen, kräftigen, leicht hakigen Stacheln auf verbreiterter Basis.

- Blätter bestehend aus 5–7 (9) Blättchen, je 2–6 cm lang, länglich oder elliptisch, an beiden Enden spitz, Oberseite kahl, matt dunkelgrün; Unterseite fein behaart, etwas heller; Rand tief und fein gesägt.
- Einfache, dunkelrosa Blüten, Durchmesser 4,5–5 cm, meist in Doldenrispen, selten einzeln, intensiv duftend. Kelchblätter drüsig und zottig behaart, an der Spitze verbreitert. Mai, Juni.
- Früchte ca. 8 mm, kugelrund, orangerot, glatt oder drüsig behaart, auf drüsigem Stiel.
- Die Pflanze bevorzugt sumpfige oder feuchte Böden, gedeiht aber auch auf trockenem Boden.

Z4

Rosa palustris inermis (Reg.) C. O. Erlanson

Synonyme: *R. carolina inermis* Reg. Relativ selten, beheimatet im Norden und Osten von Nordamerika. Zweige unbestachelt.

Rosa palustris var. *nuttaliana* Rehd.

Synonyme: *R. carolina* var. *nuttaliana* Rehd., *R. nuttaliana* Paul ex Rehd.
Namensherkunft: Benannt nach Thomas Nuttal (1786–1859), englischer Baumschulgärtner und Spezialist in der Kultur amerikanischer Pflanzen.
Herkunft: 1894 in England von *William Paul & Son.* eingeführt.
Beschreibung: Die Blüten dieser Varietät sind größer als bei *R. palustris* und erscheinen später, halten sich dafür aber länger. Die Früchte haften den ganzen Winter über.

Rosa palustris scandens

Synonym: *R. hudsoniana scandens* Thory.
Namensherkunft: Lateinisch: «kletternd».
Aus Gartenkultur stammende Varietät mit gefüllten Blüten, die im Frühjahr erblühen. Einführung vor 1824.

Rosa x paulii Rehd.

Synonyme: *R.* 'Paulii', *R.* 'Repens Alba', *R. rugosa repens alba* Paul
Namensherkunft: Benannt nach ihrem Züchter G. Paul.

Herkunft: Hybride aus *R. rugosa* Thunb. x *R. arvensis* Huds., erzielt von G. Paul (Großbritannien) und vor 1903 in Kultur genommen.
Beschreibung: Stark breitwüchsiger Strauch, bodendeckender Wuchs, nicht höher als 1,2 m. Die kräftigen, kriechenden, bis 4 m langen Zweige sind extrem stachelig.

- Blätter runzelig, ähnlich wie die Blätter von *R. rugosa*.
- Einfache, weiße Blüten, nach Gewürznelke duftend, Durchmesser 6–8 cm, in Büscheln stehend; Sepalen ganzrandig, Blütenblätter keilförmig, leicht umgeschlagen, mühlenflügelartig angeordnet. Steril, keine Früchte.

Z4

Rosa x *paulii* var. *rosea* hort.

Synonyme: *R.* 'Paulii Rosea', *R. rugosa repens rosea* hort.
Beschreibung: Diese Varietät ist mit ca. 1 m Höhe kleiner als *R.* x *paulii*, wird aber mitunter 3–4 m breit. Große Blüten mit Gewürznelkenduft, lebhaft rosa, in der Mitte blasser, Staubblätter gelb; seidige, sich überlappende Petalen.

Rosa pendulina L. 1753 — Sektion Cinnamomeae

Synonyme: *R. alpina* L. 1762, *R. cinnamomea* L. 1753 (non 1759), *R. fraxinifolia* Borkh., *R. glandulosa* Bellardi, *R. reversa* Koch, *R. rupestris* Crantz.
Namensherkunft: Bedeutet «hängend» und ist typisch für die Früchte am Zweigende.
Trivialnamen: Alpenrose, Alpen-Hagrose, Alpen-Heckenrose, Bergrose, Gebirgsrose, Hängefruchtrose.
Verbreitung: Gebirge in Mittel- und Südeuropa in Lagen von 800–2300 m Höhe; lichte Wälder und Unterholz. Seit 1863 in Kultur.
Beschreibung: Ausläufer bildender Strauch, Zweige aufrecht und leicht bogig, rötlich, mitunter gelblich oder violettlich braun, 0,6–2 m lang, meist gänzlich unbestachelt, gelegentlich ein paar vereinzelte, mit Borsten untermischte Stacheln.

• Blätter bestehend aus 5–9 (11) Fiedern, je 2–6 cm lang, elliptisch, spitz oder stumpf, Oberseite dunkelpurpurgrün oder gelblich grün, Unterseite fein behaart, bisweilen drüsig, Rand drüsig, tief und einfach oder doppelt gesägt. Nebenblätter bei Blütentrieben breiter als bei anderen Zweigen.
• Einfache Blüten, Durchmesser 2,8–6,5 cm, einzeln, gelegentlich zu 2–5 in Büscheln; Sepalen ganzrandig, an der Spitze verbreitert, mitunter drüsig; Blütenblätter violettlich rosa oder purpurn. Mai, Juni.
• Früchte zinnoberrot, 1,5–3 cm, unter den Zweigen hängend, meist birnenförmig, manchmal fast kugelig, ei- oder krugförmig, scharlachrot, glatt oder drüsig behaart; Sepalen aufrecht, bleibend.

Z4

R. pendulina L. besitzt viele Varietäten, die morphologisch voneinander nur geringfügig abweichen. Die wichtigsten werden nachfolgend beschrieben.

Rosa pendulina var. *gentilis* (Sternb.) Keller

Synonym: *R. gentilis* Sternb.
Namensherkunft: Benannt nach Louis Gentil (1874–1958), Konservator des Botanischen Gartens in Brüssel.

Niedriger Busch mit stacheligen Trieben und dunkelrosa Blüten.

Rosa pendulina L. var. *inermis*

Zweige unbestachelt, gerade, aufgerichtet; 5–7 längliche Blättchen; Blüten purpurrot.

Rosa pendulina L. var. *oxyodon* Boiss. 1873

Synonyme: *R. alpina* var. *oxyodon* (Boiss.) Bouleng., *R. oxyodon* Boiss.
Namensherkunft: «Spitzzähnig».
Verbreitung: Ostkaukasus. Seit 1896 in Kultur.

Beschreibung: 1,5–2,5 m hoher Strauch mit offenem Wuchs, der sich von *R. pendulina* durch seine langen Zweige unterscheidet. Jungtriebe rötlich, malvenblau bereift, an der Basis sehr vereinzelte gerade, feine, weiße Stacheln.

- Blätter gräulich grün, bestehend aus (5) 7–9 Blättchen, je 2,5–5 cm lang, elliptisch, oft drüsig, Nerven auf der Unterseite fein behaart, Mittelrippe rötlich; doppelt gesägter Rand; große rötliche Nebenblätter mit drüsigem Rand.
- Blüten einfach, dunkelrosa, leicht duftend, selten einzeln, meist zu 3–7 in Büscheln auf drüsig-borstigem Stiel; Sepalen auf der Unterseite drüsig; Staubblätter goldfarben.

- Früchte nickend und nicht hängend wie beim Typ, scharlachrot, glatt, ei- oder amphorenförmig.

Rosa pendulina L. var. *oxyodon* f. *haematodes* (Crép.) Krüssmann

Verbreitung: Kaukasus.

Beschreibung: Die Blätter dieses 3 m hohen Buschs besitzen einen roten Blattstiel. Die Blütenstände sind kleiner als beim Typus, die scharlachroten, hängenden, amphorenförmigen Früchte dicker.

Rosa pendulina L. **var. *pyrenaica*** (Gouan) Keller

Synonym: *R. pyrenaica* Gouan.
Trivialname: Rose des Pyrénées (F).
Verbreitung: Bergregionen in Europa, insbesondere Pyrenäen. Seit 1815 in Kultur.

Beschreibung: Im Vergleich zum Typus kleinerer Busch, die Zweige sind von intensiverer bläulich grüner Farbe. Laub drüsig, Blättchen breit-eiförmig, Nerven auf der Unterseite drüsig, Rand drüsig, doppelt gesägt. Blütenstiele und Früchte drüsig-borstig.

Rosa persetosa Rolfe — Sektion Cinnamomeae

Beschreibung: Buschiger, dichter, 1,5–2 m hoher Strauch, Zweige unbewehrt oder spärlich bestachelt, wächsern, bereift und dicht mit roten Borsten bedeckt; die vereinzelten Stacheln sind flach, gerade oder leicht gebogen, mitunter an der Basis verdickt; stark stachelige Ausläufer.

• Blätter inkl. Blattstiel 5–10 cm, bläulich grün, sich vor dem Herbst purpurn oder scharlachrot verfärbend; Nebenblätter weitgehend angewachsen; Blattspindel und Blattstiel schwach flaumhaarig oder drüsig behaart, feinstachelig; 7–11 Blättchen, je 1–3 cm lang, kahl oder leicht behaart, schmal-eiförmig oder elliptisch, zugespitzt oder stumpf; unterseits fein behaarte, hervortretende Mittelrippe; Rand meist einfach, seltener doppelt gesägt.

Synonyme: *R. davidii* Crép. var. *persetosa* (Rolfe) Bouleng., *Rosa elegantula* Rolfe 1916, *R. macrophylla* Lindl. var. *acicularis* Vilm., *R. macrophylla* var. *gracilis* Vilm. & Boiss.
Namensherkunft: Lateinisch: «vollständig borstig, behaart».
Verbreitung: Chinesische Provinz Sichuan, in 1300–2800 m Höhe. 1895 in Europa von Maurice de Vilmorin eingeführt, seit 1900 in Kultur.

• Einfache Blüten, Durchmesser 2–3,8 cm, einzeln oder in großen Doldenrispen; 3–5 eiförmige Hochblätter; Sepalen ganzrandig, eiförmig-lanzettlich, innen dicht behaart, Spitze geschwänzt; Petalen weiß, blassrosa, dunkelrosa oder rot; Staubbeutel goldfarben. Juni.

• Früchte 1,2–1,3 cm, rot, eiförmig, glatt oder drüsig, Kelchblätter bleibend.

Z6

Rosa persica Michx. ex Jussieu — Untergattung Hultemia

Synonyme: *Hulthemia berberifolia* (Pall.) Dumort., *Hulthemia persica* (Michx.) Bornm., *Lowea berberifolia* Lindl., *R. berberifolia* Pall., *R. simplicifolia* Salisbury 1796.

Verbreitung: Wüstenregionen im Iran, Irak, in Afghanistan, Kasachstan; im Gebiet von Kaspischem Meer und Aralsee auf steinigen und salzreichen Böden; Sibirien, China. 1790 in Europa eingeführt.

Beschreibung: Buschiger, kriechender Zwergstrauch mit einer Höhe von 30–50 (90) cm, Ausläufer bildend. Junge Zweige glatt und gelb, später bräunlich gelb, kahl oder fein behaart, sehr dünn, aufrecht oder bogig, Stacheln klein, gelb, bei Jungtrieben durchscheinend, spitz zulaufend, gebogen oder hakenförmig, paarig unter den Blättern angeordnet.

• Blätter einfach, sitzend, 1,3–3,2 cm lang, grünlich grau, elliptisch bis länglich, zur Spitze hin gesägt, meist fein behaart und schwach feinstachelig auf der Unterseite.

• Kleine, einzelne Blüten ohne Duft, Durchmesser 2–2,5 cm, Blütenstiel 1–1,5 cm; Hochblätter fehlend; Sepalen lanzettlich; Petalen goldgelb mit purpurnem oder kastanienbraunem Basalfleck; Staubblätter gelb, sich rasch purpurgelb verfärbend. Blüte im Frühsommer.

• Früchte kugelrund, purpurbraun, fast schwarz, sehr stachelig, Sepalen bleibend.

• Wenig winterharte Art, empfindlich bei starkem Frost, aber gute Verträglichkeit gegenüber Trockenheit, gedeiht auf steinigen, gut entwässerten Böden und in sonniger Lage.

Z5

Rosa phoenicia Boiss. 1849 — Sektion Synstylae

Synonyme: *R. arvensis* var. *trojana* Bouleng., *R. chlorocarpa* Fenzl. & H. Braun, *R. phoenica.*
Trivialname: Rosier de Phénicie (F), übersetzt «Rose von Phönizien», sich beziehend auf den Namen der Region in der Antike, die heute grob dem Libanon entspricht.
Verbreitung: Nordostgriechenland, Zypern, Türkei, Syrien, Libanon, bis 1000 m Höhe.

Beschreibung: 3–5 m Strauch von kräftigem Wuchs, dünne, hin und her gebogene Zweige, spärlich mit kurzen, gebogenen oder hakenförmigen Stacheln auf verbreiterter Basis besetzt.
- Blätter bestehend aus (3) 5–7 Blättchen, je 2–4,5 cm lang, grüngrau, elliptisch oder eiförmig, Apex stumpf, Unterseite leicht behaart; Blattstiel fein behaart, feinstachelig; Rand meist einfach, mitunter doppelt gesägt.
- Einfache Blüten ohne Duft, Durchmesser 4–5 cm, in pyramidenartigen Doldenrispen mit 10–14 Blüten, Knospen eiförmig oder rundlich; Kelchblätter gelappt, oft behaart; Petalen weiß, an der Basis gelegentlich leicht zartrosa; Griffel vorragend. Üppige Blüte im Juni.
- Früchte 1–1,2 cm, eiförmig, tiefrot, glatt.
- Verwandt mit *R. moschata* Herrm., wenig kälteresistent, gedeiht nur in warmem, trockenem Klima.

Z9

Rosa pinetorum Heller 1904 — Sektion Cinnamomeae

Synonym: *R. spithamea* Wats. f. *pinetorum* (Heller) Hoover.
Namensherkunft: Abgeleitet von «Kiefernwälder».
Verbreitung: Endemisch in Kalifornien, Region Monterey; Nadelwälder.

Beschreibung: Mit *R. spithamea* verwandter Busch, jedoch breitwüchsiger, Höhe ca. 1,5 m. Blättchen doppelt gesägt mit drüsigen Zahnspitzen. Einfache Blüten, meist einzeln, dunkelrosa, Durchmesser 3,8 cm; rote Früchte.

Rosa pinnatisepala T. C. Ku 1990 — Sektion Cinnamomeae

Namensherkunft: «Rose mit gefiederten Kelchblättern». Seltene Art, die in der Mitte und dem Südwesten der chinesischen Provinz Sichuan beheimatet ist, wo sie 1990 von T. C. Ku in Lagen zwischen 1400 und 2300 m Höhe entdeckt wurde.

Außerhalb ihrer Heimat anscheinend nicht in Kultur.

Beschreibung: Etwa 2 m hoher Strauch, Zweige rotbraun, dünn, mit verstreuten oder unter den Blättern paarig sitzenden Stacheln.

• Blätter inkl. Blattstiel 2,5–4 cm lang; 5 (7) Blättchen, je 5–10 mm lang, verkehrt-eiförmig oder länglich; Oberseite kahl, Unterseite drüsig behaart, Rand doppelt gesägt, Spitze gestutzt.

• Einfache, rosa Blüten, Durchmesser 2,5 cm, selten einzeln, meist zu 2 oder 3 in Büscheln, Kelchblätter drüsig, innen fein behaart, Rand fiederspaltig.

• Früchte 1–2 cm, purpurbraun.

Rosa pisocarpa Gray 1872 — Sektion Cinnamomeae

Synonyme: *R. anacantha* Greene, *R. pringleri* Rydb., *R. rivalis* Eastw.

Namensherkunft: «Erbsenförmige Frucht».

Trivialnamen: Erbsenfrüchtige Rose. Cluster Rose (GB).

Verbreitung: Westliches und nördliches Nordamerika, von Britisch-Kolumbien bis Kalifornien.

Beschreibung: Busch mit dünnen, aufrechten oder gekrümmten, 0,9–2,5 m langen Zweigen, diese sind unbestachelt oder tragen vereinzelte, sehr kleine, gerade, paarige Stacheln und ein paar Borsten an der Basis.

• Blätter bestehend aus 5–7 (9) Blättchen, je 1,3–4 cm lang, elliptisch oder eiförmig, Apex stumpf oder leicht spitz, Unterseite fein behaart, Rand grob gesägt.

• Einfache Blüten, Durchmesser 2–3 cm, bisweilen einzeln oder zu 4 oder 5 in Doldenrispen, kurz gestielt; Hochblätter blattartig; Sepalen ganzrandig, drüsig behaart; Petalen lilarosa oder zinnoberrot. Juni, Juli.

• Früchte 7–13 mm, kugelrund oder krugförmig, sehr kurzer Hals, lebhaft rot bis orangerot, glatt; Kelchblätter bleibend. Z6

Rosa platycantha Schrenk 1842

Namensherkunft: Griechisch: «breitstachelig».
Verbreitung: Kasachstan, Mongolei, chinesische Provinz Xinjiang, Nordkorea; Waldränder und steinige Lagen in 600–1800 m Höhe.
Beschreibung: Kleiner buschiger, 1–2 m hoher Strauch, Zweige abgespreizt, kräftig, kahl; dicht bewehrt mit gelben, flachen, 8 mm langen, geraden oder gebogenen Stacheln.
• Blätter inkl. Blattstiel 3–5 cm, Nebenblätter weitgehend angewachsen; 5–7 (9) Blättchen, je 8–15 mm lang, länglich oder verkehrt-eiförmig, ledrig, kahl oder an den Nervenden leicht behaart, im unteren Bereich ganzrandig, zur Spitze hin gesägter Rand.
• Einfache, gelbe Blüten, Durchmesser 3–5 cm, auf 1–3,5 cm langem Stiel, einzeln oder in Büscheln zu 2–3; Brakteen fehlend; Sepalen lanzettlich, an der Basis fein behaart; Griffel gelblich weiß, geringfügig kürzer als die Staubblätter.
• Früchte 1 cm, kugelig oder eiförmig, dunkelrot oder purpurbraun glänzend, Kelchblätter aufrecht, bleibend.

Z6

Rosa x *polliniana* Spreng. 1815

Synonyme: *R. arvina* Schwenkf., *R. germanica* Märklin, *R. hybrida* Schleicher.
Namensherkunft: Lateinisch *pollinie*, «Pollenmasse».
Trivialname: Bastardrose.
Verbreitung: Norditalien. Hybride aus *R. arvensis* x *R. gallica*, 1820 erschienen oder in Kultur genommen.
Beschreibung: Starkwüchsiger, 1–3 m hoher Busch, ähnlich *R. arvensis*, Zweige bläulich, besetzt mit wenigen kleinen Hakenstacheln.
• Blätter bestehend aus 5–7 ledrigen Blättchen mit bläulich grüner Oberseite und leicht behaarter Unterseite; Nebenblätter drüsig, bewimpert.
• Einfache Blüten, Durchmesser 5–6 cm, einzeln oder paarig, weiß oder rosa, auf langen, drüsig-borstigen Blütenstandsstielen mit 2 gegenständigen Hochblättern; Griffel frei; Staubblätter goldfarben.
• Früchte eiförmig bis kugelig.

Z6

Anmerkung: Aufgrund der Unterschiede zwischen den Elternarten weisen die Rosen mit diesem Namen eine große morphologische Variabilität auf. Es existieren wenigstens fünf Formen, die in bestimmten Merkmalen voneinander abweichen: f. *affabilis*, f. *hibrida*, f. *hispidior*, f. *polliniana*, f. *wiedermannii*.

Rosa x portlandica Rössig

Synonym: *R.* x *damascena coccinea.*
Namensherkunft: Benannt nach Margaret Bentinck, zweite Herzogin von Portland (1715–1785) und zu ihrer Zeit die reichste Frau Englands. Sie soll die Rose gegen 1775 in Italien bei Paestum entdeckt, nach England gebracht und populär gemacht haben.
Trivialnamen: Portlandrose. 'Duchess of Portland' (GB).
Herkunft: Unbekannt, seit Ende des 18. Jh. in Kultur. Vermutlich Hybride aus *R. gallica* x *R.* x *damascena* var. *semperflorens* oder *R. gallica* x *R. chinensis.*
Beschreibung: Kleiner, buschiger, 1–2 m hoher Strauch mit offenem Wuchs, die Zweige tragen ungleich lange, gerade oder leicht hakenförmige Stacheln und sind von drüsigen Borsten untermischt.
• Blätter leicht gräulich grün, bestehend aus 7 eiförmigen Fiedern mit glänzender Oberseite, filziger Unterseite und gesägtem Rand.
• Halb gefüllte Blüten, Durchmesser 8 cm, schwach duftend, einzeln oder in kleinen Büscheln; Petalen zur Mitte hin kürzer, magentarosa, dunkelrot; Staubblätter goldfarben. August, September.
• Früchte eiförmig, rot.

Rosa praelucens Byhouwer 1929 — Untergattung Platyrhodon

Namensherkunft: Lateinisch: «stark leuchtend, schimmernd».
Herkunft: Nordwesten der chinesischen Provinz Yunnan, in Lagen von 2700–3000 m Höhe. Nicht in Kultur.
Beschreibung: 2–3 m hoher Strauch, kräftige, purpurbraune Zweige mit vereinzelten Stacheln.
• Blätter inkl. Blattstiel 5–13 (20) cm; Nebenblätter fein behaart, weitgehend angewachsen; Blattspindel und Blattstiel filzig und feinstachelig; 7–13 Blättchen, je 1,3–5 cm lang, verkehrt-eiförmig oder elliptisch, dicht behaart; Rand in der oberen Hälfte einfach, bisweilen doppelt gesägt.
• Einfache, rote Blüten, Durchmesser (5) 8–9 cm; Hochblätter blattartig; Sepalen ei-lanzettlich, blattartig, filzig.
• Früchte 1–1,5 cm, grünbraun, flach-kugelig, leicht stachelig, drüsig; Sepalen aufrecht, bleibend.
• Verwandt mit *R. roxburghii*, von der sich die Art durch weniger stachelige Früchte und fein behaarte, größere und weniger Blättchen unterscheidet.

Rosa prattii Hemsl. 1892 Sektion Cinnamomeae

Namensherkunft: Benannt nach dem britischen Forschungsreisenden Antwerp Edgar Pratt (1852–1920), der zwischen 1880 und 1915 in China, Tibet und Neuguinea unterwegs war.
Verbreitung: China, Provinzen Sichuan, Yunnan, Gansu; in Lagen von 1900–3000 m Höhe. Seit 1908 in Kultur.
Beschreibung: Busch mit dünnen, leicht gebogenen, purpurnen oder rötlichen, 1,2–2,5 m langen Zweigen, diese sind unbewehrt oder tragen vereinzelte gelbe oder blassbraune, gerade, bis 1 cm lange Stacheln, bisweilen mit zahlreichen, gelegentlich drüsigen Borsten untermischt.
• Blätter inkl. Blattstiel 5–10 cm, Nebenblätter weitgehend angewachsen; (7) 11–15 Blättchen, je 0,6–2 cm lang, lanzettlich-länglich oder elliptisch, spitz oder stumpf, unterseits entlang der Mittelrippe fein behaart, oben kahl; Rand fein gesägt, an der Basis mitunter ganzrandig.
• Blüten einfach, Durchmesser 2–2,5 cm, selten einzeln, meist zu 3–7 in doldenartigen Ständen; Hochblätter eiförmig; Sepalen ganzrandig, fein behaart, aufrecht, Apex geschwänzt; Petalen meist dunkelrosa, mitunter blassrosa. Juni, Juli.

• Kleine Früchte, 6–10 mm, ei- oder flaschenförmig, scharlach- oder orangerot, drüsig, borstig; Sepalen abfallend.

Z6

Rosa pricei Hayata 1915 Sektion Synstylae

Verbreitung: Taiwan, zwischen 1500 und 2000 m Höhe; seltene Pflanze, die anscheinend weder in Europa noch in Asien in Kultur ist.
Beschreibung: Aufrechter Busch, Jungtriebe gelblich braun, mit zerstreuten gebogenen Stacheln, manchmal untermischt mit drüsigen Borsten.
• Blätter inkl. Blattstiel 5–8 cm; Nebenblätter bewimpert, weitgehend angewachsen; Spindel und Blattstiel etwas bestachelt; (5) 7 Blättchen, je 1–2 cm lang, wobei die Endfieder am größten ist, eiförmig bis elliptisch, leicht ledrig, beidseitig kahl, beide Enden spitz; Rand zur Spitze hin fein gesägt.
• Einfache Blüten, Durchmesser 1,5–2,5 cm, zu 2–8 in Büscheln; Hochblätter ca. 5 mm; Kelchblätter ganzrandig, zurückgeschlagen, innen fein behaart; Petalen verkehrt-eiförmig, weiß; Griffel zu langer, hervorstehender Säule verwachsen.
• Früchte kugelig.

Rosa x pruhoniciana Kriechb. Sektion Cinnamomeae

Synonym: *R.* 'Hillieri'.
Namensherkunft: Benannt nach der tschechischen Stadt Pruhonice. Gartenherkunft, 1924 von Zeman angeblich als Hybride aus *R. moyesii* Hemsl. & Wils. x *R. willmottiae* Hemsl. erzielt. Diese Elternschaft ist heute umstritten.
Beschreibung: Ähnlich *R.* willmottiae. Sehr dichter, starkwüchsiger, 3–3,5 m hoher Strauch mit lichter Belaubung, Zweige bogig mit langen, feinen Stacheln. Abweichend von *R. willmottiae* durch zart duftende Blüten, rote, dunkelkarminrote, fast kastanienbraune Petalen und dicke Früchte, die nach dem Abfallen der Blätter haften bleiben. Z6

Rosa x pteragonis Krause Sektion Pimpinellifoliae

Hybride aus *R. hugonis* Hemsl. x *R. omeiensis* Rolfe f. *pteracantha*, die mit ihren großen, flügelartigen Stacheln sehr den Eltern ähnelt, sich aber von ihnen insbesondere durch ihre gelben Blüten mit 5 Petalen (und nicht 4) unterscheidet. In Sammlungen findet sich allerdings die nachfolgend beschriebene Form *cantabrigiensis* häufiger.

Rosa x pteragonis Krause f. *cantabrigiensis* (Weaver) Rowlee

Synonyme: *R. cantabrigiensis* hort. ex Weaver, *R. x pteragonis* Krause 'Cantabrigiensis'.
Namensherkunft: Griechisch *pteragonis*, «mit eckigen Flügeln», und *cantabrigiensis*, «aus Cambridge stammend». Der Name bezieht sich auf die flachen, gekrümmten Stacheln auf den Zweigen und die geografische Herkunft der Rose.
Trivialname: 'Rose de Cambridge' (F).

Herkunft: Die aus Gartenkultur stammende Hybride wurde kurz vor 1931 zufällig im Botanischen Garten von Cambridge aus *R. hugonis* Hemsl. x *R. sericea* var. *hookeri* Reg. erzielt. Seit 1938 in Kultur.

Beschreibung: Aufrechter, *R. hugonis* recht ähnlicher Busch, jedoch kräftiger, 2–5 m hoch, gebogene, sehr stachelige Zweige mit durchscheinenden Stacheln.

- Kleine, aromatische Blätter, die an Farnblätter erinnern, sie bestehen aus 7–11 Blättchen und verfärben sich im Herbst bronzefarben; Unterseite und Rand drüsig-behaart.
- Zahlreiche Blüten, einzeln, flach, Durchmesser 3,8–5 cm, leicht duftend, Petalen cremegelb, in der Mitte etwas farbintensiver. Juni.
- Früchte klein, rund, orange- bis braunrot, rasch abfallend.

Die Bezeichnung wird unterschiedslos für mehrere Klone verwendet. Z6

Rosa x reversa Waldst. & Kit.

Synonyme: *R.* x *malyi* Kern. 1869, *R. rubella* Sm. 1814

Namensherkunft: Lateinisch: «umgekehrt, verkehrt herum».

Verbreitung: Spontanhybride aus *R. spinosissima* L. x *R. pendulina* L. Seit 1802 bekannt, seit 1820 in Kultur.

Beschreibung: Etwa 1,5–3 m hoher Strauch. Jungtriebe purpurn, später rötlich braun, älteres Holz trägt Borsten und breitbasige, 10–12 mm lange Stacheln; die Blütenstiele sind dicht borstig.

- Blätter bestehend aus 7–9 (11) Blättchen, je 1–3 cm lang, dunkelgrün, stark drüsig, Rand gesägt. Im Herbst verfärbt sich das gesamte Laub rostbraun.
- Einzelne Blüten, Durchmesser 5–6 cm, leicht duftend, Kelchblätter ganzrandig, Petalen cremeweiß oder karminrosa.

- Früchte hängend, ca. 2 cm, kugelrund oder eiförmig, scharlachrot bis dunkelpurpurrot; Sepalen bleibend.

Z5

Rosa x richardii Rehd. — Sektion Gallicanae

Synonyme: *R.* x *centifolia* L. var. *sancta* (Rich.) Zab., *R. sancta* Rich. non Andr.

Trivialnamen: Heilige Rose, Mumienkranzrose. Holy Rose (GB).

Verbreitung: Äthiopien, Ägypten. 1888 vom britischen Ägyptologen Flinders Petrie (1853–1942) in Grabnähe auf einem Friedhof bei Fayoum in Oberägypten entdeckt. *R. richardii* soll in ihrer Wildform auch im Ostkaukasus vorkommen. Sehr alte Gartenherkunft; höchstwahrscheinlich Hybride aus *R. gallica* L. x *R. phoenicia* Boiss. 1902 in England eingeführt.

Beschreibung: Niedriger, 0,5–1,5 m hoher Busch mit offenem Wuchs, grüne, sehr stachelige, ca. 1,3 m lange Triebe, vereinzelte kleine, hakige, ungleich lange Stacheln.

• Blätter bestehend aus 3–5 Blättchen, diese sind breit-eiförmig oder elliptisch, stumpfspitzig, oben runzelig, unten fein behaart, der Rand ist drüsig gesägt.

• Einfache Blüten, Durchmesser 5–7,5 cm, in kleinen Büscheln auf feinstacheligem, 3 cm langen Stiel, Kelchblätter gelappt, Unterseite drüsig behaart, Spitze blattartig; Petalen weiß oder hellrosa; Griffel hervorstehend. Juni, Juli.

Z7

Anmerkung: Nach Auffassung von Yvan Louette ist die Rose, die heute in Gärtnereien fälschlich unter diesem Namen angeboten wird, eine der Formen von *R.* x *polliniana*. Im Übrigen legen neueste genetische Untersuchungen nahe, *R. sancta* Rich. non Andr. und *R.* x *richardii* Rehd., die seit Langem synonym verwendet werden, voneinander zu unterscheiden.

Rosa rousseauiorum Boivin

In Westquebec beheimateter Strauch, der als Form von *R. blanda* Ait. gilt.

Rosa roxburghii var. ***forrestii*** (Focke) Brumme & Gladis Untergatt. Platyrhodon

Synonyme: *R. forrestii* Focke, *R. roxburghii* f. *normalis* Rehd. & Wils.

Trivialname: Igelrose.

Namensherkunft: Benannt nach dem in China tätigen Pflanzensammler George Forrest (1873–1932).

Verbreitung: Chinesische Provinz Sichuan, Wildform von *R. roxburghii*, die 1908 von Wilson entdeckt und nach Europa gebracht wurde.

Beschreibung: Großer Strauch mit kräftigen, aufrechten oder ausgebreiteten, bis zu 5 m langen Zweigen, Rinde grau oder hellbraun, abblätternd; sehr vereinzelte, gerade, mitunter hakige Stacheln, die paarweise gegenständig stehen.

• Blätter bestehend aus (7) 9–15 (19) schmal-eiförmigen oder verkehrt-eiförmigen, kahlen Blättchen mit spitzem Apex und gesägtem Rand.

• Blüten gewöhnlich einzeln, einfach, duftend, Durchmesser 5–7,5 cm; Sepalen gelappt, fein behaart, feinstachelig, aufrecht; Petalen blass- bis dunkelrosa.

• Früchte 3–4 cm, kugelig und leicht abgeflacht, erst lebhaft grün, dann gelbgrün, schließlich rostbraun, bedeckt mit feinen, steifen Stacheln wie eine Kastanie, zarten Ananasduft verströmend, rasch abfallend.

Z5

Rosa roxburghii Tratt. **var. *hirtula*** (Reg.) Rehd. & Wils.

Synonyme: *R. hirtula* (Reg.) Nakai 1920; *R. microphylla* Roxb. ex Lindl. var. *hirtula* Reg.

Namensherkunft: Lat.: *Hirtula*, «schwach behaart».

Verbreitung: Japan, Insel Honshu. 1862 vom russischen Botaniker Carl Maximowicz (1827–1891) am Ufer des nahe beim Hakone-Vulkan gelegenen Ashi-Sees entdeckt.

Beschreibung: Großer, dichter, buschiger Strauch, der sich von *R. roxburghii* durch eine fein behaarte, flaumige Unterseite seiner Blättchen unterscheidet, die im Übrigen elliptisch oder länglich sind und einen fein gezähnten Rand besitzen.

- Einfache Blüten, Durchmesser 5–6 cm, Petalen an der Spitze ausgeschnitten, blassrosa oder zartrosalila, an der Basis praktisch weiß.
- Früchte etwas dicker als bei der Varietät *forrestii*, rasch abfallend.

Z6

Rosa roxburghii Tratt. **var.** *roxburghii*

Synonyme: *Juzepzukia roxburghii* (Tratt.) Chrshan., *R. microphylla* Roxb. ex Lindl. 1820 non Desf. 1798, *R. microphylla* Desf. var. *glabra* Reg., *R. roxburghii* Tratt. var. *plena* Rehd. 1828.

Trivialnamen: Chestnut Rose, Chinquapin Rose, Burr Rose (GB), Rosier châtaigne (F).

Namensherkunft: Zu Ehren von William Roxburgh (1751–1815), Direktor des Botanischen Gartens in Kalkutta, der sie in einem Garten in Kanton entdeckte. Die seit 1814 in Kultur befindliche *R. roxburghii* mit gefüllter Blüte soll eine Hybride aus *R. roxburghii* var. *forrestii* x *R. chinensis* 'Old Blush' sein. Die aus einem chinesischen Garten stammende Rose wurde in Europa eingeführt, ist aber selten in Kultur. Lindley hatte die Rose bereits unter dem Namen *R. microphylla* beschrieben, allerdings hatte er sie nicht in freier Natur, sondern nur auf einem chinesischen Gemälde gesehen.

Verbreitung: China, Japan; bewaldete Bergzonen und Flussufer in Lagen zwischen 500 und 1500 m Höhe.

Beschreibung: Buschiger, 1–2,5 m hoher Strauch mit unordentlichem Wuchs, Zweige purpurbraun, kräftig, sparrig, mit abblätternder Rinde und grau werdend; vereinzelte gerade oder hakige Stacheln mit verbreiterter Basis, die paarig unter den Blättern sitzen.

- Blätter inkl. Blattstiel 5–11 cm; Nebenblätter weitgehend angewachsen; Spindel und Blattstiel feinstachelig; (7) 9–15 (17) Fiedern, je 1–2 cm lang, elliptisch oder länglich, kahl; auf der Unterseite hervortretende, netzadrige Blattnerven; Rand fein gezähnt.
- Halb gefüllte oder gefüllte Blüten, Durchmesser 7–10 cm, meist einzeln, mitunter zu 2–3 in Büscheln, kurze, feinstachelige Blütenstiele; 2–3 kleine Hochblätter; Sepalen eiförmig, stachelig, innen filzig; Petalen leicht duftend, lilarosa mit dunklerer Mitte, zu Roséweiß verblassend. Die an Fackel-Ingwer erinnernden Blüten sind häufig vom Laub verdeckt. Juni, Juli, spontan öfter blühend bis in den Oktober.
- Früchte kugelig, 2,5–3,8 cm, grünrot, bedeckt mit kräftigen Stacheln wie eine Kastanie, Kelchblätter aufrecht, bleibend.

Anmerkung: Die essbaren, vitaminreichen Früchte finden in der chinesischen Medizin und bei der Weinfermentierung Verwendung. Gern werden die stacheligen und relativ undurchdringlichen Pflanzen auch als Schutzhecken angepflanzt.

Rosa rubiginosa L. 1771

Namensherkunft: Lateinisch *rubiginosus*, «rostfarben».
Viele Synonyme, die geläufigsten sind: *R. eglanteria* L. (1753) non L. (1760), *R. rubiginosa* L. ssp. *umbellata* (Leers) E. Schenk, *R. suavifolia* Lightf., *R. umbellata* Leers, *R. viscaria* Rouy, *R. walpoleana* Greene.
Trivialnamen: Weinrose, Schottische Zaunrose. Sweet Briar (GB).
Verbreitung: Europa, Nordafrika, Naher Osten; in Nordamerika eingebürgert. Vermutlich schon vor 1511 in Kultur.
Beschreibung: Starkwüchsiger, buschiger, 2–3 m hoher Strauch, Zweige aufrecht, dicht und mit zahlreichen kräftigen, scharfen, hakigen Stacheln bewehrt, die auf den Blütenstängeln von steifen Borsten untermischt sind.
• Aromatische Blätter, die besonders bei warmem, feuchtem Wetter würzig nach reifen Äpfeln duften, wenn man sie zwischen den Fingern reibt; bestehend aus 5–9 Blättchen, je 1–3 cm lang, dunkelgrün, eiförmig oder rund, drüsig, oben kahl, unten fein behaart; Rand doppelt gesägt.
• Duftende, einfache Blüten mit einem Durchmesser von 2,5–5 cm, einzeln oder in Doldenrispen mit 2–7 Blüten; Sepalen gelappt, nach oben stehend, bisweilen zurückgeschlagen, drüsig behaart; Petalen lebhaft rosa, in der Mitte heller; Blütenstiel und Kelch drüsig behaart. Juni.
• Früchte 1–2,5 cm, eiförmig, scharlach- oder orangerot, glatt oder drüsig und seidig, an der Basis mitunter borstig, im Winter lange anhaftend.
Sehr winterharte Art, die sich auf kalkhaltigen Böden wohlfühlt.
Anmerkung: Die Art ist auch in Südamerika heimisch geworden, da spanische Siedler in Peru und Chile sie zur Einfriedung ihrer Felder anpflanzten.
Eigenschaften und Verwendung: Das aus den Nüsschen (Achänen) der *R. rubiginosa* gewonnene Öl kommt wegen seiner hautregenerierenden Eigenschaften in der Kosmetikindustrie zum Einsatz.
R. rubiginosa L. war an der Entstehung vieler Hybriden und Kultursorten beteiligt, die man praktisch nicht mehr in Kultur findet, einige sind unter den «Penzance-Rosen» gruppiert. Z4

Rosa rubiginosa var. *dimorphacantha* (Mart.) Brumme & Gladis

Synonyme: *R. dimorphacantha* Mart., *R. eglanteria* L. f. *dimorphacantha* (Mart.) Borb., *R. rubiginosa* var. *duplex* West.

Namensherkunft: «Mit zweigestaltigen Stacheln». Die seit 1629 bekannte Rose ist im Europa-Rosarium Sangerhausen zu sehen.

Beschreibung: Etwa 2 m hoher Strauch mit steifen Zweigen, die sowohl dicke Hakenstacheln als auch kleinere Stacheln tragen.

- Die Blätter sind weniger aromatisch als beim Typ, sie bestehen aus 5–7 eiförmigen oder runden Blättchen mit filziger Unterseite.
- Die Blüten sind halb gefüllt, rosa und duften stärker als die des Typus.

Rosa x rubrosa Preston 1923

Herkunft: Hybride aus *R. glauca* Pourr. x *R. rugosa* Thunb. Gartenherkunft vor 1903.
Beschreibung: Große, rosa Blüten; die Form 'Carmenetta' ist in Gartenkultur weit verbreitet. Die Bezeichnung bezieht sich auf mehrere Klone.

Rosa rubus Lév. & Vaniot 1908 Sektion Synstylae

Synonyme: *R. ernestii* Stapf ex Bean, *R. ernestii* f. *velutescens* Stapf, *R. gentiliana* Lév. & Vaniot f. *puberula* Handel-Mazetti, *R. henryi* Bouleng. var. *puberula* (Handel-Mazetti) Metcalf, *R. moschata* Herrm. var. *hupehensis* Pampanin, *R. rubus* var. *yunnanensis* Lév.
Namensherkunft: Lateinisch *rubus*, «Brombeere».
Trivialname: Blackberry Rose (GB).
Verbreitung: Zentral- und Westchina, in Lagen von 500–1300 m Höhe; 1886 vom Naturforscher und Pflanzensammler Augustine Henry (1857–1930) entdeckt, seit 1907 in Kultur.
Beschreibung: Kräftiger, mit *R. helenae* verwandter Strauch. Kriechende oder halb kletternde, oft rötliche, 2,5–6 m lange Zweige mit vereinzelten flachen, kurzen,

hakigen Stacheln auf verbreiterter Basis. Jungtriebe manchmal fein behaart.
• Blätter inkl. Blattstiel 8–15 cm; Nebenblätter weitgehend angewachsen; Blattspindel und Blattstiel feinstachelig; (3) 5 Blättchen, je 3–6 (9) cm lang, eiförmig bis elliptisch, spitz, oben glänzend und gewöhnlich kahl, unten grüngrau, mehr oder weniger drüsig behaart; Rand grob und tief gesägt. Junge Blätter purpurn getönt.
• Einfache Blüten, die zartrosa Knospen entspringen, fruchtiger Duft, Durchmesser 2–3,8 cm, dichte Doldenrispen mit 10–25 Blüten auf fein behaarten, drüsigen Stielen von 1–2,5 cm Länge; Hochblätter schmal, eiförmig; Sepalen lanzettlich, fein behaart, drüsig, mitunter gelappt; Blütenblätter elfenbeinweiß mit orangegelber Basis; Griffel zur Säule verwachsen. Spätblüher, Ende Juni, Juli.
• Früchte 9–15 mm, kugelig oder eiförmig, lebhaft rot oder dunkelrot, purpur- oder orangebraun, drüsig behaart, Kelchblätter abfallend.
Nicht winterhart.

Z8

Rosa rubus* var. *nudescens (Stapf) Rowlee

Synonyme: *R. ernestii* f. *nudescens* Stapf.
Im Gegensatz zum fein behaarten Typ ist diese Varietät kahl. Die Blütezeit ist länger und dauert von Juni–August.

Rosa rudiuscula Greene — Sektion Carolinae

Namensherkunft: Aus dem Lateinischen: «Wildling».
Verbreitung: Nordamerika. Eingeführt 1917. Mit *R. nitida* verwandter Strauch mit sehr stacheligen Zweigen und in Doldenrispen stehenden rosa Blüten mit einem Durchmesser von 5 cm.
Früchte 1,2 cm, kugelig, rot.

Rosa ruga Lindl.

Herkunft: Hybride aus *R. arvensis* x *R. chinensis*, vor 1830 in Italien erschienen.
Beschreibung: Kletternder oder kriechender Busch mit 2–3 m langen Zweigen, die vereinzelte hakenförmige Stacheln tragen.
• Die Blätter werden von 5–7 Fiedern mit 4–5 cm Länge gebildet, die beidseitig kahl und am Rand gesägt sind.
• Üppiger Flor, Blüten gefüllt, rosa, duftend, kugelig, Durchmesser 4–6 cm, in großen endständigen Doldenrispen. Juni.
• Früchte (werden nur selten ausgebildet): kugelig, rot, glatt, Kelchblätter abfallend.

Rosa rugosa Thunb. 1784 Sektion Cinnamomeae

Synonyme: *R. ferox* Ait., *R. ferox* Lawrance, *R. regeliana* Linden & André.

Trivialnamen: Apfelrose, Kartoffelrose, Runzelrose.

Verbreitung: Ostrussland, Korea, Japan, Nordchina; eingebürgert in Europa und im Nordosten der USA. Wild wachsend in Küstengebieten, in Höhenlagen unter 100 m. 1784 von Thunberg entdeckt, 1854 in Europa eingeführt.

Beschreibung: Buschiger, 1–2,5 m hoher Strauch, Ausläufer bildend, Zweige aufrecht, kräftig, filzig, mit vielen dicht stehenden, gelblichen, geraden, ungleich langen Stacheln bis zu 5 mm Länge, die mit drüsigen Borsten untermischt sind.

- Blätter inkl. Blattstiel 5–13 cm; Nebenblätter weitgehend angewachsen; 5–7 (9) Blättchen, je 1,5–6 cm lang, dunkelgrün glänzend, länglich oder elliptisch, spitz, oberseits runzelig, vertiefte Nerven, unterseits fein behaart mit hervortretenden Blattnerven, fein gezähnter Rand. Herbstlaub orangegelb.
- Einfache oder halb gefüllte Blüten, einzeln oder in kleinen Büscheln, duftend, Durchmesser 4–7,5 (9) cm, auf kurzen, drüsig behaarten Blütenstandsstielen; Hochblätter eiförmig; Kelchblätter ganzrandig, oft blattartig, an der Spitze verbreitert, fein behaart, aufrecht; Petalen magentarosa, purpurrot oder weiß. Blüte von Juni–Juli bis in den Herbst.
- Früchte fleischig und sehr dekorativ, 2–2,5 cm, flach kugelig, ziegelrot bis rotorange, glatt, Kelchblätter aufrecht, bleibend.

Der geläufige Name bezeichnet häufig unterschiedliche Varietäten.

Anmerkung: Aufgrund der übermäßigen Entnahme an ihren natürlichen Standorten ist *R. rugosa* gefährdet, obwohl sie möglicherweise die winterhärteste aller Rosenarten ist und auch Trockenheit, saure und sandige Böden sowie die salzhaltige Luft an den Küsten sehr gut verträgt.

Z2

Rosa rugosa var. *alboplena* Rehd.

Synonym: *R. rugosa* 'Albo-plena'.
Herkunft: Mutation von *R. rugosa alba*, die vor 1902 erschien.
Weiße, gefüllte Blüten.

Rosa rugosa var. *chamissoniana* C. A. Meyer

Synonyme: *R. coruscans* Waitz, *R. pubescens* Baker non Roxb.
Benannt nach Adelbert von Chamisso (1781–1838), Dichter und Naturforscher, der an der Romanzoffischen Expedition (1815–1818) zur Beringstraße teilnahm.
Die Zweige dieser Varietät sind borstig, aber praktisch unbestachelt; die Blätter sind kleiner und weniger runzelig.

Rosa rugosa var. *plena* Reg.

Synonyme: *R. rugosa* 'Plena', *R. rugosa* var. *rubro-plena* Rehd.
Trivialname: 'Empress of the North' (GB).
Gefüllte, purpurfarbene Blüten.

Rosa rugosa var. *rugosa* f. *alba* W. Robins

Synonyme: *R. rugosa* var. *alba* (Ware) Rehd., *R. rugosa* 'Alba', *R. albiflora* Koidz.
Trivialname: Weiße Kartoffelrose.
Herkunft: Klon von *R. rugosa*, 1903 selektioniert.
Beschreibung:
- Große, einfache, weiße Blüten mit einem Durchmesser von 8 cm, Knospen blassrosa.
- Früchte dick, orangerot glänzend.

Rosa rugosa var. *rugosa* f. *rugosa*

Synonyme: *R. rugosa* var. *atropurpurea*, *R. rugosa* 'Atropurpurea', *R. rugosa* var. *rubra* hort., *R. rugosa* var. *rubra* Rehd., *R. rugosa* var. *typica* Reg., *R. rugosa* var. *thunbergiana* C. A. Meyer, *R. rugosa regeliana rubra* hort., *R. regeliana* 'Atropupurea', *R. regeliana* 'Rubra'.
Herkunft: Wild wachsende Varietät, Typus von *R. rugosa*, oft fälschlich als Kultivar bezeichnet.
Beschreibung: Starkwüchsiger Busch; einfache, magenta- bis intensiv purpurfarbene Blüten. Mit einem Durchmesser von 8 cm gehören sie mit zu den größten Blüten, die *R. rugosa* hervorbringt. Frühblüher. Früchte ziegelrot.

Rosa rugosa var. *rugosa* f. *rosea* (Rehd.) Brumme & Gladis

Synonyme: *R. rugosa* var. *rosea* Rehd., *R. rugosa* 'Rosea'.
Herkunft: Hybride aus *R. rugosa* x *R. rugosa alba*.
Einfache, fleischrosa Blüten.

Rosa x salaevensis Rap. var. ***perrieri*** (Song. & Déségl.) Christ

Synonym: *R. perrieri* Song. & Déségl.
Spontanhybride aus *R. dumalis* x *R. pendulina*.
Verbreitung: Schweiz.
Busch von eher kümmerlichem Wuchs, 1–2 m hoch, Zweige in der Regel unbestachelt; Blüten purpurrosa, einzeln oder zu 2–3 in Büscheln.
Früchte eiförmig, Kelchblätter bleibend.

Rosa salictorum Rydb. Sektion Cinnamomeae

Namensherkunft: «Weidengebüschrose».
Verbreitung: Westliche USA, Bundesstaaten Idaho und Nevada.
Beschreibung: Mit *R. woodsii* var. *ultramontana* verwandter, bis zu 3,5 m hoher Strauch; 5–7 Blättchen, je ca. 5 cm lang, eiförmig, länglich; Blüten rosa, Durchmesser 5 cm, in Doldenrispen stehend; Früchte kugelig, 1,7 cm.

Rosa sambucina Koidz. var. ***sambucina*** Koidz. Sektion Synstylae

Synonym: *R. moschata* sensu Jap. auth.
Namensherkunft: Lateinisch *sambucus*, «Holunder», sich auf die Form der Blätter beziehend.
Verbreitung: Seltener, auf den japanischen Inseln Shikoku, Honshu und Kyushu endemischer Strauch, auf Klippen wachsend.
Beschreibung: Mit *R. luciae* und *R. wichurana* verwandte Kletterrose, kahle Zweige mit flachen, gekrümmten Stacheln.
• Blätter bestehend aus 3–5 Fiedern, je 5–10 cm lang, wobei die Endfieder länger ist als die anderen, kahl, leicht ledrig, lanzettlich oder schmal-eiförmig, spitz zulaufend, unterseits blassgrün; Nebenblätter ganzrandig, leicht drüsig.

• Blüten weiß, Durchmesser 4–5 cm, in Doldenrispen mit 5–20 Blüten oder in flachen Rispen, Blütenstiel 3–5 cm lang und ebenso wie der Blütenkelch leicht drüsig behaart. Mai, Juni.

• Früchte 8–10 mm, drüsig-borstig, bei der Fruchtreife rot.

Rosa sambucina Koidz. **var. *pubescens*** Koidz. 1917 — Sektion Synstylae

Synonym: *R. rubus* Lév. & Vaniot var. *pubescens* Hayata.

Verbreitung: Taiwan, bewaldete Bergzonen.

Beschreibung: Kletterstrauch mit purpurbraunen, dünnen, kahlen Zweigen, die flache, 2 mm lange Stacheln tragen.

• Blätter inkl. Blattstiel 7–16 cm; Nebenblätter weitgehend angewachsen; Blattspindel und Blattstiel etwas stachelig; (3) 5 Blättchen, je 4–8 cm lang, kahl, leicht ledrig, länglich, Apex zugespitzt, Rand gesägt.

• Einfache Blüten, Durchmesser 2,5–3,5 cm, zu 4 oder mehr in Doldenrispen; Hochblätter klein, lanzettlich; Sepalen lanzettlich, mitunter zweilappig, zurückgeschlagen, abfallend, innen fein behaart; Petalen weiß oder rosa; Griffel zur Säule verwachsen, geringfügig länger als die Staubblätter.

• Früchte 1 cm, rot oder schwarz, ellipsoid, kahl, bisweilen leicht drüsig.

Rosa saturata Baker 1914 — Sektion Cinnamomeae

Verbreitung: China, Provinzen Sichuan, Zhejiang und Hubei; in Lagen zwischen 200 und 2400 m Höhe.

Namensherkunft: Lateinisch: «von satter Farbe».

Beschreibung: 1–2 m hoher Strauch mit aufrechten oder ausgebreiteten, kahlen, in der Regel unbewehrten Zweigen, mitunter vereinzelte kleine, gerade Stacheln. Älteres Holz ist oft dicht mit Borsten bedeckt.

• Blätter inkl. Blattstiel 7–16 cm; breite, auf zwei Drittel ihrer Länge angewachsene Nebenblätter; 7 (9) eiförmige oder eiförmig-lanzettliche, 2,5–6,5 cm lange Blättchen, unten entlang der hervortretenden Blattnerven fein behaart, oben kahl, Rand einfach oder teils doppelt gesägt, Apex spitz oder zugespitzt.

• Einfache Blüten, Durchmesser 3,5–5 cm, einzeln oder zu 2–4 in kleinen Büscheln; 1 oder 2 Hochblätter, 1,5–3 cm lang; Kelchblätter blattartig, ei-lanzettlich, länger als die Petalen, innen fein behaart, Saum ganzrandig, mitunter an den Enden leicht gesägt; Petalen violettlich rosa, bisweilen dunkelrot, mit abgerundeter oder gelappter Spitze; Staubbeutel purpurn.

• Früchte 1,5–2 cm, kugelig oder eiförmig, korallenrot, Kelchblätter aufrecht, bleibend.

Anmerkung: In *Flora of China* werden zwei Varietäten mit Abweichungen beim Laub genannt: Bei «var. *saturata*» ist die Unterseite der Blättchen nicht drüsig, bei «var. *glandulosa*» stark drüsig.

Rosa x scabriuscula Sm. 1808 — Sektion Caninae

Hybride aus *R. canina* x *R. tomentosa*.

Trivialname: Kratzrose.

Synonyme: *R.* x *cottetii* (Christ) Lagger & Puget ex Cottet; *R. scabriuscula* Braun 1889.

Namensherkunft: «etwas rau, kratzig».

Beschreibung: *R. tomentosa* ähnlicher, aber größerer, bis 3 m hoher Strauch; Blättchen runzelig.

Rosa sempervirens L. 1753 — Sektion Synstylae

Synonyme: *R. alba* All. non L., *R. amansii* Gand. non Déségl., *R. amicii* Gand., *R. arvensis* Huds. var. *candolleana* Tratt., *R. atrovirens* Viv., *R. balearica* Pers., *R. lucida* Cav. non Ehrh.

Namensherkunft: Lateinisch: «immergrün».

Trivialnamen: Immergrüne Rose, Mittelmeerrose.

Verbreitung: Südeuropa, Mittelmeergebiet von Griechenland bis Türkei und Maghreb.

Beschreibung: Breitwüchsiger, kletternder oder wuchernder Busch, Triebe hin und her gebogen, dunkelgrün, 6–10 m lang, vereinzelte, rötliche, gerade oder hakige Stacheln auf verbreiterter Basis.

• Blätter immergrün bei heimatlichen Klimabedingungen oder halb immergrün; Nebenblätter schmal und drüsig behaart; (3) 5–7 Blättchen, je 2–5 cm lang, ledrig, dunkelgrün lackglänzend, schmal-eiförmig oder elliptisch, zugespitzt, kahl mit Ausnahme der fein behaarten Mittelrippe auf der Unterseite, Rand fein gesägt.

• Blüten weiß, einfach, leicht duftend, Durchmesser 2,5–5 cm, selten einzeln, meist zu 3–10 in lockeren Rispen; Blütenstandsstiele und Blütenstiele drüsig-borstig; Griffel zur Säule verwachsen, fein behaart, genauso lang wie die Staubblätter; Sepalen ganzrandig, zurückgeschlagen,

drüsig-borstig. Juni, Juli.
• Früchte ca. 1 cm, eiförmig oder kugelrund, rot bis orangerot, oft drüsig behaart; Sepalen abfallend.

Selten in Kultur; empfindlich bei starkem Frost.

Z7

Rosa sempervirens L. **var.** ***prostrata*** (DC.) Desv.

Synonyme: *R. prostrata* DC.
Beschreibung: Kriechende Varietät mit niederliegenden Zweigen.

Rosa sempervirens L. **var.** ***scandens*** (Mill.) Nichols

Synonym: *R. scandens* Mill.
Namensherkunft: Lateinisch: «kletternd».
Verbreitung: Italien, Toskana. Vor 1750 in Kultur genommen.
Kletternde oder kriechende Varietät; dünne Zweige, immergrünes Laub, kleine, weiße, stark nach Moschusrose duftende Blüten. Früchte annähernd kugelig.

Rosa serafinii Viv. 1824 — Sektion Caninae

Synonyme: *R. apennina* Woods, *R. horrida* Fisch. subsp. *serafinii* (Viv.) Almq., *R. seraphinii* Viv., *R. sicula* Tratt. subsp. *serafinii* (Viv.) Arcangeli.
Trivialnamen: Rosier de Serafin, églantine de Serafini (F).
Verbreitung: Beheimatet in Italien, auf Sizilien, Sardinien, Korsika, in Bulgarien und auf dem Südbalkan; trockene, steinige Lagen. Seit 1914 in Kultur.
Beschreibung: Niedriger, dichter, buschiger Strauch, verwandt mit *R. sicula* Tratt. Zweige dünn, mehr oder weniger violettlich, 0,5–1,2 m lang, zahlreiche Stacheln, diese sind kräftig, gebogen oder ha-

kig, ungleich lang, oft mit Borsten untermischt.

• Aromatische Blätter, bestehend aus 5–7 (11) Blättchen, je 5–12 mm lang, eiförmig oder rundlich, Apex stumpf, Oberseite glänzend, Unterseite und Blattstiel drüsig, Rand drüsig, tief und doppelt gesägt.

• Einfache, blassrosa Blüten, Durchmesser 2,5–5 cm, einzeln oder zu 2–3 in kleinen Büscheln, sehr kurze Blütenstandsstiele; Sepalen gelappt, oft drüsig. Blütezeit Juni–Juli.

• Früchte 8–12 mm, kugelig, eiförmig oder kugelrund, orange oder dunkelrot, glatt; Kelchblätter zurückgeschlagen oder aufrecht, rasch abfallend.

Z7

Rosa sericea Lindl. 1820 — Sektion Pimpinellifoliae

Synonyme: *R. tetrapetala* Royle, *R. wallichii* Tratt.

Namensherkunft: Lateinisch: «seidig», sich auf die seidig behaarte Unterseite der Blättchen beziehend.

Trivialname: Seidenrose.

Verbreitung: Ausläufer des Himalaja, Nordostindien, Bhutan, Myanmar, China (Sichuan, Yunnan, Guizhou; in Lagen zwischen 2000 und 4400 m Höhe); 1822 entdeckt.

Beschreibung: 1–2 m hoher Strauch mit aufrechten, ausgebreiteten oder kriechenden Zweigen. Jungtriebe purpurn oder purpurbraun, altes Holz grau. Vereinzelte gerade oder gebogene, feine oder kräftige, bis 1,2 cm lange Stacheln mit abrupt verbreiterter Basis, die paarig unter den Blättern sitzen, oder mit zerstreuten flügelförmigen, 1,2–3,5 cm langen, rötlichen Stacheln, die manchmal mit feinen, dichten Borsten untermischt sind.

• Blätter inkl. Blattstiel 3,5–8 cm; Nebenblätter weitgehend angewachsen; Fiedern 5 (7)–11 (13), weniger zahlreich als bei *R. omeiensis*, klein, je 8–20 mm lang und 5–8 mm breit, elliptisch oder verkehrt-eiförmig, seltener länglich, Apex stumpf oder spitz, Unterseite seidig behaart, bisweilen kahl, mitunter mehr oder weniger drüsig behaart, Oberseite kahl und runzelig, Rand im oberen Teil der Spreite gesägt.

• Einfache Blüten, Durchmesser 2,5–6 cm, einzeln, Blütenstiel 1–2 cm lang, grün, kahl; Brakteen fehlend; 4 ganzrandige, ei-lanzettliche, kahle oder seidige Sepalen mit zugespitztem oder spitz zulaufendem Apex; 4, selten 5 Petalen, weiß oder cremefarben, an der Spitze ausgeschnitten. Frühblüher.

• Früchte 8–15 mm, birnenförmig oder kugelig, durch einen schmalen Hals verlängert, dunkelpurpurn, scharlachrot, orange oder gelb, glatt, rasch abfallend; Kelchblätter aufrecht, bleibend.

Anmerkung: Chinesische Botaniker unterscheiden drei Formen mit Abweichungen beim Laub: die Form *sericea* mit fein behaarter, nicht drüsiger Blättchenunterseite, die Form *glandulosa*, deren Blättchen auf der Unterseite drüsig behaart sind, sowie die Form *glabrecens* mit kahlen Blättchen. Z6

Rosa sericea* var. *denudata (Franch.) Rowlee

Synonyme: *R. denudata* Franch. Praktisch stachellose Varietät mit roten Früchten. Seit 1890 bekannt.

Rosa sericea* var. *hookeri Reg.

Benannt nach Sir W. J. Hooker (1785–1865) und seinem Sohn Sir J. D. Hooker (1817–1911), britische Botaniker, die nacheinander die Leitung der *Kew Gardens* innehatten. Die Varietät ist in China und Nordindien beheimatet. Drüsige Zweige.

Rosa sericea* var. *polyphylla Geier

Synonym: *R. sericea* f. *inermis eglandulosa* Focke.
Namensherkunft: Griechisch: «vielblättrig».
Zweige und Seitentriebe sind nur mäßig bestachelt; die Blätter werden von bis zu 17 Blättchen gebildet.

Rosa sericea* f. *pteracantha (Franch.) Rehd. & Wils.

Namensherkunft: Griechisch: «Flügelstachelig».
Verbreitung: China, Provinz Sichuan, in Lagen zwischen 3000 und 3500 m Höhe.
Beschreibung: Die Zweige tragen breite, flügelartige, flache Stacheln, die bei Jungtrieben kirschrot durchscheinend sind, auf altem Holz chamoisbraun und undurchsichtig.
- Die Nerven der Blättchen sind deutlicher ausgeprägt als beim Typus.
- Früchte rot, kürzer als beim Typ, auf ebenfalls kürzerem Stiel.

Rosa sertata Rolfe 1913 — Sektion Cinnamomeae

Synonyme: *R. hwangshanensis* Hsu 1965, *R. iochanensis* Lév., *R. macrophylla* Lindl. f. *gracilis* Focke, *R. webbiana* Vilm. non Wallr. ex Royle.
Namensherkunft: Lateinisch: «umkränzt».
Verbreitung: Zentral- und Westchina, in Lagen zwischen 1400 und 2200 m Höhe; in lichten Wäldern, an Flussläufen und Wegesrändern. Seit 1904 in Kultur.
Beschreibung: 1–2 m hoher Busch, Zweige dünn, kahl, bräunlich rot mit bläulichem Schimmer; feine, gerade, bis 8 mm lange Stacheln auf stark verbreiterter Basis paarig unter den Blättern sitzend sowie ein paar verstreute auf den Stängeln.
• Blätter inkl. Blattstiel 5–8 cm; Nebenblätter weitgehend angewachsen; Spindel und Blattstiel leicht behaart und feinstachelig; 7–15 Blättchen, je 1–2,5 cm lang, breit-elliptisch oder eiförmig, spitz oder stumpf, kahl; auf der Unterseite hervortretende Blattnerven, entlang der Mittelrippe leicht behaart; Rand tief und einfach oder doppelt gesägt.
• Einfache Blüten, Durchmesser 2–5 cm, auf 1,5–3 cm langem Blütenstandsstiel, oft einzeln, mitunter in Doldenrispen mit 2 oder 3, selten mehr Blüten; eiförmige Vorblätter; Sepalen blattartig, ei-lanzettlich, kahl, innen gelblich weiß, fein behaart, Apex spitz zulaufend; Petalen weiß oder dunkelrosa mit weißer Basis. Juni.
• Früchte eiförmig, 1,2–2 cm, dunkelrot, kahl, selten drüsig, mit ziemlich kurzem Hals an der Spitze, Kelchblätter aufrecht, bleibend.
Anmerkung: Die Art ist *R. webbiana* recht ähnlich. Chinesische Botaniker unterscheiden 2 Varietäten (var. *sertata* und var. *multijuga*), die sich durch abweichende Zähnung der Blättchen auszeichnen.

Rosa setigera Michx. — Sektion Synstylae

Synonyme: *R. fenestrata* Donn, *R. rubifolia* Donn, *R. trifoliata* Raf.
Namensherkunft: Lat.: «Borstig».
Trivialnamen: Prärierose. Prairie Rose (GB).
Verbreitung: Mittleres und östliches Nordamerika, von Ontario bis Nebraska, in Florida und Texas. Seit 1810 in Kultur.
Beschreibung: Strauch mit 1,5–4 m langen Zweigen, diese sind hin und her gebogen, dunkelgrün, dünn, kriechend oder kletternd und tragen zerstreute kräftige Stacheln auf verbreiterter Basis.

• Blätter bestehend aus 3 (5) Blättchen, je 3–8 cm lang, eiförmig oder länglich, zugespitzt; oben glatt, matt hellgrün, unten gräulich grün mit fein behaarter Mittelrippe, Rand grob gesägt.
• Einfache Blüten, bisweilen duftend, Durchmesser 5–7,5 cm, zu 5–15 in lockeren Doldenrispen; Sepalen gelappt, drüsig-borstig; Blütenblätter breit, dunkelrosa, später blassrosa, fast weiß; Staubblätter goldfarben, Griffel verwachsen, kahl. Blüte recht spärlich und spät, aber länger andauernd. Juni, Juli.

• Früchte ca. 8 mm, perfekt kugelrund, rot oder bräunlich grün, drüsig-borstig.

Z4

Rosa setigera var. *setigera* f. *inermis* Palm. & Steyerm.

Zweige unbestachelt, Laub kahl.

Rosa setigera var. *serena* Palm. & Steyerm.

Zweige unbestachelt, Laub fein behaart.

Rosa setigera tomentosa Torrey & Gray

Synonyme: *R. cursor* Raf., *R. kentuckensis* Raf., *R. rubrifolia* R. Brown ex Ait.
Namensherkunft: Lat.: «Filzig».

Die Unterseite der Blättchen ist filzig.

Rosa setipoda Hemsl. & Wils. 1906 — Sektion Cinnamomeae

Synonyme: *R. macrophylla* var. *crasseaculeata* Vilm.
Namensherkunft: Lat.: «Borstige Füße».
Verbreitung: Chinesische Provinzen Sichuan und Hubei, in Lagen zwischen 1800 und 2600 m Höhe. 1895 von Maurice de Vilmorin in Europa eingeführt.
Beschreibung: Schöner, stark verzweigter Strauch, Jungtriebe kräftig, rötlich braun, aufrecht oder bogig, 2,5–4 oder sogar 5 m lang, unbewehrt oder gelegentlich mit Stacheln, diese sind robust, flach, gerade, ca. 8 mm lang, manchmal breitbasig, mit

Borsten untermischt. Altes Holz stacheliger und borstig.

- Blätter inkl. Blattstiel 8–20 cm lang, aromatisch, zart nach reifen Äpfeln duftend; breite, weitgehend angewachsene, drüsig bewimperte Nebenblätter; Blattspindel und Blattstiel drüsig behaart, etwas bestachelt; 5–9 Fiedern, je 2,5–6 cm lang, elliptisch oder ei-elliptisch, spitz oder stumpf, Oberseite mittelgrün, kahl, Unterseite drüsig, fein behaart, hervortretende Blattnerven; Rand tief und doppelt gesägt, zur Spitze hin oft drüsig.
- Einfache, nach grünen Äpfeln duftende Blüten in lockeren Doldenrispen mit bis zu 20 flachen Blüten, Durchmesser 3–5 cm, Blütenstiel borstig, 1,3–2,4 cm lang; Brakteen eiförmig mit netzadriger Unterseite und fein gesägtem Rand; Sepalen aromatisch nach Pinien duftend, innen filzig, Rand drüsig, fiederspaltig oder fein gesägt, Apex blattartig; Petalen an der Spitze ausgeschnitten, eiförmig, mittel- oder dunkelpurpurrosa, an der Basis heller, unterseits leicht flaumig behaart; Staubblätter elfenbeinweiß; Stiel drüsig-borstig; purpurner Blütenboden mit drüsigen Borsten. Juni, Juli.
- Früchte 2,5–5 oder sogar 6 cm lang, amphorenförmig, schmaler Hals, korallen- oder zinnoberrot, manchmal drüsig-behaart, Kelchblätter aufrecht, bleibend.

Z6

Rosa sherardii Davies 1813

Synonyme: *R. mollissima* Gillot, *R. mollissima* Godet non Willd., *R. omissa* Déségl. 1864, *R. pomifera* subsp. *omissa* (Déségl.) Parm., *R. tomentosa* subsp. *omissa* (Déségl.) Rouy & Camus, *R. villosa* L. subsp. *omissa* (Déségl.) K. & F. Bertsch.

Trivialnamen: Sammet-Rose, Samtrose, Sherard-Rose, Sherards Rose, Übersehene Rose, Unbeachtete Rose.

Verbreitung: Mittel- und Nordeuropa bis Südschweden. Seit 1933 in Kultur.

Beschreibung: Dichter, 2–3 m hoher Strauch; Jungtriebe hin und her gebogen, oft weißlich bereift, Stacheln gerade, manche auch gebogen oder hakenförmig.
• Blätter bestehend aus (3) 5–7 (9) Fiedern, diese sind bläulich grün, elliptisch oder breit-eiförmig, fein behaart, unterseits filzig; ihr Rand ist tief und einfach oder doppelt gesägt.
• Einfache Blüten, Durchmesser 3–5 cm, einzeln oder zu 2 oder 3 in Büscheln; Kelchblätter spitz zulaufend, drüsig behaart, oft blattartig; Petalen rosa, zur fast weißen Basis hin heller werdend.
• Früchte 1,2–2 cm, birnen-, ei- oder krugförmig, lebhaft rot, drüsig behaart, Kelchblätter bleibend.

Z5

Rosa sicula Tratt. 1923 — Sektion Caninae

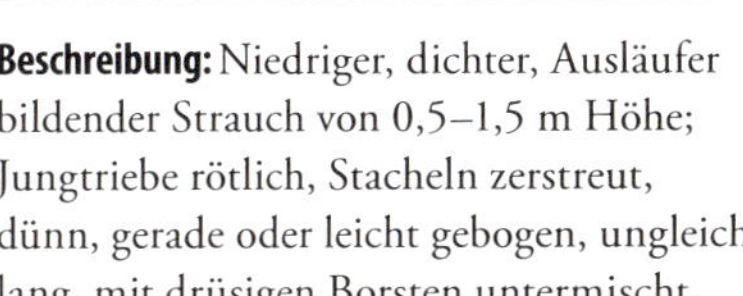

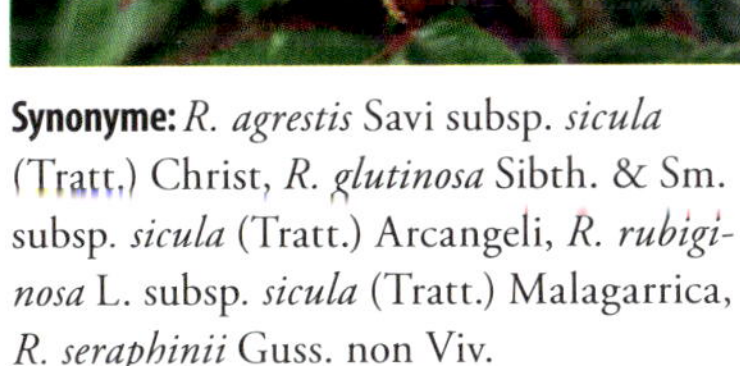

Synonyme: *R. agrestis* Savi subsp. *sicula* (Tratt.) Christ, *R. glutinosa* Sibth. & Sm. subsp. *sicula* (Tratt.) Arcangeli, *R. rubiginosa* L. subsp. *sicula* (Tratt.) Malagarrica, *R. seraphinii* Guss. non Viv.
Namensherkunft: Lateinisch *siculus*, «sizilianisch».
Trivialname: Rose de Sicile (F).
Verbreitung: Mittelmeergebiet. Vor 1894 in Kultur genommen.

Beschreibung: Niedriger, dichter, Ausläufer bildender Strauch von 0,5–1,5 m Höhe; Jungtriebe rötlich, Stacheln zerstreut, dünn, gerade oder leicht gebogen, ungleich lang, mit drüsigen Borsten untermischt.
• Blätter zart aromatisch, glänzend, bestehend aus 5–9 Blättchen, je 0,6–2 cm lang, breit-eiförmig oder rund, unten drüsig und bisweilen fein behaart, Rand drüsig gesägt.
• Blüten gewöhnlich einzeln, seltener in Büscheln zu 2 oder 3, Durchmesser 2,5–3,3 cm, kurz gestielt; Kelchblätter gelappt, mehr oder weniger drüsig bewimpert; Petalen hellrosa oder weißlich, selten rot.
• Früchte fein behaart, Kelchblätter aufrecht, bleibend.
Gedeiht in sonniger Lage, toleriert karge, steinige Böden.

Z8

Rosa sikangensis T. T. Yu & T. C. Ku 1980 — Sektion Pimpinellifoliae

Verbreitung: Recht seltener Strauch, der in den chinesischen Provinzen Sichuan, Yunnan und Tibet beheimatet ist und in Höhenlagen von 2900–4200 m wächst.
Beschreibung: Kleiner, 1–1,5 m hoher Busch, quasi kahle Triebe mit vereinzelten

Stacheln, untermischt mit Borsten.

- Blätter 3–5 cm lang; breite, angewachsene Nebenblätter; 7–9 längliche oder verkehrt-eiförmige Blättchen mit stumpfem Apex und drüsig behaarter Unterseite.
- Einzelne Blüten, Durchmesser 2,5 cm; keine Hochblätter; 4 ei-lanzettliche Kelchblätter; 4 weiße Petalen; Staubblätter purpurfarben.
- Früchte rot, fast kugelig oder amphorenförmig, recht langer Hals, Durchmesser 1 cm.

Anmerkung: 1996 von Stephen G. Haw als Synonym von *R. sericea* bezeichnet, mit der sie bestimmte Merkmale teilt, etwa die Blüten mit 4 Petalen, in etlichen anderen jedoch abweicht.

Rosa soulieana Crép. 1896 — Sektion Synstylae

Namensherkunft: Benannt nach Jean-André Soulié, französischer Missionar und Botaniker, 1858 geboren, 1905 von tibetischen Aufständischen erschossen.

Verbreitung: Südwestchina (Sichuan).

Beschreibung: Starkwüchsiger Strauch. Jungtriebe jadegrün, ältere Zweige bläulich grün, 3–5 m lang, aufrecht, gebogen, ausgebreitet oder halb kletternd, mit zerstreuten Stacheln, diese sind gelb, robust, flach, gerade oder hakig mit verbreiterter Basis.

- Blätter inkl. Blattstiel 3–8 cm; Nebenblätter schmal, weitgehend angewachsen, Rand drüsig; 5–7 (9) Blättchen, je 1–3 cm lang, kahl, gräulich grün, verkehrt-eiförmig bis elliptisch, Unterseite mit hervorstehender, sehr leicht behaarter Mittelrippe,

in vielen, verzweigten 10–15 cm großen Doldenrispen stehend; Vorblätter 1 cm, Kelchblätter nach unten geschlagen, abfallend, ganzrandig oder gelappt, kahl oder flaumhaarig, oft drüsig; Petalen verkehrt-eiförmig, gelblich weiß; Griffel zur Säule verwachsen. Juni, Juli.

• Früchte ca. 1 cm, eiförmig bis fast kugelig, drüsig, blass- bis dunkelorange, später dunkelpurpurn, dann schwarz.

Z7

Anmerkung: Laut *Flora of China* gibt es 4 Varietäten mit geringfügigen morphologischen Unterschieden: *soulieana*, *yunnanensis*, *sungpanensis* und *microphylla*.

Rand gesägt, an der Basis oft ganzrandig, Apex abgerundet, spitz oder gestutzt.

• Die Blüten entspringen gelben Knospen und duften fruchtig, Durchmesser 2–4 cm,

Rosa x spaethiana Graeb.

Hybride aus *R. rugosa* Thunb. x *R. palustris* Marsh.

Seit 1902 in Kultur.

Etwa 1,8 m hoher Busch mit kräftigen, aufrechten Zweigen; Blättchen schmal, blassgrün; üppiger Flor mit einfachen oder halb gefüllten Blüten, Durchmesser 7–8 cm, in kleinen Büscheln, magentarosa; Staubblätter goldfarben; Früchte scharlachrot, Kelchblätter bleibend.

Rosa spaldingii Crép. 1915 — Sektion Cinnamomeae

Verbreitung: Britisch-Kolumbien, Oregon, Utah.
Mit *R. nutkana* C. Presl. verwandte Art, die mitunter auch als Synonym von dieser verwendet wird, insbesondere von der Varietät *R. nutkana hispida* Fern.
Beschreibung: Roséweiße Blüten.

Rosa spinosissima L. 1753 — Sektion Pimpinellifoliae

Synonyme: *R. illinoiensis* Baker ex Willm., *R. myriacantha* DC., *R. pimpinellifolia* L., *R. pulchella* Salisb.
Namensherkunft: Lateinisch: «sehr stachelig».
Trivialnamen: Bibernellrose, Burnet-Rose, Dünenrose, Felsenrose, Pimpinellrose, Reichstachelige Rose, Schottische Rose.
Verbreitung: Bergregionen in West- und Südeuropa, Südwest- und Mittelasien, Ostchina, Sibirien, Korea. Bis in 2500 m Höhe zu finden.
Beschreibung: Buschiger, stark verzweigter, 0,9–2 m hoher Halbstrauch, stark Ausläufer treibend, Zweige dünn, sparrig, aufrecht oder gebogen, Jungtriebe rötlich braun oder purpurn, mit Nadelstacheln sowie mit vielen schlanken, geraden oder leicht gebogenen, ungleich langen Stacheln bis maximal 4 mm Länge; von Borsten untermischt. Älteres Holz wird grau.

• Blätter 4–8 cm, bestehend aus (5) 7–9 (11) Fiedern, je 0,6–2 cm lang, breit-elliptisch oder breit-obovat bis kreisrund, Spitze abgerundet, Oberseite kahl, Mittelrippe auf der Unterseite manchmal fein behaart, Rand drüsig gesägt; Nebenblätter schmal mit zwei abstehenden Öhrchen.
• Einfache oder gefüllte Blüten, Durchmesser 2,5–7 cm, leicht duftend, einzeln oder gelegentlich zu 2 oder 3 in Büscheln; Kelchblätter ganzrandig, schmal, aufrecht, fein behaarter Rand; Petalen cremeweiß, rosa oder hellgelb; Griffel fein behaart, eng beieinander, aber frei. Blüte ab Mai.
• Früchte 7–15 mm, mehr oder weniger kugelrund, braunschwarz, glatt, kahl, Kelchblätter aufrecht, bleibend. Z4

Anmerkung: *R. spinosissima* besitzt ein riesiges Verbreitungsgebiet, da sich die Art aufgrund ihrer sehr guten Winterhärte an die verschiedensten Umgebungen anpassen konnte. Das begründet auch ihre große morphologische Variabilität: Hella Brumme und Thomas Gladis nennen nicht weniger als 23 Varietäten. In alter Literatur sind es noch mehr, allerdings erwiesen sich etliche davon als klima- oder standortspezifische Formen.

Rosa spinosissima var. *altaica* (Willd.) Rehd. 1902

Synonyme: *R. altaica* Willd. 1809, *R. grandiflora* Lindl., *R. pimpinellifolia* var. *altaica* (Willd.) Thory, *R. pimpinellifolia* 'Altaica', *R. pimpinellifolia* 'Grandiflora', *R. pimpinellifolia* L. var. *grandiflora* Ledeb., *R. sibirica* Tratt. 1823, *R. spinosissima baltica* hort.

Verbreitung: Die Varietät ist in dem namensgebenden Altai beheimatet, einem sich in Zentralasien zwischen China, der Mongolei und Kasachstan erstreckenden Gebirge. Seit 1820 in Kultur.

Beschreibung: Ausläufer bildender, 2 m hoher Strauch, kräftiger als der Typus, Zweige nicht ganz so stachelig und weitaus weniger borstig.
• Blätter gewöhnlich bestehend aus 9 Blättchen.
• Große, duftende Blüten, primelgelb beim Aufblühen, später elfenbeinweiß, Durchmesser 4–7,5 cm; Blütenstiel und Kelch kahl.
• Früchte kugelig, etwas dicker als beim Typ, schwarzbraun.

R. spinosissima altaica gehört zu den Vorfahren der berühmten Varietät 'Maigold' sowie der von Kordes zwischen 1937 und 1941 gezüchteten Serie 'Frühling'.

***Rosa spinosissima* var. *andrewsii* Willm.**

Synonyme: *R.* 'Andrewsii', *R. andrewsii* Tratt.
Namensherkunft: Benannt nach dem britischen Botaniker H. C. Andrews (1794–1830), der eine Vielzahl von Pflanzen beschrieb.
Herkunft: Unbekannt.
Dichter, sehr stacheliger, ca. 2 m hoher Strauch; üppiger Flor, Blüten dunkelrosa, halbgefüllt, kugelig, Durchmesser 4 cm, leicht duftend. Schwarze Früchte.

***Rosa spinosissima* var. *hispida* Sims ex Koehne**

Beschreibung: 1–2 m hoher Strauch, der weniger Ausläufer bildet als der Typus, Zweige mit Nadelstacheln und dünnen, braunen Borsten bedeckt; 7–9 Blättchen, je 1,9–3,2 cm lang, bläulich grün, Rand gesägt; einfache Blüten mit einem Durchmesser von 5–7,5 cm, weiß oder blassschwefelgelb beim Aufblühen, später cremegelb. Früchte annähernd kugelig, schwarz.

Synonyme: *R. hispida* Sims 1813, *R. lutescens* Pursh, *Rosa pimpinellifolia* L. var. *hispida* (Sims) Boom., *R. pimpinellifolia* 'Hispida'.
Verbreitung: Nordostasien, Sibirien; seit 1781 in Europa in Kultur.

***Rosa spinosissima* var. *inermis* (DC.) Rehd.**

Synonyme: *R. mitissima* Gmel., *R. pimpinellifolia* f. *inermis* DC., *R. spinosissima* var. *mitissima* (Gmel.) Koehne
Üppige rosa Blüte auf praktisch stachellosen Zweigen.

***Rosa spinosissima* var. *lutea* Bean**

Synonym: *R. pimpinellifolia* var. *lutea*.
Namensherkunft: Lateinisch *lutea*, «gelb».
Trivialname: Single Creme (GB).
Herkunft: Ungewiss, eventuell Hybride von *R. foetida*.
Beschreibung: Niedriger, stacheliger Busch bis 1 m Höhe, Ausläufer bildend.

- Blättchen breit-eiförmig, Unterseite fein behaart.
- Blüten schwefelgelb, in der Mitte dunkler, Durchmesser 3–4 cm. Petalen breit-zweilappig. Üppige, frühe Blüte ab Anfang April.

Rosa spinosissima var. *luteola* Andr.

Synonyme: *R. ochroleuca* Schwartz ex Wilkstr. 1802, *R. pimpinellifolia* f. *luteola* (Andr.) Krüss.
Namensherkunft: Lateinisch *luteola*, «gelblich».
Verbreitung: Eventuell aus Russland stammend; von dort kam jedenfalls die Saat, die Ende des 18. Jh. nach Schweden versandt wurde. Danach Einführung in in England, seit 1821 in Chelsea vorhanden.
Beschreibung: Ausläufer bildender, 1–2 m hoher Strauch, der *R. spinosissima hispida* ähnelt. Die Triebe sind dicht borstig, die Blätter bestehen aus 7 elliptischen, 2 cm langen, grob gezähnten Blättchen. Blassgelbe Blüten, Durchmesser 5 cm, im September gelegentlich nachblühend. Früchte kugelig, dunkelpurpurn.

Rosa spinosissima var. *myriacantha* (DC.) Koehne

Synonyme: *R. myriacantha* (DC.) Koehne, *R. pimpinellifolia* var. *myriacantha* (Lam. & DC.) Ser.
Namensherkunft: Lat.:«Sehr stachelig».
Verbreitung: Südeuropa, Spanien, Südfrankreich, östlich bis Armenien. Vor 1820 in Kultur genommen.
Beschreibung: Niedriger Busch, nicht höher als 50–70 cm, sehr stachelig, steife Zweige, reichlich mit spitzen, mitunter gekrümmten Stacheln bedeckt.

- Kleine, stark drüsige Blättchen, Blattstiel drüsig behaart; Blütenstiel drüsig-borstig.
- Kleine Blüten, weiß, blassrosa gestreift, nach Maiglöckchen duftend.
- Früchte eiförmig, ziegelrot; Sepalen bleibend.

Rosa spinosissima var. *nana* Andr.

Synonyme: *R. pimpinellifolia* 'Nana'.
Herkunft: Ungewiss, möglicherweise aus Österreich. War bereits 1805 in Kultur.
Beschreibung: Zwergform, nicht höher als 1,5 m, häufig deutlich niedriger.

- Blüten einzeln, halb gefüllt oder gefüllt, cremeweiß, Durchmesser 5 cm.
- Früchte flach-kugelig, dunkelrot, Sepalen aufrecht, bleibend.

Rosa spinosissima var. *spinosissima*

Synonym: *R. spinosissima* var. *pimpinellifolia* Hooker.
Trivialnamen: Reichstachelige Bibernellrose, Echte Dünenrose; Burnet Rose (GB), Scotch Rose (GB).
Verbreitung: Küstendünen in Nordasien und Nordeuropa bis Island. Seit dem 17. Jh. in Kultur.
Beschreibung: Ausläufer bildender Halbstrauch mit sparrigen, hin und her gebogenen Zweigen, 30–90 cm lang, sehr stachelig.

• Blätter bestehend aus 5–9 (11) Fiedern, je 1–1,5 cm lang, kahl, dunkelgrün.
• Blüten weiß oder rosa, Durchmesser 2–6 cm, Blütenstandsstiel drüsig behaart.
• Früchte kugelig, dunkelbraun oder schwarz; Kelchblätter aufrecht, bleibend.

Anmerkung: Die zahlreichen Gartenvarietäten zeichnen sich durch weiße, gelbe, purpurne oder blassrosa Blüten mit einem Durchmesser von 4–5 cm aus, die im Mai–Juni blühen.

Rosa x spinulifolia Dematra 1818

Synonym: *R. glabrata* Déségl.
Namensherkunft: Lat.: «Mit feinstacheligem Blatt».
Verbreitung: Elsass, mittleres Europa, von der Schweiz bis Ungarn.

Herkunft: Spontanhybride aus *R. pendulina* x *R. tomentosa*.
Beschreibung: 1–3 m hoher Strauch, kräftige Zweige mit starken, geraden, scharfen, ungleich langen Stacheln vor allem im unteren Bereich; Blütenstängel oft unbewehrt.
• Blätter bestehend aus 5–7 eiförmigen, spitzen Blättchen mit kahler Oberseite und drüsig behaarter Unterseite; Blattstiel und Mittelrippe feinstachelig; Rand doppelt gesägt.
• Einfache Blüten, Durchmesser 5–6,3 cm, einzeln oder zu 2 oder 3, Petalen herzförmig, rosa oder blassrot, leichter Terpentingeruch.
• Früchte dick, borstig, flaschenförmig; Kelchblätter aufrecht, bleibend.

Rosa spithamea Wats. — Sektion Cinnamomeae

Synonym: *R. spithamea* Gray.
Namensherkunft: Botanisches Latein: *spithameus* ist die «Spanne», ein altes Längenmaß von etwa 20 cm, das auf die Höhe der Pflanze Bezug nimmt.
Verbreitung: Kalifornien; Kiefernwälder bis zu 1200 m Höhe. Wahrscheinlich mit *R. californica* verwandt. Selten in Kultur.
Beschreibung: Niedriger, ca. 30–50 cm hoher Busch, dessen Zweige gerade Stacheln tragen.

• Die Blätter bestehen aus 5–7 je 1–3 cm langen Blättchen mit tief gesägtem Rand und besitzen breite Nebenblätter.
• Blüten blassrosa, duftend, Durchmesser 5–7 cm, einzeln oder in Büscheln, Sepalen drüsig; Kelch drüsig-borstig, Griffel oft fein behaart, an den Enden drüsig.
• Früchte kugelig, 1 cm, ziegelrot, Sepalen bleibend.

Rosa spithamea var. *sonomensis* (Greene) Jeps.

Synonym: *R. sonomensis* Greene.
Herkunft: Kalifornien.
Vermutlich ein einfacher Klon von *R. spithamea*. Blättchen häufig doppelt gesägt mit drüsigen Zähnen. Blüten hellrosa, in dichten Doldenrispen, Durchmesser 2,5–3,8 cm. Nicht in Kultur.

Rosa stellata Wooton 1914 — Untergattung Hesperhodos

Synonyme: *Hesperhodos stellatus* Bouleng., *R. stellata* Wooton var. *earlansoniae* Lewis, *R. stellata* Wooton var. *stellata* Lewis, *R. vernonii* Greene
Namensherkunft: Lateinisch *stella*, «Stern», sich auf die sternförmig, im rechten Winkel zur Stängelachse sitzenden Stacheln beziehend.
Trivialnamen: Desert Rose (GB). 'Rose de Sacramento' (F).
Verbreitung: USA, von Texas bis Arizona; trockene, steinige Gebiete in etwa 2000 m Höhe. 1893 entdeckt, 1898 beschrieben, seit 1902 in Kultur.
Beschreibung: Niedriger, dichter, verzweigter Strauch, selten höher als 60 cm. Zweige dünn, grüngrau, aufrecht, bedeckt mit radialen drüsigen Borsten und zahlreichen blassgelben, geraden, feinen und häufig paarigen Stacheln. Junge Blütenstängel sind fein behaart und mit vielen weißen oder gelben Stacheln bewehrt.
• Blätter meist aus 3 (selten 5) Blättchen bestehend, je 5–12 mm lang, verkehrt-eiförmig oder dreieckig, Basis keilförmig, Spitze mehr oder weniger gestutzt und tief gezähnt mit meist 5 oder 6 Zähnen, beiderseits mehr oder weniger fein behaart, mitunter völlig kahl; Nebenblätter und Blattstiel drüsig.
• Einzelne, einfache Blüten, Durchmesser 3,5–6 cm; Kelchblätter gelappt, drüsig, außen borstig; Petalen rosa, hellrosa oder dunkelpurpurrot; Staubblätter goldgelb, sehr zahlreich; Brakteen fehlend; Kelch borstig. Späte und relativ kurze Blüte im Juli–August.
• Früchte ca. 1–2 cm, halbkugel- oder kreiselförmig mit abgeflachter Spitze, we-

nig fleischig, mattrot oder bräunlich rot mit grünen Schattierungen, kahl oder fein behaart, kurze, dicke, aufrechte Borsten; meist steril.
Winterhart und widerstandsfähig unter den Bedingungen ihres Naturstandorts: sonnige Lage, trockener Boden.

Z6

Anmerkung: Die Art zeigt sich abhängig von den Bedingungen am Naturstandort morphologisch variabel. Dabei begründen geringfügig abweichende Merkmale für manche US-Botaniker eine Differenzierung in Varietäten, für andere in Unterarten oder Formen, so bei *Rosa stellata* var. *abyssa* A. Phillips (beheimatet im Grand Canyon, Colorado), *Rosa stellata* var. *earlansoniae* Lewis (Guadalupe Mountains, zwischen Texas und Neumexiko) oder

Rosa stellata var. *stellata* Lewis (Arizona, Texas, Neumexiko).

Rosa stellata* var. *mirifica (Greene) Cockerell

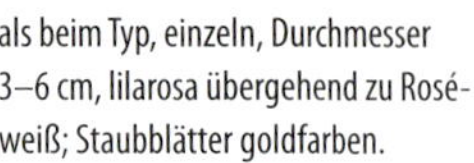

Synonyme: *R. mirifica* Greene, *R. stellata* subsp. *mirifica* (Greene) Lewis.
Namensherkunft: Lateinisch *mirificus*, «erstaunlich, außergewöhnlich».
Trivialnamen: Stachelbeerrose, Sacramento-Rose. Gooseberry Rose (GB).
Verbreitung: USA, Neumexiko. 1897 entdeckt, 1910 beschrieben.

Beschreibung: Dichter, verzweigter Strauch von kräftigerem Wuchs als der Typ, ca. 1,2–2 m hoch, die Zweige tragen viele drüsige Borsten und lange, scharfe, fast gerade Stacheln.
• Die Blätter werden von (3) 5 keilförmigen Blättchen gebildet, sie sind weniger behaart als beim Typus, der Rand ist zur Spitze hin tief gezähnt.
• Duftende Blüten, in größerer Fülle als beim Typ, einzeln, Durchmesser 3–6 cm, lilarosa übergehend zu Roséweiß; Staubblätter goldfarben.
• Früchte kugelig, 1,5 cm, borstig, grünlich mit orangepurpurnen Schattierungen.
Häufiger in Kultur als *R. stellata*.

Rosa stylosa Desv. 1809 — Sektion Caninae

Synonyme: *R. arvensis* Huds. var. *stylosa* (Desv.) Lej., *R. systyla* Bast.

Trivialnamen: Griffelrose, Säulengriffelige Rose, Verwachsengrifflige Rose.

Namensherkunft: Das Adjektiv bezieht sich auf den vorragenden Griffel.

Verbreitung: West- und Mitteleuropa bis Bulgarien, Kleinasien. In Hecken, an Waldrändern und im Unterholz. Seit 1838 in Kultur.

Beschreibung: Der mit *R. canina* und *R. arvensis* verwandte Strauch stammt vermutlich von einer alten Hybride aus diesen zwei Varietäten ab. Gebogene, bis 3 m lange Zweige mit robusten, hakigen, mitunter im Viertelkreis gebogenen, breitbasigen Stacheln.

- Sommergrüne Blätter, bestehend aus 5 bis 7 Fiedern, je 1,5–5 cm lang, dunkelgrün, nicht drüsig, dünn, schmal-elliptisch, eiförmig oder lanzettlich, Apex spitz oder zugespitzt, Oberseite glänzend, unten flaumig behaart, Rand gesägt; Blattstiel feinstachelig; Nebenblätter schmal.
- Einfache Blüten, einzeln oder zu wenigen (2–8), Durchmesser 3–5 cm, Blütenstiel lang, drüsig-borstig; Hochblätter fehlend; Kelchblätter gelappt, oft leicht drüsig, nach der Blüte zurückgeschlagen; Petalen meist weiß, bisweilen blassrosa; Griffel zu einer kahlen, hervorstehenden Säule verwachsen, die aber deutlich kürzer ist als die Staubblätter. Juni.
- Früchte 1–1,5 cm, eiförmig oder kugelrund, rot, glatt; Kelchblätter abfallend. Sehr vielgestaltige Pflanze.

Z6

Rosa subcanina (Christ) Vuk. — Sektion Caninae

Synonyme: *R. caesia* Sm. subsp. *rhaetica* (Gremli) Soo, *R. canina* L. var. *subcanina* (Christ) P. V. Heath, *R. coriifolia* Fr. subsp. *rhaetica* (Gremli) Mansf., *R. dumalis* Bechst. subsp. *subcanina* (Christ) Soo, *R. glauca* Vill. ex Loisel. subsp. *subcanina* (Christ) Hayek, *R. reuteri* God. f. *subcanina* Christ.

Trivialnamen: Falsche Hundsrose, Fast-Hundsrose, Graugrüne Hundsrose, Mit-

telgebirgs-Hundsrose, Scheinhundsrose.
Verbreitung: Europa.
Beschreibung: Verwandt mit *R. dumalis*, abweichend durch längere Blütenstandsstiele mit 2–3 cm Länge und bleibenden Kelchblättern.
• Blätter bestehend aus 5–7 eiförmigen Blättchen, Saum am Grund ganzrandig, zur Spitze hin tief gesägt.
• Einfache Blüten, Petalen reinweiß, mitunter roséweiß.
• Früchte kugelig oder länglich.

Rosa subcollina (Christ) Vuk. — Sektion Caninae

Synonyme: *R. coriifolia* Fr. f. *subcollina* Christ, *R. caesia* Sm. subsp. *subcollina* (Christ) Soo, *R. coriifolia* Fr. subsp. *subcollina* (Christ) Hayek
Trivialnamen: Falsche Heckenrose, Fast-Buschrose, Graugrüne Rose.
Verbreitung: Europa.
Beschreibung: Mit *R. subcanina* verwandter Strauch; Blattstiele fein behaart, Blättchen unterseits auf den Nerven fein behaart; Früchte eiförmig, ziegelrot, Sepalen zurückgeschlagen, bleibend.

Rosa subserrulata Rydb. — Sektion Carolinae

Synonym: *R. carolina* L. subsp. *subserrulata* Rydb.
Verbreitung: USA, von Missouri bis Texas, verwandt mit *R. carolina,* seit 1930 in Kultur. Niedriger, bis zu 80 cm hoher Busch, einzelne, rosa Blüten mit einem Durchmesser von ca. 5 cm.

Rosa suffulta Greene 1899 — Sektion Cinnamomeae

Synonyme: *R. arkansana* Porter var. *suffulta* Cockerell, *R. arkansanoides* Schneid., *R. pratincola* Greene non H. Braun 1911.
Namensherkunft: Lateinisch *suffultus*, «abgestützt».
Verbreitung: Östliches und mittleres Nordamerika, von Texas bis Indiana.
Beschreibung: Niedriger Busch, selten höher als 0,5–1 m. Zweige im unteren Bereich verholzt und braun, weiter oben hellgrün, sich jedes Jahr nach der Blüte erneuernd. Viele gerade, feine Stacheln.
• Blätter 10–12 cm lang; Nebenblätter lang, fein behaart, spitz; Blattstiel und Spindel feinstachelig; 7–11 Blättchen, je 1,5–4 cm lang, hellgrün, ei-länglich oder breit-elliptisch, Apex stumpf, Unterseite kahl oder fein behaart; Rand grob gesägt.

• Einfache Blüten, duftend, Durchmesser ca. 3 cm, zu 2–4 in Doldenrispen; Sepalen ganzrandig, lanzettlich oder bisweilen gelappt; Petalen mittelrosa, selten weiß. Juni.
• Früchte kugelig, 1 cm, rot, glatt; Kelchblätter nach oben stehend, bleibend.

Z5

Rosa sweginzowii Koehne 1910 — Sektion Cinnamomeae

Synonym: *R. moyesii* sensu Stapf p.p., non Hemsl. & Wils.
Namensherkunft: Benannt nach Nikolai A. Sweginzow (1848–1920), einem russischen Gouverneur in Lettland.
Verbreitung: Nordwestchina, von Sichuan bis Gansu; in Lagen von 2300–4600 m Höhe. Seit 1909 in Kultur.
Beschreibung: Großer, buschiger, starkwüchsiger Strauch, Zweige rötlich, kahl oder schwach flaumhaarig, 3,5 m, mitunter sogar 5 m lang, manchmal unbewehrt, manchmal mit steifen Borsten und wenigen, unter den Blättern paarig sitzenden Stacheln; diese sind robust, oft dreieckig, 1,5 cm lang, flach, gerade oder leicht gebogen und breitbasig.
• Blätter sommergrün, inkl. Blattstiel 6–11 cm lang; Nebenblätter weitgehend angewachsen; Spindel und Blattstiel fein behaart, oft feinstachelig; 7–11 Blättchen, je 2,5–5 cm lang, mehr oder weniger breit-elliptisch, spitz, Oberseite kahl, lebhaft grün, Nerven auf der Unterseite fein behaart; Rand einfach oder doppelt gesägt. Ähnlichkeit mit dem Laub von Blauregen.
• Einfache Blüten, Durchmesser 3,5–5 cm, einzeln oder in Büscheln zu 2–3 (6), Blü-

tenstiel kurz, drüsig-borstig; 1 oder 2 eilanzettliche, mitunter blattartige Hochblätter; Sepalen blattartig, ei-lanzettlich, ganzrandig, drüsig, innen flaumhaarig; Petalen mehr oder weniger hellrosa, in der Mitte weiß; Blütenstiel und Kelch drüsigborstig. Juni.

• Früchte hängend, ca. 2,5 cm, amphorenförmig, lebhaft rot oder orangerot, drüsig behaart, Kelchblätter aufrecht, bleibend. In *Flora of China* werden 3 Varietäten mit eher geringfügigen morphologischen Unterschieden benannt: *stevensii*, *sweginzowii* und *glandulosa*.

***Rosa sweginzowii* var. *macrocarpa* hort.**

Namensherkunft: Lat.: «Großfrüchtig».
Interessante Gartenvariante aus Deutschland. Ihre Blüten sind größer und farbiger als beim Typus, die äußerst dekorativen Früchte scharlachrot, 5 cm lang, borstig, amphorenförmig.

Rosa taiwanensis Nakai 1916 — Sektion Synstylae

Verbreitung: Taiwan, Gebirge, bis in 2500 m Höhe.
Beschreibung: Starkwüchsiger Kletterstrauch, dünntriebig mit zerstreuten Hakenstacheln.
• Blätter inkl. Blattstiel 5–15 cm lang; Nebenblätter auf der Hälfte ihrer Länge angewachsen; Blattspindel und Blattstiel etwas stachelig; 5–7 Blättchen, je 1,5–3,6 cm lang, dunkelgrün, elliptisch oder eiförmig, spitz oder stumpf, kahl oder entlang der Mittelrippe auf der Unterseite leicht behaart, Rand zur Spitze hin gesägt, Endfieder größer als Seitenfiedern.
• Üppiger Flor, Blüten einfach, Durchmesser 2,5 cm, in großen Doldenrispen; Hochblätter linealisch; Kelchblätter zurückgeschlagen, innen filzig, Ränder bisweilen gelappt, Apex spitz; Petalen weiß, breit-eiförmig, an der Spitze ausgerandet.
• Früchte rot, kugelig, Durchmesser 6–8 mm; Kelchblätter abfallend.

Rosa taronensis T. T. Yu 1981 — Sektion Pimpinellifoliae

Namensherkunft: Der Pflanzenname nimmt Bezug auf das kleine Volk der Taron, das im Nordosten von Myanmar lebt.

Verbreitung: Nordwestliche Regionen der chinesischen Provinz Yunnan, in Grenznähe zu Myanmar; in Lagen zwischen 2400 und 3300 m Höhe.

Beschreibung: Etwa 1,2 m hoher Busch, dessen Zweige gerade, bis 8 mm lange, paarig unter den Knoten sitzende Stacheln tragen sowie dichte Borsten, die deutlich kürzer sind als die Stacheln.

• Blätter inkl. Blattstiel 4–10 cm; breite, fast auf ganzer Länge angewachsene Nebenblätter; 7–9 Blättchen, je 1–3 cm lang, länglich oder verkehrt-eiförmig, kahl oder entlang der Mittelrippe auf der Unterseite leicht behaart, feinstachelig, Apex gestutzt, Saum an der Basis ganzrandig, zur Spitze hin fein gesägt.

• Einfache Blüten, Durchmesser 3,5–4 cm, Blütenstiel 1,2 cm lang; Hochblätter fehlend; 4 Kelchblätter, verkehrt-eiförmig, innen gelblich weiß, zottig behaart; 4 gelbliche Petalen, breit-obovat, Spitze ausgerandet.

• Früchte ca. 1 cm, orangegelb, verdickter Stiel, Sepalen aufrecht, meist bleibend.

Anmerkung: 1996 von Stephen G. Haw als Synonym von *R. sericea* bezeichnet, da sie mit dieser einige Merkmale teilt, wie etwa Blüten mit 4 Petalen; in *Flora of China* (2003) wird *R. taronensis* jedoch als eigenständige Art anerkannt.

Rosa x terebinthinacea Besser

Synonyme: *R.* x *fimbriata* Gremli, *R.* x *genevensis* Puget ex Déségl., *R.* x *marcyana* Boullu.

Hybride aus *R. gallica* L. x *R. tomentosa* Sm.

Verbreitung: Wild wachsend in Südfrankreich.

Beschreibung: Niedriger, gewöhnlich 0,6–1,2 m, mitunter auch bis 3 m hoher Busch.

• Blätter bestehend aus (3) 5–7 (9) großen, ca. 4 cm langen Fiedern.

• Einfache Blüten, rosa oder hellpurpurn, Durchmesser 5–7,5 cm, lang gestielt; Sepalen spitz zulaufend, häufig blattartig.

• Früchte kugelig, rot, glatt; Sepalen aufrecht, bleibend.

Mit diesem Namen werden mehrere Klone bezeichnet.

Rosa tomentosa Sm. 1800

Synonyme: *R. arvensis* Huds. var. *tomentosa* (Sm.) Andr., *R. canina* L. var. *tomentosa* (Sm.) Desv., *R. cuspidata* Bieb. 1808, *R. dimorpha* Besser.

Trivialnamen: Filzrose, Filzige Rose, Waldrose.

Verbreitung: Europa, Kleinasien, Russland (Kaukasus); eingebürgert in den USA. Seit 1820 in Kultur.

Beschreibung: Mit *R. villosa* verwandter Strauch. Zweige biegsam, zickzackartig geformt, bogig, bis 3 m lang; vereinzelte, meist paarig sitzende Stacheln, diese sind kräftig, flach, gerade oder leicht gebogen, an der Basis verbreitert; Jungtriebe grün, oft bereift.

• Aromatische Blätter, die harzig duften, wenn man sie zwischen den Fingern reibt, bestehend aus 5–7 Blättchen, je 2–4 cm lang, hellgrün oder gräulich grün, elliptisch oder eiförmig, Apex stumpf, spitz oder zugespitzt, beidseitig dicht filzig-flaumig, unterseits stark drüsig; Nebenblätter mit kurzen, dreieckigen Öhrchen; Rand drüsig, doppelt gesägt.

• Einfache Blüten, Durchmesser 3,8–5 cm, duftend, einzeln oder in Büscheln, auf langen, leicht borstigen Blütenstielen; Kelchblätter gelappt, zur Spitze hin verbreitert, drüsig behaart; Petalen blassrosa oder weiß. Juni, Juli.

• Früchte scharlachrot, 1,8–2,5 cm, eiförmig oder kugelrund, fein behaart und borstig. Z6

Rosa tomentosa var. *cinerascens* (Dum.) Crép.

Synonym: *R. cinerascens* Dum.

Beschreibung: Das Laub dieser Rose ist blasser.

Rosa tomentosa var. *mollissima* (Willd.) Dum.

Synonyme: *R. mollissima* Willd., *R. villosa* L. var. *mollissima* (Willd.) Roth.

Glatte Früchte ohne Borsten.

Rosa tomentosa var. *subglobosa* (Sm.) Gremli

Synonym: *R. subglobosa* Sm.

Früchte annähernd kugelig.

Rosa transmorrisonensis Hayata 1913 — Sektion Pimpinellifoliae

Verbreitung: Gebirge in Taiwan und auf den Philippinen, in etwa 2400 m Höhe; außerhalb ihrer Heimat selten in Kultur; in Deutschland ist sie im Europa-Rosarium Sangerhausen zu sehen.

Beschreibung: Immergrüner Busch. Zweige kahl, Jungtriebe rötlich; Stacheln flach, 4–5 mm lang, meist paarig unter den Blättern sitzend.

- Blätter bestehend aus 5–7 Blättchen, je 0,5–2,5 cm lang, elliptisch oder länglich, entlang der Mittelrippe auf der Unterseite flaumhaarig, Oberseite leicht drüsig behaart, Endfieder meist größer als Seitenfiedern; linealische, angewachsene Nebenblätter; Blattspindel feinstachelig; Rand fein gesägt.
- Einfache Blüten, Durchmesser 1,8–2,5 cm, einzeln oder Scheindolden mit 3–5 Blüten; keine Hochblätter; Sepalen dreieckig oder eiförmig, innen filzig; Petalen verkehrt-eiförmig, weiß, Rand gelappt, mitunter gekerbt; Griffel fadenförmig, hervorstehend; Staubblätter goldfarben.
- Früchte rot, kugelig, ca. 6 mm.

Rosa tsinglingensis Pax. & Hoffm. 1922 — Sektion Pimpinellifoliae

Verbreitung: Chinesische Provinzen Gansu und Shaanxi; in Lagen zwischen 2800 und 3700 m Höhe. Die Pflanze steht auf der Roten Liste der vom Aussterben bedrohten Arten.

Beschreibung: 2–3 m hoher Strauch, dünne, bisweilen drüsig behaarte Zweige mit nur wenigen Stacheln.

- Blätter inkl. Blattstiel 5–11 cm lang; Nebenblätter angewachsen; (9) 11–13 Blättchen, je 1–2 cm lang, elliptisch oder länglich, Unterseite kahl, nur entlang der Mittelrippe drüsig behaart, Oberseite kahl, Grund abgerundet, Rand einfach oder doppelt gesägt, bei jungen Blättern zur Spitze hin drüsige Zähne; Apex spitz oder abgerundet.

• Einfache, weiße Blüten, Durchmesser 2,5–3 cm, Blütenstiel leicht drüsig, 1,5–2 cm lang; Sepalen blattartig, dreieckig-lanzettlich, innen fein behaart; Saum ganzrandig oder gesägt.
• Früchte 2–3 cm, rot, länglich oder eiförmig, Sepalen aufrecht, bleibend.

Rosa tunquinensis Crép. 1886 — Sektion Synstylae

Verbreitung: Nordvietnam, Philippinen, Laos. In China ist die Pflanze seit ihrer Beschreibung durch Crépin möglicherweise verschwunden, da die Autoren von *Flora of China* (2003) sie nicht finden und daher nicht beschreiben konnten.
Beschreibung: Kletterstrauch mit bogigen Zweigen, Stacheln paarweise, leicht gebogen, zartrosa, breitbasig.
• Blättchen eiförmig, Basis abgerundet, fein behaart oder kahl; Nebenblätter angewachsen, fein gezähnt.
• Einfache Blüten, leicht duftend, reich blühend in großen, pyramideförmigen Doldenrispen; Hochblätter lanzettlich und blattartig; Sepalen lanzettlich, Petalen weiß oder hellrosa; Staubblätter goldfarben.

Rosa tuschetica Boiss. 1873 — Sektion Caninae

Synonym: *R. pimpinellifolia* var. *tuschetica* Christ.
Verbreitung: Bergregionen in Dagestan, Nordkaukasus. Hybride wahrscheinlich aus *R. glutinosa* x *R. pimpinellifolia*.
Beschreibung: Mit *R. glutinosa* verwandter Busch ohne Ausläufer, der sich von diesem durch eiförmige (und nicht verkehrt-eiförmige oder elliptische) Blättchen und lange, geschwänzte, an der birnenförmigen Frucht aufrecht stehende und bleibende Kelchblätter unterscheidet. Duftende, dunkelrosa Blüten, einzeln oder in Büscheln.

Rosa uniflorella Buzunova 1994 — Sektion Synstylae

Synonym: *R. uniflora* T. T. Yu & T. C. Ku 1981 non Galushko 1959.
Verbreitung: Nordosten der chinesischen Provinz Zhejiang, Küstengebiete.
Recht seltene Art, die außerhalb ihrer Heimat anscheinend weder in China noch in Europa in Kultur ist.
Beschreibung: Kleiner Busch, Zweige gebogen, dünn, braun oder purpurbraun mit zerstreuten kurzen, flachen, paarigen Stacheln.
• Blätter inkl. Blattstiel 2,5–3,5 cm lang; 5–7 Blättchen, je 7–10 mm lang, verkehrt-eiförmig oder breit-elliptisch, spitz oder stumpf; Unterseite fein behaart, hervorstehende Mittelrippe, Oberseite leicht behaart; Rand einfach, zur Spitze hin manchmal doppelt gesägt.
• Einfache, weiße Blüten, Durchmesser 2–2,5 cm, einzeln, kurz gestielt; 2–3 ei-lanzettliche Hochblätter; Sepalen lanzettlich, manchmal gelappt.
• Frucht klein, kugelig, scharlachrot, Kelchblätter abfallend.

Rosa uriensis Lagger et Puget ex Cottet — Sektion Caninae

Synonym: *R. abietina* var. *uriensis* Christ 1873.
Trivialname: Uri-Rose.
Namensherkunft: Benannt nach dem Schweizer Kanton Uri.
Verbreitung: Schweiz und Norditalien.
Beschreibung: Strauch, der *R. caesia*, *R. dumalis*, *R. abietana* und *R. montana* nahe verwandt ist.
• Blätter mattgrün mit kleinen, am Rand doppelt gezähnten Blättchen.
• Blüten blassrosa, einzeln auf feinstacheligen Stielen, Kelchblätter spitz zulaufend; Griffel wollig.
• Früchte klein, schwarz, borstig, Kelchblätter bleibend.

Rosa villosa L. 1753 — Sektion Caninae

Synonyme: *R. alpicola* Rouy, *R. eglanteria* L. var. *villosa* (L.) Lam., *R. hispida* hort. ex Poiret, *R. pomifera* Herrm.
Namensherkunft: Lateinisch: «zottig behaart».
Trivialnamen: Apfelrose, Zottige Rose. Apple Rose (GB).
Verbreitung: Bergregionen in Mittel- und Südeuropa, Kleinasien, Kaukasus.
Seit 1771 in Kultur.
Beschreibung: Buschiger, 1–2,5 m hoher, kräftiger, Ausläufer bildender Strauch, Zweige gräulich grün, steif, dicht, im oberen Drittel verästelt, mit zerstreuten, dünnen, geraden oder leicht gebogenen Stacheln auf geringfügig verbreiterter Basis. Jungtriebe rötlich braun, leicht bereift.
• Blätter gräulich grün, bestehend aus 5–9 Blättchen, je 3,2–6,5 cm lang, weich, elliptisch-länglich, spitz oder stumpf, flaumig behaart; Unterseite filzig, mit vielen harzig duftenden Drüsen; Rand drüsig, doppelt gesägt. Fiederblättchen zur Blattspitze hin breiter werdend, die größten sitzen am Blattende. Die Nebenblätter der Blütenzweige sind verbreitert.

• Einfache Blüten, leicht duftend, Durchmesser 2,5–6,5 cm, einzeln oder in kleinen Büscheln zu 2, 3 oder mehr auf sehr kurzen Blütenstandsstielen, die mit kräftigen, drüsigen Borsten bedeckt sind; Hochblätter blattartig; Kelch drüsig-borstig; Sepalen gelappt, aufrecht, spitz zulaufend, drüsig; Petalen leicht zerknüllt, lebhaft rosa; Griffel mehr oder weniger fein behaart. Juni, Juli.

• Früchte 1–3 cm, eiförmig, kugelrund oder birnenförmig, erst orange, dann dunkelrot, drüsig-borstig, Kelchblätter aufrecht, bleibend. Die an Vitamin C reichen Früchte dienen zur Herstellung von Hagebuttenmarmelade.

Z5

Rosa villosa **var.** ***duplex*** Weston

Synonyme: *R. pomifera* f. *duplex* (Weston) Rehd., *R. villosa* 'Duplex'.
Trivialname: Wolley-Dod's Rose (GB).
Herkunft: Wahrscheinlich Hybride aus *R. villosa* und einer tetraploiden, aus Gartenkultur stammenden Rose. In England seit wenigstens 1770 bekannt, dann anscheinend in Vergessenheit geraten, 1900 in einem Garten im englischen Cheshire gefunden bzw. wiederentdeckt von Anthony H. Wolley-Dod (1861–1948), britischer Militär und Botaniker sowie Autor von *The Roses of Britain* (1924).
Beschreibung: Strauch und Früchte kleiner als Typus, blühfreudiger; Blättchen grüngrau, fein behaart; Blüten halbgefüllt, blassrosa, Durchm. 6,5 cm.

Rosa villosa **var.** ***engadinensis*** Christ

Mit Ausnahme der älteren Stämme sind die Triebe häufig unbestachelt. Blütenboden drüsig-borstig.

Rosa villosa* var. *recondita (Puget) Christ

Synonyme: *R. pomifera* Herrm. var. *recondita* (Puget) Christ, *R. recondita* Puget.

Namensherkunft: Lateinisch: «versteckt, geheim».

Beschreibung: Höhe 2 m. Die Triebe tragen vereinzelte Stacheln. Blütenboden kahl.

Rosa villosa* var. *sancti-andrae (Degen & Trautm. ex Jàv.) Soo

Synonym: *R. sancti-andrae* Degen & Trautm.

In Ungarn vorkommende Varietät, steht dem Typus sehr nah, wird oft auch als dessen Synonym betrachtet, zeichnet sich durch dickere Früchte aus.

Rosa virginiana Herrm. 1762

Sektion Carolinae

Synonyme: *R. blanda* Ait. var. *willmottiana* Baker, *R. carolinensis* Marsh., *R. humilis* Marsh. var. *lucida* (Ehrh.) Best., *R. lucida* Ehrh. 1789, *R. virginiana* Mill. 1768, *R. pennsylvanica* Andrews non Michx.

Trivialnamen: Glanzrose, Spiegelrose, Virginische Heckenrose, Virginische Rose.

Verbreitung: Nördliches und östliches Nordamerika. Vor 1807 in Kultur genommen.

Beschreibung: Stark verzweigter, 1,5–1,8 m hoher Strauch, der gelegentlich Ausläufer

bildet, Zweige aufrecht, rötlich braun, bewehrt mit Nadelstacheln sowie einigen geraden, mitunter gebogenen Stacheln, die paarweise gegenständig unter den Knoten sitzen. Jungtriebe fein behaart, rötlich.
• Blätter dunkelgrün glänzend; Nebenblätter schmal; Fiedern (5) 7–9, je 2–6 cm lang, verkehrt-eiförmig oder breit-elliptisch, zugespitzt, unten kahl oder auf der Mittelrippe fein behaart; Blattspindel etwas stachelig; Rand gesägt, an der Spitze tiefer. Herbstlaub erst orangerot, dann violettlich purpurn.
• Üppiger Flor, Blüten einfach, Durchmesser 5–6,5 cm, duftend, manchmal einzeln, öfter in Büscheln zu 2–8; Sepalen ganzrandig oder gelappt, drüsig behaart, Spitze blattartig; Petalen hell korallenrosa, in der Mitte blasser. Juni, Juli.
• Früchte 1–1,5 cm, flachkugelig, kirschrot glänzend, glatt, bisweilen drüsig behaart, bis zum nächsten Frühjahr fleischig bleibend, Sepalen bleibend.

Rosa virginiana lamprophylla Rehd.

Namensherkunft: «Mit glänzendem Blatt».

Rosa virginiana* var. *plena hort. ex Rehd.

Herkunft: Varietät oder Hybride von *R. virginiana*, die von Redouté unter dem Namen «Rosier turneps» gemalt wurde, Herkunft ungewiss, seit 1820 in Kultur.

Beschreibung: Strauch mit kompakterem Wuchs als Typus; Blüten gefüllt, blassrosa, leicht duftend, zu 2–5 in Büscheln. Juli, August.

Synonyme: *R. lucida* Ehrh. var. *plena* hort. ex Rehd., *R. rapa* Bosc.

Trivialnamen: Rosier turneps, Rose d'amour (F).

Rosa x waitziana Tratt.

Synonym: *R.* x *kosinsciana* Besser.

Namensherkunft: Benannt nach dem deutschen Botaniker Karl Friedrich Waitz (1774–1848).

Verbreitung: Mitteleuropa; Waldränder. Hybride aus *R. gallica* x *R. canina.*

Beschreibung: 1,5–2 m hoher Strauch, Zweige tragen zerstreute, leicht gebogene, ungleich lange Stacheln.
• Dicke Blätter mit 5–7 Blättchen, unterseits auf der Mittelrippe flaumhaarig; Rand gesägt.
• Einzelne, dunkelrosa Blüten, Durchmesser ca. 6–8 cm; Kelchblätter drüsig; Griffel fein behaart.
• Früchte vor der Reife rasch abfallend.

Rosa* x *waitziana Tratt. **var. *macrantha*** (Desp.) Rehd. 1921

Synonyme: *R.* 'Macrantha', *R.* x *macrantha* Desp. 1838, *R.* x *macrantha waitziana.*
Namensherkunft: Griechisch *macros*, «groß», und *anthos*, «Blüte». Gartenherkunft, wahrscheinlich Hybride aus *R. gallica* und einem anderen Elternteil, bei dem es sich, entgegen früheren Annahmen, wie man heute weiß, nicht um *R. canina* handelt. 1823 von Desportes in dem bei La Flèche gelegenen Ort Avessé entdeckt.
Beschreibung: Ausläufer bildender Strauch mit lockerem Wuchs, 1,5–2 m hoch und häufig 2–3 m breit. Zweige lang, grün, bogig überhängend oder kriechend, mit wenigen, zerstreuten geraden oder leicht gebogenen Stacheln, die mit drüsigen Borsten untermischt sind.

• Blätter matt dunkelgrün; Nebenblätter weitgehend angewachsen, Öhrchen zugespitzt; Fiedern 3 bis 7, elliptisch, eiförmig oder verkehrt-eiförmig, spitz oder zugespitzt; Oberseite kahl; unten drüsig, auf der Mittelrippe feinstachelig; Spindel feinstachelig; Rand einfach, mitunter doppelt gesägt.

• Einfache oder halb gefüllte Blüten, in Büscheln zu 2–5, wohlriechend, Durchmesser ca. 7,5 cm; Blütenstandsstiel drüsig behaart; Sepalen viellappig, innen und am Rand fein behaart, leicht drüsig; Petalen fleisch- bis blassrosa, zu Weiß verblassend. Juni.

• Früchte 1,5–2 cm, annähernd kugelig, mattrot, bis in den Herbst bleibend. Z6

Rosa wardii Mullig. Sektion Cinnamomeae

Synonyme: *R. setipoda* var. *inermis* Marqu. & Shaw, *R. sweginzowii* var. *inermis*
Namensherkunft: Benannt nach Frank Kingdon Ward (1885–1958).
Verbreitung: Südwestchina, Tibet.
Beschreibung: 1,5–2 m hoher Strauch, ähnlich *R. sweginzowii*, abweichend durch gebogene Zweige, die meist unbestachelt sind oder nur sehr vereinzelte spitz zulaufende Stacheln tragen. Jungtriebe bläulich grün.

• Blätter hellgrün; 5–9 (11) kleine, eiförmige oder elliptische, 1,3–2 cm lange Blättchen.

• Blüten weiß mit dunkelbrauner Mitte, einzeln oder zu 2–3 in Büscheln.

• Kleine Früchte.

Z7

Rosa wardii* var. *culta (Mullig.) Krüss.

Herkunft: Von Frank Kingdon Ward entdeckt, Gartenform von *R. wardii*, seit 1924 in Kultur.

Beschreibung: Sehr ähnliche Merkmale wie die zuvor beschriebene Art. Die Blüten besitzen einen Durchmesser von 3–3,5 cm, die Petalen sind cremeweiß mit mahagonibrauner Mitte, die Staubblätter gelb.

Rosa watsoniana Crép. 1888 Sektion Synstylae

Synonym: *R. multiflora* Thunb. f. *watsoniana* (Crép.) Matsumura.

Trivialnamen: Rosier bambou, Rosier à feuilles d'estragon (F).

Herkunft: Gartenherkunft, Japan, 1870. Mutation von *R. multiflora*.

Beschreibung: Buschiger Strauch, der auf den ersten Blick keine Ähnlichkeit mit einem Rosenstrauch zeigt. Zahlreiche, gebogene, aufrechte oder kriechende Zweige bis zu 1,5 m Höhe mit kleinen, zerstreuten Stacheln.

• Die Blätter ähneln dem Laub bestimmter Ahornbäume in Japan; 3–5 Blättchen, je 2,5–6,5 cm lang, linealisch-lanzettlich, in Nähe der Mittelrippe gelb oder grau gefleckt, unterseits fein behaart, Ränder gewellt und gesägt.

• Winzige Blüten mit einem Durchmesser von 1–1,7 cm, einfach, meist in Büscheln, seltener einzeln; Sepalen ganzrandig, unterseits zottig behaart; Blütenblätter meist weiß, manchmal blassrosa. Blüte im Juni, aber ohne Zierwert.

• Früchte bilden sich nur sehr selten aus und sind meist steril; bei fertilen Hagebutten bringt die Aussaat *R. multiflora* in ihrer normalen Form hervor. Z5

Rosa webbiana Wall. ex Royle 1835 Sektion Cinnamomeae

Synonyme: *R. guilelmi-waldemarii* Klotzsch, *R. unguicularis* Bertol.

Namensherkunft: Benannt nach Hauptmann William S. Webb, Forschungsreisender und Pflanzensammler im Zentralmassiv des Himalaja.

Verbreitung: Himalaja in Kaschmir und Nepal; Afghanistan, Turkestan, Mongolei, China (Tibet); in Lagen zwischen 2000 und 4500 m Höhe. Seit 1879 in Kultur.

Beschreibung: Buschiger, 1–2 m hoher Strauch, ähnlich *R. willmottiae*. Zweige dünn, gebogen, purpurbraun, mit vereinzelten geraden, feinen, gelben Stacheln auf stark verbreiterter Basis, die paarig unter den Blättern sitzen. Jungtriebe sind oft rötlich und bereift.

- Blätter inkl. Blattstiel 3–4 cm lang; Nebenblätter weitgehend angewachsen, drüsig bewimperte Ränder; 5–9 Blättchen, je 0,6–2,5 cm lang, verkehrt-eiförmig oder breit-elliptisch, Apex abgerundet oder stumpf, selten spitz; Oberseite bläulich grün, kahl, Unterseite entlang der Mittelrippe oft flaumhaarig; am Grund ganzrandig, zur Spitze hin gesägter Rand.
- Einfache Blüten, Durchmesser 3,5–5 cm, leicht duftend, meist einzeln oder in Büscheln zu 2–3; Hochblätter eiförmig mit drüsigem, fein gesägtem Rand; Kelchblätter dreieckig, lanzettlich, ganzrandig, oft drüsig behaart, innen flaumhaarig, Apex spitz zulaufend; Petalen weiß bis blass- oder lilarosa, gelegentlich rosa mit keilförmig weißer Basis. Juni, Juli.
- Früchte 1,5–2,5 cm, kugelrund, ei- oder amphorenförmig, rot glänzend, glatt oder drüsig-behaart, Sepalen bleibend, abstehend.

Z6

Rosa wichurana Crép. Sektion Synstylae

leicht wurzelnden Zweigen mit einer Länge von 3–6 m, die zerstreute robuste, hakige Stacheln tragen.

Synonyme: *R. bracteata* hort. non Wendl., *R. luciae* Franch. & Rochebr. ex Crép. var. *wichurana* Koidz., *R. mokanensis* Lév., *R. luciae* var. *taquetiana* Bouleng., *R. taquetii* Lév.
Vormals *Rosa wichuraiana* Crép.
Trivialname: Wichuras Rose.
Namensherkunft: Benannt nach dem deutschen Botaniker Max Ernst Wichura (1817–1866).
Verbreitung: Japan, Korea, Ostchina. Auf Dünen wachsend, die sie mit ihren kriechenden Zweigen überwuchert.
1888–1890 in Europa eingeführt.
Beschreibung: Kräftiger Strauch mit grünen, biegsamen, kletternden oder kriechenden, leicht wurzelnden Zweigen mit einer Länge von 3–6 m, die zerstreute robuste, hakige Stacheln tragen.

- Blätter immer- oder halb immergrün, bestehend aus (5) 7–9 Blättchen, je 1–2,5 cm lang, smaragdgrün glänzend, elliptisch, breit-eiförmig oder rundlich, stumpfspitzig, kahl, Unterseite heller, auf der Mittelrippe fein behaart; Nebenblätter bewimpert; Ränder grob gesägt.
- Einfache Blüten, Durchmesser 2,5–5 cm, duftend, in kegelförmigen, lockeren Doldenrispen mit 6–10 Blüten; Kelchblätter ganzrandig oder gelappt, oft fein behaart oder leicht drüsig; Petalen weiß, in der Mitte zartgelb. Juni, Juli.
- Früchte 1–1,5 cm, eiförmig oder kugelrund, orange- bis dunkelrot.
- Aus der Art gingen mehrere moderne Kletterrosenvarietäten mit glänzendem Laub hervor.

Z5

Rosa willmottiae Hemsl. non Lév. 1907 Sektion Cinnamomeae

Verbreitung: West- und Nordwestchina, trockene Täler in Sichuan zwischen 1300 und 3800 m Höhe.
Trivialname: Willmotts Rose.
Namensherkunft: Benannt nach Ellen Ann Willmott (1858–1934), einer reichen britischen Gartenliebhaberin und Besitzerin des Anwesens *Warley Place* (Essex) sowie Autorin des Rosenwerks *The Genus Rosa* (1910–1914). Die Pflanze wurde 1904 von E. H. Wilson entdeckt und nach Europa gebracht.
Beschreibung: Schöner, stark verästelter Strauch mit elegantem Wuchs, der 2–3 m

Höhe erreicht. Zweige schlank, aufrecht oder bogig, kahl, mit vielen, meist paarig unter den Blättern sitzenden Stacheln, diese sind schmutzig rosa, fein, gerade, 1,2 cm lang, breitbasig. Jungtriebe gräulich grün, bereift, später bräunlich rot.

• Blätter inkl. Blattstiel 2–4 cm lang; Nebenblätter weitgehend angewachsen; Spindel und Blattstiel leicht bestachelt; (5) 7–9 (11) Fiedern, je 6–17 mm lang, grüngrau, kahl, elliptisch, verkehrt-eiförmig oder rundlich, Apex stumpf, Rand mit dichter, feiner, einfacher oder bisweilen auch doppelter Zähnung; manchmal an Farnblätter erinnernd.

• Einfache Blüten, Durchmesser 2,5–3,8 cm, meist einzeln, leicht duftend, auf 1,5 cm langen Blütenstielen; Brakteen eiförmig oder lanzettlich; Kelchblätter ganzrandig, kahl, innen fein behaart; Petalen lilarosa, Spitze farbig berandet; Staubblätter weiß. Üppige Blüte im Mai, Juni.

• Früchte 1–1,8 cm, eiförmig, fast kugelig oder birnenförmig, hell orangerot, Kelchblätter abfallend.

• Die Varietät *glandulifera* besitzt Blättchen mit vollständig doppelt gesägtem Rand, zur Spitze hin sind die Zähne drüsig.

Nicht zu verwechseln mit *R. willmottiae* Lév., einem Synonym für *R. longicuspis*, oder mit *R. blanda willmottiana* Baker.

Z6

Rosa x wintoniensis Hillier 1928 — Sektion Cinnamomeae

Namensherkunft: «Aus Winchester stammend», lateinisch *Venta*, aus dem *Winton* wurde.

Herkunft: Hybride aus *R. moyesii* Hemsl. & Wils. x *R. setipoda* Hemsl., 1928 von Hillier erzielt.

Beschreibung: Buschiger, ca. 3,5 m hoher Strauch von kräftigem Wuchs, der *R. moyesii rosea* ähnelt. Unterscheidet sich von diesem durch gräulich grünes Laub, dessen leicht aromatischer Duft an den von *R. rubiginosa* erinnert, und Büschel mit 7–10 Blüten, deren Petalen herzförmig, samtig, dunkelrosa und an der Basis heller gefärbt sind. Juni. Früchte dunkel orangerot, drüsig-borstig, amphorenförmig, Kelchblätter aufrecht, bleibend.

Z6

Rosa woodsii Lindl. 1826 non 1820

Sektion Cinnamomeae

Synonyme: *R. deserta* Lunell, *R. fimbriatula* Greene, *R. macounii* Rydb. non Greene, *R. maximiliani* Nees, *R. mohavensis* Parish, *R. naiadum* Lunell, *R. sandbergii* Greene.

Namensherkunft: Benannt nach Joseph Woods (1776–1864), englischer Architekt, Botaniker und Autor von *The Tourist Flora* (1852).

Verbreitung: Mittlere und westliche Regionen in Nordamerika, von Britisch-Kolumbien bis Nordmexiko; steinige Hänge, Straßen- und Waldränder.

Beschreibung: Dichter Busch mit aufrechten, steifen, purpurbraunen oder bräunlich roten, später grauen Zweigen mit 1–2 m Höhe; unter den Knoten sitzen viele, dünne, gerade oder leicht gebogene Stacheln, die manchmal mit Borsten untermischt sind.

- Blätter mattgrau; Nebenblätter schmal, weitgehend angewachsen; 5–7 (9) Blättchen, je 1–3 cm lang, verkehrt-eiförmig oder elliptisch, spitz oder stumpf, kahl, Unterseite bläulich grün, fein behaart; Rand tief gesägt.
- Einfache Blüten, Durchmesser 3–5 cm, einzeln oder in Doldenrispen zu 2 oder 3, kurze, glatte Blütenstiele; Kelchblätter ganzrandig, lanzettlich, kahl oder fein behaart; Petalen blass- bis lilarosa, gelegentlich weiß; Blütenstiel und Kelch kahl. Juni, Juli.
- Früchte 5–15 mm, kirschrot, glatt, eiförmig oder kugelrund, gewöhnlich mit recht kurzem Hals an der Spitze, Sepalen aufrecht, bleibend.

Z4

Rosa woodsii var. *fendleri* (Crép.) Rydb.

Synonyme: *R. fendlerii* Crép. 1876, *R. poetica* Lunell.
Namensherkunft: Benannt nach August Fendler (1813–1883), deutscher Naturforscher und Forschungsreisender in Neumexiko.
Verbreitung: Nördliches und westliches Nordamerika. Wird seit 1888 kultiviert und ist häufiger in Kultur als der Typus.
Beschreibung: Strauch mit grazilem Wuchs, kleiner als *R. woodsii*, unterscheidet sich von diesem durch drüsig behaarte Blütenstandsstiele, gräulich grüne Blättchen mit doppelt gesägtem Rand, kleinere, lilarosa Blüten, die meist in 3-zähligen Büscheln stehen, und runde, rot glänzende Früchte, die ebenfalls kleiner sind.

Rosa woodsii var. *ultramontana* (Wats.) Jeps.

Synonyme: *R. californica* Cham. & Schlechtend. var. *ultramontana* (Wats.) Peck, *R. pisocarpa ultramontana* (Wats.) Peck, *R. ultramontana* (Wats.) Heller, *R. woodsii* var. *gratissima* (Greene) D. Cole.
Namensherkunft: Lat.: «Jenseits der Berge».
Verbreitung: Nordwestliches Nordamerika, von Britisch-Kolumbien bis Kalifornien und Nevada; feuchte Täler in 1200–3000 m Höhe. Seit 1888 in Kultur.
Beschreibung: Buschiger Strauch, Ausläufer bildend, Höhe 1,5–2,5 m, Zweige manchmal unbewehrt, manchmal dünne, gerade Stacheln tragend.
• Die Blätter bestehen aus 5–7 elliptischen Blättchen mit kahler Oberseite und drüsig behaarter Unterseite.
• Einfache Blüten, Durchmesser 5 cm, in Doldenrispen mit 3–10 Blüten; Sepalen lanzettlich, Petalen obkordat, mittelrosa, Staubblätter gelb. Juni, Juli.
• Früchte klein, annähernd kugelig, rot, glatt.

Rosa xanthina Lindl. 1820 — Sektion Pimpinellifoliae

Synonym: *R. xanthinoides* Nakai.
Trivialname: Rosier de Mandchourie (F).
Namensherkunft: Griechisch *xanthos*, «gelb».
Verbreitung: Korea und Nordchina, wo sie bereits im 18. Jh. in Kultur war. 1906 in Europa eingeführt.
Beschreibung: Recht verästelter, 1,5–3,5 m hoher Strauch, Zweige aufrecht, aber wirr durcheinander wachsend, mahagonibraun oder bräunlich grau, keine Borsten, jedoch

viele kräftige, bis 1,2 cm lange, gerade oder leicht gebogene Stacheln mit stark verbreiterter Basis, die unter den Blättern paarig und auf dem Rest des Stängels gegenständig sitzen, auf blütenlosen Trieben sind die Stacheln mitunter sehr flach. Ältere Stämme sind sehr kräftig.

- Blätter inkl. Blattstiel 3–5 cm lang; Nebenblätter schmal, drüsig, weitgehend angewachsen; 7–13 (15) Blättchen, je 8–20 mm lang, dunkelgrün, breit-obovat, seltener elliptisch, Apex stumpf, Oberseite kahl, Unterseite junger Blätter fein behaart, Rand gekerbt oder gesägt.
- Blüten einfach, halb gefüllt oder gefüllt, Durchmesser 3,8–5 cm, einzeln, seltener paarig, kurz gestielt; Kelchblätter ganzrandig, lanzettlich, zugespitzt, blattartig, innen leicht behaart; Petalen goldgelb, Spitze ausgerandet; Staubblätter goldbraun. Mai, Juni.
- Früchte 8–15 mm, kugelrund oder eiförmig, rot- oder kastanienbraun, glatt, kahl, Kelchblätter bleibend, nach unten geschlagen.

Benötigt trockenen Boden und sonnigen Standort.

Z5

Rosa xanthina* var. *allardii hort.

Synonyme: *R. xanthina plena*, *R. xanthina* 'Allard'.
Herkunft: Vor 1927, erzielt im Botanischen Garten von Lyon. Die Varietät weist größere Ähnlichkeit mit *R.* x *harisonii* als mit *R. xanthina* auf. Halb gefüllte, gelbe Blüten. Nach Graham Stuart dürfte es sich um einen Klon handeln, der aus Saatgut von *R.* x *harisonii* entstanden ist.

***Rosa xanthina* 'Duplex'**

Beschreibung: Form mit gefüllten oder halb gefüllten Blüten, die häufig in Gärten angepflanzt wird.

Rosa xanthina* var. *lindleyi

Varietät mit halb gefüllten Blüten.

Rosa xanthina* var. *xanthina* f. *spontanea Rehd.

Synonym: *R. xanthina* f. *normalis* Rehd. & Wils. 1915, p.p.

Verbreitung: Von Turkestan bis Nordchina.

Form mit einfachen, gelben Blüten mit einem Durchmesser von 5–6 cm.

Früchte kugelig, 1,3 cm, hellrot, Kelchblätter aufrecht, bleibend. Wild wachsende Varietät, die als Elternteil an der Entstehung von 'Canary Bird' beteiligt war, das zweite Elternteil war *R. hugonis*.

Rosa yainacensis Greene — Sektion Cinnamomeae

Synonym: *R. myriadena* Greene.
Verbreitung: USA, Oregon. Seit 1912 in Kultur.
Beschreibung: Niedriger, *R. nutkana* nahestehender Strauch. Unterscheidet sich von diesem durch kleinere Blättchen (1–2 cm lang), einzelne, dafür zahlreichere mittelrosa Blüten und kleinere Früchte.

Rosa zhongdianensis T. C. Ku 1990 — Sektion Pimpinellifoliae

Verbreitung: Nordwesten der chinesischen Provinz Yunnan; entdeckt in etwa 2600 m Höhe. Selten.
Beschreibung: Kleiner, ca. 2 m hoher Busch, Zweige rotbraun, meist kahl, mit flachen, basisverbreiterten Stacheln, die paarig unter den Blättern, seltener zerstreut auf den Trieben sitzen.

- Blätter inkl. Blattstiel 1,5–2,8 cm lang; Nebenblätter groß, weitgehend angewachsen; (5) 7 kleine Blättchen, je 5–8 mm lang, verkehrt-eiförmig, oberseits fein behaart, Spitze abgerundet oder gestutzt, Saum an der Basis ganzrandig, zur Spitze hin fein gesägt.
- Einfache Blüten, achselständig, auf 5–7 mm langem Blütenstiel; Hochblätter fehlend; 4 lanzettliche, beidseitig fein behaarte Kelchblätter mit zugespitztem Apex; 4 weiße Petalen.
- Früchte dunkelrot, verkehrt-eiförmig, kahl.

Anmerkung: Die Rose wurde 1996 von Stephen G. Haw als Synonym von *R. sericea* eingestuft, da sie mit dieser bestimmte Merkmale teilt. In *Flora of China* (2003) wird *R. zhongdianensis* jedoch als eigenständige Art anerkannt.

Anhang

Autoren der wiss. Artenbeschreibungen

Biografische Notizen, Abkürzungen

Die übliche Abkürzung ist in der linken Spalte angegeben, die rechte Spalte enthält den vollen Namen des Autors mitsamt Geburts- und Todesjahr sowie Nationalität. Bei den im vorliegenden Buch am häufigsten genannten Autoren finden sich zusätzlich einige biografische Angaben (bei diesen ist der volle Name in Fettschrift gedruckt).

Ait.	**William Aiton** (1731–1793), britischer Botaniker, Schüler und Assistent von Philip Miller in Chelsea. 1759 bis zu seinem Tod Leiter des neu errichteten Botanischen Gartens *Kew Gardens*.
Aitch.	James Edward Tierney Aitchison (1836–1898), britischer Arzt und Botaniker.
Andrews	**Henry C. Andrews** (ca. 1794–ca.1830), britischer Botaniker und Illustrator; zwischen 1804 und 1812 erschienen eine Sammlung von 300 Rosen-Tafeln, die von ihm gezeichnet, graviert, koloriert und beschrieben worden waren.
Asch.	Paul Friedrich August Ascherson (1834–1913), deutscher Botaniker.
Baker	**John Gilbert Baker** (1834–1920), britischer Botaniker, Kurator in den *Royal Botanic Gardens, Kew*, Mitglied der *Royal Society*, Autor zahlreicher Publikationen, u. a. über die Flora auf der Insel Mauritius und den Seychellen.
Bast.	Toussaint Bastard (1784–1846), französischer Arzt und Naturforscher.
Bean	William Jackson Bean (1863–1947), britischer Botaniker.
Bechst.	Johann Matthäus Bechstein (1757–1822), Naturforscher, Insektenforscher und Ornithologe. Er gehört zu den Pionieren im Tierschutz.
Bertol.	Antonio Bertoloni (1775–1869), italienischer Arzt und Botaniker.
Besser	Wilibald Gottlieb von Besser (1784–1842), österreichischer Botaniker.

Best	George Newton Best (1846–1926), amerikanischer Naturforscher.
Bieb.	Friedrich August Marschall von Bieberstein (1768–1826), deutscher Naturforscher und Forschungsreisender.
Boiss.	**Pierre Edmond Boissier** (1810–1885), Schweizer Botaniker, Student von Augustin-Pyramus de Candolle, Autor von nahezu 6000 Pflanzenbeschreibungen. Ihm verdanken wir das Werk *Flora orientalis* (1867–1884) sowie *Voyage botanique dans le midi de l'Espagne* («Botanische Reise nach Südspanien») (1839–1845).
Borkh.	Moritz Balthasar Borkhausen (1760–1806), deutscher Naturforscher.
Borrer	William Borrer (1781–1862), britischer Botaniker.
Bouleng.	**George Albert Boulenger** (1858–1937), belgischer Zoologe, Amphibien-, Reptilien- und Fischexperte. Nach einer glänzenden beruflichen Laufbahn in London und Brüssel widmete er sich in seinem Ruhestand der Botanik. Zwischen 1924 und 1932 veröffentlichte er ein Werk über die europäischen Rosen im Crépin-Herbarium, *Les Roses d'Europe dans l'Herbarium de Crépin*, knapp 1000 Seiten in zwei Bänden.
Brumme	**Hella Brumme** (20. Jahrhundert), deutsche Gartenbauingenieurin, ehemalige Leiterin des Europa-Rosariums Sangerhausen. Zusammen mit Thomas Gladis verfasste sie ein Verzeichnis der Wildrosenarten und ihrer Hybriden.
Cham.	Adelbert von Chamisso (1781–1838), deutsch-französischer Dichter, Schriftsteller und Naturforscher.
Christ	**Konrad Hermann Heinrich Christ** (1833–1933), geboren in Basel, Jurist von Berufs wegen und Botaniker aus Leidenschaft, Spezialist für Farne, über die er mehrere Abhandlungen veröffentlichte. Pflanzengeografie war ein weiteres seiner Interessengebiete. Mehr als 50 Pflanzen wurden nach ihm benannt, etwa *Rosa* x *christii* Wiesb.
Chrshan.	Vladimir Gennadievich Chrshanovski (1912–1985), ukrainischer Botaniker und Forschungsreisender.
Cockerell	Theodore Dru Alison Cockerell (1866–1948), amerikanischer Botaniker und Zoologe.
Collet	Sir Henry Collet (1836–1901), britischer Militär und Botaniker.
Correv.	Louis Henry Correvon (1854–1939), Schweizer Baumschulgärtner, Naturforscher und Botaniker, Spezialist der Alpenflora.

Crép.	**François Crépin** (1830–1903), belgischer Botaniker. 1860 veröffentlichte er ein Handbuch über die belgische Flora, *Manuel de la flore de Belgique*; 1861 wurde er Lehrer an der Gartenbauschule von Gent, 1869 wurde er zum Konservator des Naturhistorischen Museums in Brüssel ernannt, 1876 zum Direktor des dortigen Botanischen Gartens. Einen Großteil seiner Arbeiten hat Crépin dem Rosenstudium gewidmet: Ihm verdanken wir 88 Veröffentlichungen über die Gattung *Rosa*, die sich mit der Klassifizierung der Rosen in Europa, Asien und Amerika sowie der Beschreibung zahlreicher neuer Arten befassen. Sein eigenes Rosenherbarium umfasste 40000 Herbarbogen. Eine umfassende Monografie über die Gattung blieb unvollendet, wurde aber vom Naturforscher G. A. Boulenger verwendet, der sich ebenfalls mit dem Crépin-Herbarium befasste und ein Werk über dessen europäische Rosen, *Les Roses d'Europe dans l'Herbarium de Crépin*, veröffentlichte.
Curtis	William Curtis (1746–1799), britischer Botaniker und Insektenforscher.
DC.	**Augustin-Pyramus de Candolle** (1778–1841), Schweizer Botaniker, Inhaber des Lehrstuhls für Botanik an der Medizinischen Fakultät von Montpellier, Autor des Werks *Théorie élémentaire de la botanique*. Während der Restauration verließ er Frankreich und beteiligte sich an der Einrichtung des Botanischen Gartens in Genf. Sein Vorhaben, alle Pflanzen aus dem Pflanzenreich zu beschreiben, hat er zwar nicht vollendet, aber er beschrieb immerhin an die 60000 Arten.
Dematra	J. A. Dematra (1742–1824), Schweizer Priester und Botaniker.
Deségl.	**Pierre Alfred Déséglise** (1823–1883), französischer Botaniker, später Assistent am botanischen Konservatorium in Genf. Von manchem seiner Kollegen wurde ihm der Vorwurf der «Spalterei» in der Gattung *Rosa* gemacht, da er unzählige Unterarten und Varietäten kreierte.
Desf.	René Louiche Desfontaines (1750–1833), französischer Botaniker.
Desp.	Narcisse Henri François Desportes (1776–1856), französischer Botaniker und Bibliograf.
Desv.	Auguste Nicaise Desvaux (1784–1856), französischer Botaniker.
Dieck	Georg Dieck (1847–1925), deutscher Insektenforscher und Botaniker.
Dipp.	Leopold Dippel (1827–1914), deutscher Botaniker.
Donn	James Donn (1758–1813), britischer Botaniker, Kurator des Botanischen Gartens in Cambridge.

Dumort.	Barthélemy Charles Joseph Dumortier (1797–1878), belgischer Politiker, Naturforscher und Botaniker.
Ehrh.	J. Friedrich Ehrhart (1742–1795), deutscher Botaniker, Schüler von Linné.
Fisch.	Friedrich Ernst Ludwig von Fischer (1782–1854), russischer Botaniker deutscher Herkunft.
Focke	Wilhelm Olbers Focke (1834–1922), deutscher Arzt und Botaniker.
Fort.	Robert Fortune (1812–1880), britischer Botaniker und Forschungsreisender, bedeutender Pflanzensammler.
Franch.	**Adrien René Franchet** (1834–1900), französischer Botaniker. Er befasste sich mit Pflanzen aus China und Japan, die von Pater Armand David, Paul Guillaume Farges und Pierre Jean Marie Delavay gesammelt worden waren. 1882 fand er bei seinen Nachforschungen in den Archiven des Naturhistorischen Museums in Paris das völlig in Vergessenheit geratene Herbarium wieder, dessen Pflanzen in den Regionen von Peking, Kanton und Macao von Pierre Noël Chéron d'Incarville (1706–1757) gesammelt und an Jussieu gesandt worden waren. Franchets Interesse galt zudem der Flora im französischen Département Loir-et-Cher, worüber er 1885 eine Beschreibung veröffentlichte, sowie der Pflanzenwelt am Kap Hoorn und im Französisch-Kongo. Nach ihm benannt wurde *Cotoneaster franchetii* Bois.
Fr.	Elias Magnus Fries (1794–1878), schwedischer Botaniker und Mykologe.
Gladis	Thomas Gladis (20. Jahrhundert), deutscher Botaniker, der zusammen mit Hella Brumme ein Verzeichnis der Wildrosenarten und ihrer Hybriden verfasste.
Gouan	Antoine Gouan (1733–1821), französischer Botaniker und Naturforscher, Direktor des Botanischen Gartens von Montpellier.
Graeb.	Karl Otto Robert Peter Paul Graebner (1871–1933), deutscher Botaniker.
Gray	Asa Gray (1810–1888), amerikanischer Botaniker, Professor für Naturgeschichte in Harvard.
Greene	**Edward Lee Greene** (1843–1915), amerikanischer Botaniker, der von 1873–1883 als Pastor in der Episkopalkirche tätig war und 1884 zum Katholizismus konvertierte. Danach verfolgte er eine erfolgreiche Universitätslaufbahn und lehrte in Berkeley und verschiedenen anderen Institutionen Botanik. In seinen letzten Lebensjahren arbeitete er auch für die renommierte *Smithsonian Institution*. Greene beschrieb und benannte mehr als 4000 Pflanzen, veröffentlicht im zweibändigen Werk *Landmark of Botanical History* (1909), und verfasste über 500 Artikel.

Gren.	**Jean Charles Marie Grenier** (1808–1875), französischer Botaniker, Professor an der Naturwissenschaftlichen Fakultät in Besançon. Zusammen mit Dominique Alexandre Godron (1807–1880) veröffentlichte er ein dreibändiges Werk über die französische Flora, *Flore de France* (1855). Bis zu seinem Lebensende botanisierte er in der Franche-Comté (historische Freigrafschaft Burgund), insbesondere im *Département du Doubs*, und veröffentliche 1844 über die dortige Pflanzengeografie das Werk *Thèse de géographie botanique du département du Doubs*.
Hayata	Bunzo Hayata (1874–1934), japanischer Botaniker.
Heller	Amos Arthur Heller (1867–1944), amerikanischer Botaniker.
Hemsl.	**William Botting Hemsley** (1843–1924), britischer Botaniker, Kurator der Herbarien und der Bibliothek des Botanischen Gartens *Kew Gardens*. 1889 wurde er Mitglied der *Royal Society*. Er veröffentlichte mehrere Werke, beispielsweise *Enumeration of All the Plants Known from China Proper, Formosa, Hainan, Corea, etc.*, das er zusammen mit Francis Forbes (1887) verfasste.
Henkel	Johann Baptist Henkel (1815–1871), deutscher Botaniker.
Herrm.	**Johann Herrmann** (1738–1800), französischer Botaniker, der in jungen Jahren seine Dissertation *Dissertatio inauguralis botanico-medica de Rosa* (1762) verfasste. Er veröffentlichte mehrere Beschreibungen, darunter acht auch heute noch gültige Rosennamen. Seine letzten Lebensjahre widmete er der Medizin.
Hillier	Sir Edwin Lawrance Hillier (1865–1944), britischer Botaniker und Gärtner.
Huds.	William Hudson (1730–1793), britischer Apotheker und Botaniker.
Hurst	Charles Chamberlain Hurst (1870–1947), britischer Genetiker und Botaniker.
Jacq.	**Nikolaus Joseph von Jacquin** (1727–1817), niederländischer Botaniker. Nach seinem Medizinstudium an der Universität von Leiden verbrachte er zwei Jahre in Paris, wo er mit den Jussieu-Brüdern zusammenarbeiten durfte. Auf Einladung von Kaiserin Maria Theresia begab sich Jacquin dann nach Wien. Zwischen 1754 und 1759 nahm er an einer wissenschaftlichen Expedition in die Karibik teil, nach seiner Rückkehr hatte er mehrere Lehrstühle an der Universität zu Wien inne und leitete bis 1796 auch den dortigen Botanischen Garten. Jacquin verfasste eine Vielzahl von Werken, unter anderem die fünfbändige *Florae austriacae* (1773–1778), und beschrieb mehr als 60 neue Arten. 1806 erfolgte seine Erhebung in den Freiherrenstand.

Juz.	Sergei Vassilevich Juzepczuk (1893–1959), russischer Botaniker und Kartoffelforscher.
Keller	**Robert Keller** (1854–1939), Schweizer Botaniker, Lehrer für Naturgeschichte in seiner Geburtsstadt Winterthur. Neben seiner Lehrtätigkeit nahm er gleichzeitig seine Mandate als Abgeordneter im Kantonsparlament von Zürich und später in Winterthur wahr. Er war Begründer und Konservator der wissenschaftlichen Sammlungen von Winterthur, zudem verfasste er gemeinsam mit Hans Schinz die *Flora der Schweiz* (1900) sowie eine Studie über Brombeersträucher in der Schweiz (1919) und ein Werk über Wildrosen in Mitteleuropa (1931).
Kit.	Pál Kitaibel (1757–1817), ungarischer Botaniker.
Koehne	**Bernhard Adalbert Emil Koehne** (1848–1918), deutscher Botaniker, Dendrologe und Lehrer in Berlin; Spezialist für Lythraceae (Weiderichgewächse). Zu seinen zahlreichen Veröffentlichungen gehört insbesondere das Werk *Deutsche Dendrologie.*
Koidz.	Gen'ichi Koidzumi (1883–1953), japanischer Botaniker.
Kom.	Wladimir Leontjewitsch Komarow (1869–1945), russischer Botaniker.
Krüss.	**Johann Gerd Krussmann** (1910–1980), deutscher Botaniker und Dendrologe; Direktor des Deutschen Rosariums und des Botanischen Gartens in Dortmund; Autor einer bedeutenden, auch ins Englische übersetzten Monografie über die Gattung *Rosa* mit dem Titel *Rosen Rosen Rosen.*
T. C. Ku	Tsue-Chih Ku (1931–), chinesischer Botaniker des 20. Jahrhunderts, der zu den Autoren des Kapitels über die Gattung *Rosa* in *Flora of China* gehört.
Lem.	Charles Antoine Lemaire (1801–1871), französischer Botaniker, dem wir mehrere Werke über Kakteen, Kamelien und Rhododendron verdanken.
Leman	Dominique Sébastien Leman (1781–1829), französischer Botaniker und Mineraloge italienischer Herkunft.
Lév.	**Augustin Abel Hector Léveillé** (1863–1918), französischer Botaniker und Prälat. Nach seinem Studium im Pariser Missionsseminar ging er nach Indien und unterrichtete Naturwissenschaften im *Collège de Pondichéry* in Puducherry, bis er aus gesundheitlichen Gründen nach Frankreich zurückkehren musste. Er widmet sich nun der Botanik, gründet das Pflanzenjournal *Le Monde des plantes* sowie die «Internationale

Lév.	Akademie der Pflanzengeografie», *Académie internationale de géographie botanique*. Wir verdanken ihm Beschreibungen von knapp 2000 Pflanzenarten aus China und Japan, die er zusammen mit dem Lehrer und Ordensmitglied Eugène Vaniot verfasste, sowie etliche Publikationen. Nach ihm wurden um die 40 Pflanzen benannt, insbesondere auch *Rosa leveillei* Boullu (die 1889 in einer Hecke bei Lyon entdeckt wurde). Zudem war Léveillé Mitglied der *Accademia Pontificia dei Nuovi Lincei* (ab 1936 die «Päpstliche Akademie der Wissenschaften»).
Lewis	**Walter H. Lewis** (20. Jahrhundert), amerikanischer Botaniker, Direktor des Herbariums im Botanischen Garten von Missouri, emeritierter Professor der Universität Saint-Louis. Seine Arbeiten und Artikel befassen sich mit Pollen, nordamerikanischen Wildrosen sowie mit Heilpflanzen der Indianer in Peru.
Lindl.	**John Lindley** (1799–1865), britischer Botaniker. Der Sohn eines Baumschulgärtners aus dem unweit von Norwich gelegenen Catton begann seine berufliche Laufbahn als Bibliothekar. 1820 veröffentliche Lindley das Werk *Rosarium Monographia*, in dem er 68 Arten der Gattung *Rosa* L. vorstellt. Er wird stellvertretender Sekretär, dann Sekretär und Vizepräsident der *Horticultural Society of London*. Er ist Autor vieler Bücher und Artikel über Rosen, Rosengewächse und Orchideen.
L.	**Carl von Linné** (1707–1778), schwedischer Naturforscher, der ein System zur Klassifikation des Pflanzenreichs (Linnésches System) sowie das auch heute noch gebräuchliche Klassifikationssystem der binären Nomenklatur (Gattung-Art) für Lebewesen entwickelte. Sein Schaffen und sein weiterhin bestehender Einfluss auf die Naturwissenschaften sind so bedeutsam, dass ihm auf diesen Seiten eigentlich mehr Platz gebührte. Während das von ihm erdachte Sexualsystem, das auf Merkmalen der Geschlechtsorgane von Pflanzen, wie Anzahl der Staubblätter, beruht, ihn nur kurz überdauerte, wurde seine Methode zur Benennung von Pflanzen und Tieren, insbesondere durch die Verwendung des Lateinischen, zur universellen Sprache aller Naturforscher. Linné leistete damit einen fundamentalen Beitrag in einer Zeit, als sich das Wissen über die Lebewesen unserer Erde, insbesondere aufgrund der vielen Forschungsexpeditionen, enorm weiterentwickelte. Mithilfe der binären Nomenklatur konnten die damals zu Tausenden neu entdeckten Arten eindeutig bezeichnet werden. Unzählige Pflanzennamen sind mit der Abkürzung «L.» versehen und verdeutlichen die schier endlose Fülle an Inventar- und Beschreibungsarbeit, die Linné geleistet hat. Der als Carl Linnaeus geborene Naturforscher hieß nach seiner Erhebung in den Adelsstand im Jahr 1761 Carl von Linné.
Loisel.	Jean Louis Augustin Loiseleur-Deslongchamps (1774–1849), französischer Arzt und Botaniker, Autor von *Flora gallica* und etlicher weiterer Werke.
Lunell	Joel Lunell (1851–1920), schwedischer Botaniker, der in den USA lebte.
Mak.	Tomitaro Makino (1862–1957), japanischer Botaniker. Seine Sammlung mit 400000 zu seinen Lebzeiten gesammelten Pflanzen befindet sich in dem nach ihm benannten Herbarium des Botanischen Gartens in Tokio.

Marsh.	Humphrey Marshall (1722–1801), amerikanischer Botaniker.
C. A. Meyer	Carl Anton von Meyer (1795–1855), deutscher Botaniker, Forschungsreisender im Altai-Gebirge und Direktor des Botanischen Gartens in Sankt-Petersburg.
Michx.	**André Michaux** (1746–1802), französischer Botaniker. Der Sohn eines Feldarbeiters begann seine botanischen Studien im Garten des Königs. Michaux wurde von Bernard de Jussieu unterrichtet, sammelte Pflanzen in der Auvergne und in den Pyrenäen und nahm 1782 an einer mehr als drei Jahre dauernden botanischen Expedition nach Persien teil. Von Ludwig XVI. als königlicher Botaniker ernannt, wurde er 1785 in die Vereinigten Staaten von Amerika entsandt, wo er bis 1796 blieb und das östliche Nordamerika bis nach Mississippi erforschte. Er gründete zwei Baumschulgärtnereien, importierte zahlreiche europäische und asiatische Pflanzen nach Amerika und sandte die Saat vieler neuer Arten nach Frankreich. 1800 begibt er sich auf Schiffsreise in den Indischen Ozean, nach einem einjährigen Aufenthalt auf der Insel Mauritius (damals französisch, «Île de France») reist er weiter nach Madagaskar, wo er 1802 (oder 1803, das ist strittig) an einem tropischen Fieber stirbt. Zu seinen Werken zählen u. a. eines über Eichen in Amerika, *Histoire des chênes d'Amérique*, eines über die nordamerikanische Flora sowie etliche Beschreibungen neuer, von ihm entdeckter Pflanzen.
Mill.	**Philip Miller** (1691–1771), Botaniker schottischer Herkunft. Sein Vater war Gärtner und besaß eine Baumschulgärtnerei in London. Millers Leben war der Botanische Garten von Chelsea, wo er eine große Anzahl exotischer Pflanzen heimisch machte. Er verfasste das *Gardener's Dictionary* (in dt. Übersetzung «Allgemeines Gärtner-Lexicon»), dessen Erstausgabe 1724 erschien und das im Laufe seines Lebens acht Neuauflagen erfuhr, sowie viele weitere Werke. Ab 1755 wurden seine außerordentlich detaillierten Pflanzenbeschreibungen in *Figures of Plants* zusammen mit 300 Farbtafeln veröffentlicht. Von Linné, dessen binominales System Miller zunächst ablehnte, bevor er es dann doch verwendete, erhielt er den Beinamen «Prince of Gardeners» («Prinz der Gärtner»). Zu Millers Schülern zählten William Aiton, der auch sein Assistent war, sowie Sir Joseph Banks, der später Millers Herbarium erwarb.
Muenchh.	Otto von Münchhausen (1716–1774), deutscher Botaniker.
Mullig.	Brian Olson Mulligan (1907–1996), britischer Botaniker irischer Herkunft, Rosenspezialist, Direktor des Wisley-Arboretums der *Royal Horticultural Society*.
Murr.	John Andreas Murray (1740–1791), britischer Botaniker.
Nakai	Takenoshin Nakai (1882–1952), japanischer Botaniker.
Nutt.	Thomas Nuttall (1786–1859), britischer, in den USA tätiger Zoologe und Botaniker.

Pall.	Peter Simon Pallas (1741–1811), deutscher Zoologe und in Russland tätiger Forschungsreisender. Zu seinen Werken zählt die *Flora rossica* (1784–1788).
Porter	Thomas Conrad Porter (1822–1901), amerikanischer Botaniker.
Pourr.	Pierre André Pourret de Figeac (1754–1818), französischer Priester und auf Pflanzen des Mittelmeergebiets spezialisierter Botaniker.
Prév.	Honoré Albert Prévost (1822–1883), französischer Botaniker.
Raf.	Constantine Samuel Rafinesque (1783–1840), amerikanischer Archäologe und Naturforscher französischer Herkunft, der in verschwenderischer Weise neue Arten schuf, was ihm oft zum Vorwurf gemacht wurde.
Rau	Ambrosius Rau (1784–1830), deutscher Geologe, Naturforscher und Botaniker, Professor der Naturgeschichte an der Universität von Würzburg.
Redouté	Pierre Joseph Redouté (1761–1840), geboren in Belgien, Aquarellmaler mit dem Beinamen *«Raphaël des fleurs»* («Raffael der Blumen»).
Reg.	**Eduard August von Regel** (1815–1892), deutscher Botaniker. Nach seiner Lehrzeit im Gartenbau wurde Regel 1842 zum Obergärtner im Botanischen Garten von Zürich ernannt; er lehrte an der dortigen Universität und gründete 1852 die Zeitschrift *Gartenflora*. Auf Reisen durch ganz Europa besuchte er die wichtigsten botanischen Gärten, mit denen er einen Pflanzenaustausch initiierte. Von 1855 bis zu seinem Tode war er Direktor des Botanischen Gartens in Sankt Petersburg. Seine Veröffentlichungen umfassen Studien über die Flora in Sibirien, auf der Insel Sachalin und in Turkestan, Arbeiten über Tulpen, Birken und Obstbäume sowie Tausende von Pflanzenbeschreibungen und um die 3000 Artikel.
Rehd.	**Alfred Rehder** (1863–1949), amerikanischer Botaniker und Dendrologe deutscher Herkunft. Rehder wurde in Waldenburg, Sachsen, geboren. Sein Vater war Parkdirektor im Schlossgarten des Prinzen von Schönburg-Waldenburg, sein Großvater Direktor des Fürst-Pückler-Parks im schlesischen Muskau. Rehder lernte zwei Jahre im Botanischen Garten in Berlin. 1895 fing er als Journalist bei *Möllers Deutsche Gärtnerzeitung* an, die ihn in die USA zum Studium der Gehölze und des Weinbaus im Nordosten des Landes entsandte. 1898 beginnt er als einfacher Gärtner im Arnold-Arboretum der Harvard-Universität und reist in dessen Auftrag nach Europa. 1918 wird er Kurator des Herbariums. Ab 1927 ist er dort für Veröffentlichungen zuständig. Zusammen mit Ernest Henry Wilson verfasste er zahlreiche Pflanzen- und insbesondere Rosenbeschreibungen sowie die zwei Werke *Plantae Wilsonianae* und *A Monograph of Azaleas*. Rehder ist Erfinder des Systems isothermischer Zonen, bei dem er die Winterhärte von Pflanzen in Beziehung mit den Tiefsttemperaturen in den verschiedenen Regionen der USA setzte. Dieses auf weltweit alle Regionen extrapolierte System wird auch heute noch verwendet.
Retz.	Anders Jahan Retzius (1742–1821), schwedischer Botaniker, Apotheker und Insektenforscher.

Rivers	Thomas Rivers (1798–1877), britischer Baumschulgärtner und Botaniker.
Rochebr.	Alfonse Trémeau de Rochebrune (1834 oder 1836–1912), französischer Zoologe und Botaniker, Molluskenspezialist.
Roessler	Helmut Roessler (1926–), deutscher Botaniker.
Rolfe	**Robert Allen Rolfe** (1855–1921), britischer Botaniker und Orchideenspezialist. Er war der erste Kurator der Orchideensammlung im Botanischen Garten *Kew Gardens*. 1880 erfolgte seine Ernennung zum Regierungsbotaniker. Im Laufe seines Lebens veröffentlichte der gehörlose Rolfe etliche Werke, gründete die *The Orchid Review*, arbeitete von 1905–1921 für die Zeitschrift *Botanical Magazine*, für die er zahlreiche Pflanzenbeschreibungen verfasste. Er interessierte sich auch für andere Pflanzenfamilien, etwa die der *Rosaceae*. Ihm verdanken wir beispielsweise die Diagnose der *Rosa persetosa* Rolfe. Rolfe, der nie Reisen außerhalb Englands unternommen hatte, starb kurz vor seiner ersten Expedition, die ihn nach Südafrika führen sollte. Er war ein Mensch von zurückhaltender Natur, dessen Kompetenz und Renommee ihm einige Ehrenämter verschafften. Er war Mitglied des wissenschaftlichen Komitees der *Royal Horticultural Society* sowie der Linné-Gesellschaft und erhielt viele anerkannte Auszeichnungen. Nach ihm wurde die Orchideengruppe der *Rolfeae* benannt.
Rössig	Karl Gottlieb Rössig (1752–1806), deutscher Botaniker, Verfasser der illustrierten Monografie *Die Rosen*.
Rouy	Georges Rouy (1851–1924), französischer Botaniker, der die Begriffe der «Form» und «Untervarietät» einführte.
Rowlee	Willard Winfield Rowlee (1861–1923), mitunter auch «Rowley» geschrieben, amerikanischer Botaniker und Weidenspezialist, von 1906 bis zu seinem Tode Botanikprofessor an der Cornell-Universität (Bundesstaat New York, USA).
Roxb.	William Roxburgh (1751–1815), schott. Arzt und Botaniker, Direktor des Botanischen Gartens in Kalkutta, Autor des 1820 veröffentlichten Werks *Flora indica*.
Royle	John Forbes Royle (1799–1858), britischer Botaniker und Spezialist für die Flora in Indien, wo er einen Teil seines Lebens verbrachte.
Rydb.	**Per Axel Rydberg** (1860–1931), amerikanischer Botaniker schwedischer Herkunft, der 1882 in die USA auswanderte. Dort studierte er, lehrte in verschiedenen Institutionen und unternahm mehrere botanische Forschungsreisen in die mittleren Regionen der USA und die Rocky Mountains. Ab 1899 arbeitete er für den Botanischen Garten in New York, später wurde er dort Herbariumskurator. Als Feldbotaniker und Systematiker spezialisierte sich Rydberg auf die Flora der Great Plains und der Rocky Mountains. Er hat um die Hundert Gattungen und nahezu 1700 Arten beschrieben; etwa zehn Pflanzen wurden nach ihm benannt.

Savi	Gaetano Savi (1769–1844), italienischer Botaniker und Naturforscher.
Schlechtend.	Diederich Franz Leonhard von Schlechtendal (1794–1866), deutscher Botaniker, der u. a. mexikanische Pflanzen beschrieb.
Schrenk	Alexander Gustav von Schrenk (1816–1876), deutscher Naturforscher und Botaniker im Kaiserlichen Garten in Sankt Petersburg, Teilnehmer botanischer Expeditionen nach Lappland und in den Ural.
Schweinitz	Lewis David von Schweinitz (1780–1834), amerikanischer Botaniker, Mykologe und Geistlicher.
Ser.	Nicolas Charles Seringe (1776–1858), französischer Botaniker.
Sibth.	John Sibthorp (1758–1796), britischer Botaniker, Professor in Oxford, Verfasser der zehnbändigen *Flora graeca*, die zwischen 1806 und 1840 erschien.
Sieb.	Russel Jacob Siebert (1914–2004), amerikanischer Botaniker.
Sims	John Sims (1749–1831), britischer Physiker, Systematiker und Botaniker.
Sm.	**James Edward Smith** (1759–1828), britischer Botaniker, Gründer der Linné-Gesellschaft in London. Studium der Naturwissenschaften an den Universitäten Edinburgh und London. 1784 erwirbt er die Bibliothek und Archive des großen schwedischen Naturforschers Linné, die zuvor seinem Freund Sir Joseph Banks angeboten worden waren, der aber ablehnte. Zwischen 1786 und 1788 begibt er sich auf eine Reise aufs europäische Festland, die ihn durch Frankreich, Holland, Italien und die Schweiz führt, wo er Herbarien studiert und sich mit Botanikern austauscht. 1788 gründet er die Linné-Gesellschaft in London und wird deren Vorsitzender. Er verfasste diverse Werke über die britische Pflanzenwelt sowie mehr als 3000 Artikel, die in der *Rees's Cyclopaedia* veröffentlicht wurden, einem fortlaufend zwischen 1807 und 1829 von Abraham Rees herausgegebenen Nachschlagewerk.
Spreng.	Kurt Polycarp Joachim Sprengel (1766–1833), deutscher Arzt und Botaniker, der an Linnés Klassifikation Verbesserungen vornahm.
Stapf	Otto Stapf (1857–1933), österreichischer Botaniker.
Stev.	Christian von Steven (1781–1863), russischer Insektenforscher und Botaniker schwedischer Herkunft.
Täckh.	Vivi Laurent-Täckholm (1898–1978), schwedische Botanikerin und Spezialistin der ägyptischen Flora.

Templeton	John Templeton (1766–1825), irischer Botaniker.
Thory	**Claude Antoine Thory** (1759–1827), Jurist und Gerichtsschreiber. Nach der Französischen Revolution widmete er sich der Botanik und seiner Rosensammlung in seinem Garten in Belleville. Wir verdanken ihm die Beschreibungen in dem 1828 veröffentlichten Monumentalwerk über Rosen *Les Roses décrites et classées selon leur ordre naturel*, das sein Freund Pierre Joseph Redouté illustriert hatte.
Thunb.	Carl Peter Thunberg (1743–1828), schwedischer Naturforscher und Forschungsreisender in Japan, der die dortige Vegetation in der *Flora japonica* (1784) beschrieb.
Torr.	John Torrey (1796–1873), amerikanischer Botaniker.
Tratt.	**Leopold Trattinnick** (1764–1849), österreichischer Botaniker und Mykologe, der 1809 vom österreichischen Kaiser Franz I. zum Konservator der Königlichen Naturhistorischen Sammlung ernannt wurde. Trattinnick verfasste bedeutende Werke über Pilze, verschiedene Veröffentlichungen über Pelargonien sowie eine vierbändige Monografie über *Rosaceae*, die 1823–1824 in Wien veröffentlicht wurde. Wir verdanken ihm mehr als 400 Pflanzenbeschreibungen, darunter der Gattung *Hosta*, die zu Ehren seines Freundes Nicolaus Thomas Host (1761–1834) benannt wurde.
Vaniot	Eugène Vaniot (1846–1913), französischer Botaniker und Prälat, der zusammen mit Léveillé mehr als 2000 Pflanzenarten beschrieb.
Venten.	É. P. Ventenat (1757–1808), französischer Botaniker, Autor verschiedener Werke, u. a. einer von P. J. Redouté illustrierten Beschreibung des Gartens von Malmaison.
Vill.	Dominique Villars (1745–1814), französischer Arzt und Botaniker, Verfasser des Werks *Histoire des plantes du Dauphiné.*
Viv.	Domenico Viviani (1772–1840), italienischer Naturforscher.
Waldst.	Franz de Paula Adam von Waldstein (1759–1823), österreichischer Militär, Forschungsreisender und Naturforscher.
Wallr.	Carl Friedrich Wilhelm Wallroth (1792–1857), deutscher Botaniker.
Wats.	**Sereno Watson** (1826–1892), amerikanischer Botaniker. In dieser Funktion nahm er auch an der von Clarence King durchgeführten geologischen Expedition von Wyoming bis Kalifornien entlang des 40. Breitengrads teil (1867–1871), auf der er zusammen mit seinem Kollegen William Bailey an die 19000 Pflanzen gesammelt haben soll. Watson wurde später Kurator des Herbariums der Harvard-Universität.

Wendl.	Johann Christoph Wendland (1755–1828), deutscher Botaniker und Gärtner.
West	Hans West (1758–1811), dänischer Botaniker und Pflanzensammler.
Weston	Richard Weston (1733–1806), britischer Botaniker.
Willd.	Carl Ludwig Willdenow (1765–1812), deutscher Botaniker und Apotheker.
Willm.	**Ellen Ann Willmott** (1858–1934), britische Botanikerin, Gärtnerin, Mäzenin wissenschaftlicher Expeditionen und Gartenbaukünstlerin Ihren ersten Garten schuf sie mit 21 Jahren im Familienanwesen von Warley Place. Mit dessen Tod wurde sie unabhängig und setzte ihre Verschönerungsarbeiten in Warley fort, wo sie bis zu 100000 Pflanzenarten kultivierte. Darüber hinaus erwarb sie ein weiteres Anwesen in Aix-les-Bains sowie die Villa Boccanegra zwischen Menton und Ventimiglia. Aus eigener Tasche finanzierte sie mehrere Pflanzensammlungsexpeditionen und gab das noch immer berühmte zweibändige Werk *The Genus Rosa* (1910–1914), illustriert mit 132 von Alfred Parsons gemalten Bildtafeln, heraus. Ellen Willmott erhielt mehrere Ehrungen und wurde von Königin Victoria ausgezeichnet. Ihre letzten zehn Lebensjahre waren recht unglücklich. Unter anderem musste sie aufgrund ihres verschwenderischen Umgangs mit ihrem Vermögen ihre Besitztümer in Frankreich und Italien verkaufen. Von ihrem Garten, der nach ihrem Tod verkauft wurde, um ihre Schulden zu begleichen, blieb nichts übrig, ihr Haus wurde zerstört. Etwa 60 Pflanzen wurden nach ihr oder ihrem Anwesen *Warley Place* benannt, darunter *Rosa willmottiae* Hemsl. bzw. *Iris warleyensis*, *Camellia japonica warleyensis* etc.
Wils.	**Ernest Henry Wilson** (1876–1930), britischer Botaniker mit dem Beinamen «der Chinese». Als Sohn eines Floristen erlernte er das Gärtnerhandwerk in einer Baumschulgärtnerei in Warwickshire, 1897 wurde er Mitarbeiter in den *Royal Botanic Gardens, Kew*, danach arbeitete er etwa zehn Jahre für die Baumschulgärtnerei *Veitch Nurseries* als Pflanzensammler in China. 1907 sammelte Wilson im Auftrag des *Arnold Arboretum* Pflanzen. Erneut führten ihn seine Forschungsreisen nach China, dann nach Japan, wo er eine Bestandsaufnahme der Japanischen Blütenkirsche durchführte, und anschließend nach Korea und Formosa, das heutige Taiwan. Er wurde stellvertretender Direktor des *Arnold Arboretum* und übernahm 1927 die Nachfolge von Sargent als Leiter. Er trug in erheblichem Maße zu unserem Wissen über die asiatische Pflanzenwelt bei, in China entdeckte er mehrere Rosenarten und -varietäten, darunter beispielsweise die *Rosa willmottiae* Hemsl.
Wolley-Dod	Anthony Hurt Wolley-Dod (1861–1948), britischer Militär und Botaniker.
Woods	Joseph Woods (1776–1864), britischer Architekt, Geologe und Botaniker.
Woot.	Elmer Ottis Wooton (1865–1945), amerikanischer Botaniker.

Wulfen	Franz Xaver von Wulfen (1728–1805), österreichischer Jesuitenpriester, Mathematiker, Mineraloge und Botaniker.
T. T. Yu	Tse Tsun Yu (1908–1986), chinesischer Botaniker.

Liste der in Mitteleuropa heimischen Wildrosen

R. abietina Gren. ex Christ
R. agrestis Savi
R. arvensis Huds.
R. balsamica Besser
R. billotiana Crép.
R. canina L.
R. canina var. *andegavensis* (Bast.) Desp.
R. canina var. *blondeana* (Ripart) Crép.
R. canina var. *chavinii* (Rap. ex Reuter) Rhiner
R. canina var. *pouzinii* (Tratt.) Wolley-Dod
R. canina var. *squarrosa* (Rau) Brumme & Gladis
R. x *collina* Jacq.
R. corymbifera Borkh.
R. dumalis Bechst.
R. gallica L.
R. glauca Pourr. non Vill.
R. glutinosa Sibth. & Sm.
R. inodora Fr.
R. majalis Herrm.
R. marginata Wallr.
R. marginata var. *godetii* (Gren.) Rehd.
R. micrantha Borrer ex Sm.
R. mollis Sm.
R. montana Chaix. ex Vill.
R. pendulina L.
R. pendulina L. var. *pyrenaica* (Gouan) Keller
R. polliniana Spreng.
R. x *reversa* Waldst. & Kit.
R. rubiginosa L.
R. sempervirens L.
R. serafinii Viv.
R. sicula Tratt.
R. spinosissima L.
R. spinulifolia Dematra
R. stylosa Desv.
R. subcanina (Christ) Vuk.
R. subcollina (Christ) Vuk.
R. tomentosa Sm.
R. uriensis Lagger & Puget ex Cottet
R. villosa L.
R. villosa var. *engadinensis* Christ

Literatur

Rosenbücher, Pflanzenführer und Monografien

Die Gattung Rosa L., Wildrosen im Europa-Rosarium Sangerhausen. Hella Brumme & Thomas Gladis, Deutsche Genbank Zierpflanzen, 2010.

Flora of China (vol. 9). Gattung *Rosa*, Seiten 339–381. Gu Guizhi & Kenneth Robertson, 2003.

Rosen Rosen Rosen, Unser Wissen über die Rose. Gerd Krüssmann, Verlag Paul Parey, 1974.

Rosen – Enzyklopädie. Peter Beales (Kapitel über Wildrosen), Tommy Cairns, Walter Duncan, Könemann in der Tandem Verlags-GmbH, 2005.

Rosen – Mehr als 1400 Rosen. Roger Phillips & Martyn Rix, Droemer Knaur, 1988.

Strauchrosen und Kletterrosen. Mit Teehybriden und Floribunda-Rosen. David Austin. Köln DuMont, 1996.

Alte Rosen und Wildrosen. Anny Jacob, Hedi & Wernt Grimm, Bruno Müller, Ulmer, 1990.

The Old Rose Adventurer. Brent. C. Dickerson, Timber Press, 1999.

The Graham Stuart Thomas Rose Book. Graham Stuart Thomas, Timber Press, 1994.

Roses of America. Stephen Scanniello & Tanya Bayard, Henry Holt & Cy, 1990.

Modern Roses 10. Thomas Cairns, American Rose Society, 1993.

Les Roses anciennes. Charlotte Testu, Flammarion, 1984.

La Grande Flore de Gaston Bonnier. Belin, 1990.

Die Kosmos Enzyklopädie der Blütenpflanzen: Über 2400 Arten. Marjorie Blamey & Christopher Grey-Wilson, Franckh Kosmos, 2008.

Flore de l'Île-de-France. Philippe Jauzein & Olivier Nawrot, Quae, 2011.

Pareys Bergblumenbuch. Wildblühende Pflanzen der Alpen, Pyrenäen, Apenninen, der skandinavischen und britischen Gebirge. Christopher Grey-Wilson & Marjorie Blamey, Paul Parey, 1980.

Flora Alpina. Ein Atlas sämtlicher 4500 Gefäßpflanzen der Alpen. D. Aeschimann, K. Lauber, D. M. Moser & J.-P. Theurillat, 3 Bände, Haupt, 2004.

Nouvelle flore de l'Algérie et des régions désertiques méridionales. F. Quezel & S. Santa, Éditions du CNRS, 1962.

The Garden Plants of China. Peter Valder, Weidenfeld & Nicolson, London, 1999.

Rosa chinensis spontanea. Martyn Rix, *Curtis's Botanical Magazine*, vol. 22, part 4, November 2005.

Highland Flowers of Yunnan. Herausgeber Guan Kayun, Yunnan Science & Technology Press, 1998.

Flora of Japan. Jisaburo Ohwi, Smithsonian Institution Washington D.C., 1984.

Wild Flowers and Flora of the Americas. Martin Walters & Mick Lavelle, Hermes House, 2007.

Register

Gattung	X	Art und Unterart	Varietät	Seite
Rosa		*arkansana* Porter	*suffulta* Cockerell	188
Rosa		***arkansana Porter* ex J.M. Coult**		**43**
Rosa		*arkansanoides*	*alba* (Rehd.) Schneider	43
Rosa		*arkansanoides* Schneid.		188
Rosa		*armata* Stev. ex Besser		58
Rosa		*armena* Boiss.		146
Rosa		***arvensis* Huds.**	***ayreshirea* Ser.**	**45**
Rosa		*arvensis* Huds.	*candolleana* Tratt.	170
Rosa		*arvensis* Huds.	*capreolata* Bean	45
Rosa		*arvensis* Huds.	*montana* (Chaix) Lindl.	130
Rosa		*arvensis* Huds.	*scandens* Sweet	45
Rosa		*arvensis* Huds.	*stylosa* (Desv.) Lej.	187
Rosa		*arvensis* Huds.	*tomentosa* (Sm.) Andr.	192
Rosa		*arvensis* Huds.	*trojana* Bouleng.	153
Rosa		***arvensis* Huds.**		**44**
Rosa		*arvina* Schwenkf.		155
Rosa		***atroglandulosa* C.K. Schneider**		**45**
Rosa		*atrovirens* Viv.		170
Rosa		*aurantiaca* Voss		88
Rosa		*austriaca* Crantz		92
Rosa		*austriaca*	*pygmaea* Wallr.	93
Rosa	x	***aveyronensis* Pons & Coste**		**45**
Rosa		*baicalensis* Turcz. ex Besser		38
Rosa		***baiyushanensis* Q.L. Wang**		**45**
Rosa		*balansaea* Déségl.		101
Rosa		*balearica* Pers.		170
Rosa		***balsamica* Besser**		**46**
Rosa		*bankerii* Rydb. non Déségl.		83
Rosa		*banksiae*	*alba* hort.	47
Rosa		*banksiae*	*alboplena* Rehd.	47
Rosa		***banksiae***	***banksiae***	**47**
Rosa		*banksiae*	'Banksiae'	47
Rosa		*banksiae*	*banksiae* f. *lutea* (Lindl.) Rehd.	47
Rosa		***banksiae***	***lutea* Lindl.**	**47**
Rosa		*banksiae*	*luteaplena* Rehd.	47
Rosa		***banksiae***	***lutescens* (Voss) Brumme & Gladis**	**47**
Rosa		*banksiae*	f. *lutescens* Voss	47
Rosa		*banksiae* Ait.	*microcarpa* Reg.	76
Rosa		***banksiae***	***normalis* Reg.**	**47**
Rosa		*banksiae*	*normalis* 'Lutea'	47
Rosa		*banksiae*	*normalis* f. *lutescens* Voss	47
Rosa		***banksiae* Ait.**		**46**
Rosa		Banksiae 'Alba'		47

Gattung	X	**Art** und Unterart	Varietät	Seite
Rosa		*burgundensis* West.		66
Rosa		***burgundiaca*** Roessler		66
Rosa		***bushii* Rydb.**		**55**
Rosa		***caesia* Sm.**		**55**
Rosa		*caesia* Sm. ssp. *rhaetica* (Gremli) Soo		187
Rosa		*caesia* Sm. ssp. *subcollina* (Christ) Soo		188
Rosa		*calabrica* Burnat & Gremli		98
Rosa		*calendarum* Borkh.		77
Rosa		*californica* f. *plena* Rehd.		56
Rosa		***californica***	***californica* f. *plena***	**56**
Rosa		***californica***	***nana* Bean**	**56**
Rosa		*californica* Cham. & Schlechtend	*ultramontana* (S. Wats.) Peck	205
Rosa		***californica* Cham. & Schlechtend**		**56**
Rosa	**x**	***calocarpa* (André) Willm.**		**57**
Rosa		*calva* Bouleng.	*cathayensis* (Rehd. & Wils.) Bouleng.	138
Rosa		*calva* Bouleng.		138
Rosa		***calytopoda* Cardot**		**57**
Rosa		*camellia* hort.		114
Rosa		*campanulata* Ehrh.		90
Rosa		*canina* L.	*abietana* (Gren. ex Christ) Bouleng.	36
Rosa		***canina* L.**	***andegavensis* (Bast.) Desp.**	**59**
Rosa		*canina* f. *belgradensis* (Panc.) Keller		59
Rosa		***canina* L.**	***belgradensis* (Panc.) Brumme & Gladis**	**59**
Rosa		***canina* L.**	***blondeana* (Ripart) Crép.**	**59**
Rosa		*canina* L.	*caesia* (Sm.) Lindl.	55
Rosa		***canina* L.**	***chavinii* (Rap. ex Reuter) Rhiner**	**59**
Rosa		*canina* L.	*coriifolia* (Fr.) Dumort.	55
Rosa		*canina* L.	*dumetorum* (Thuill.) Parm.	74
Rosa		***canina* L.**	***exilis* (Crép.) R. Keller**	**60**
Rosa		*canina* L. f. *exilis* (Crép.) Bräulker		60
Rosa		*canina* L.	*froebelii* Christ	75
Rosa		*canina* L.	*glauca* Desv.	80
Rosa		***canina***	***inermis* hort.**	**60**
Rosa		*canina*	*insignis* Wolley-Dod	60
Rosa		***canina* L.**	***lutetiana* (Lem. ex Cass.) Baker**	**60**
Rosa		*canina* L.	*montana* (Chaix) P.V. Heath	130
Rosa		*canina* L.	*obtusifolia* Desv.	74
Rosa		***canina* L.**	***pouzinii* (Tratt.) Wolley-Dod**	**60**
Rosa		*canina* L.	*reuterii* Baker	80
Rosa		***canina* L.**	***spuria* (Déségl.) Crép.**	**60**
Rosa		***canina* L.**	***squarrosa* (Rau) Brumme & Gladis**	**60**
Rosa		*canina* L.	*subcanina* (Christ) P.V. Heath	187
Rosa		*canina* L.	*tomentella* (Léman) Baker	46

Gattung	X	Art und Unterart	Varietät	Seite
Rosa		*canina* L.	*tomentosa* (Sm.) Desv.	192
Rosa		***canina* L.**		**58**
Rosa		*canina* L. ssp. *dumalis* (Bechst.) Nyman		80
Rosa		*canina* L. ssp. *dumetorum* (Thuillier) Parm.		74
Rosa		*cannabifolia*		40
Rosa		*cannabina*		40
Rosa		*cantabrigiensis* hort. ex Weaver		158
Rosa		*capreolata* Neill		45
Rosa		*caraganifolia* Sumn.		85
Rosa		*carelica* Fr.		37
Rosa		***carolina***	**'Alba'**	**62**
Rosa		*carolina*	*alba* Rehd.	62
Rosa		***carolina***	***glandulosa* (Crép.) Rehd.**	**62**
Rosa		***carolina***	***grandiflora* (Baker) Rehd.**	**62**
Rosa		*carolina*	*inermis* Reg.	147
Rosa		*carolina*	*lyonii* (Pursh) Palmer & Steyermark	62
Rosa		*carolina*	*nuttaliana* Rehd.	148
Rosa		***carolina***	***plena* Brumme & Gladis**	**62**
Rosa		*carolina*	*plena* (Marsh.) Doris Lynes	62
Rosa		*carolina*	*'Plena'*	62
Rosa		*carolina*	*setigera* Crép.	140
Rosa		***carolina***	***triloba* (Wats.) Rehd.**	**62**
Rosa		***carolina***	***villosa* (Best) Rehd.**	**62**
Rosa		***carolina* L.**		**61**
Rosa		*carolina* L. ssp. *subserrulata* Rydb.		188
Rosa		*carolina* Gray non L.		147
Rosa		*carolinensis* Marsh.		197
Rosa		*caroliniana* Bigelow		147
Rosa		*carteri hort.*		138
Rosa		*caryophyllacea* Besser		109
Rosa		*cathayensis* (Rehd. & Wils.) Bailey		138
Rosa		*caucasica* Lindl.		58
Rosa		*caucasica* Pall.		58
Rosa		*caucasica* Reg.		124
Rosa		***caudata* Baker**		**63**
Rosa		*cavalieri* Lév.		76
Rosa		*caviniacensis*		45
Rosa	**x**	***centifolia***	***bullata* hort.**	**64**
Rosa	**x**	***centifolia***	***cristata* Prév.**	**65**
Rosa	**x**	***centifolia***	***major* hort.**	**65**
Rosa	x	*centifolia*	*'Major'*	65
Rosa	**x**	***centifolia***	***minor* hort.**	**65**
Rosa	**x**	***centifolia***	***muscosa* (Mill.) Ser.**	**66**

Gattung	X	**Art** und Unterart	Varietät	Seite
Rosa	x	*centifolia*	'Muscosa'	66
Rosa	x	*centifolia*	*muscosa cristata*	65
Rosa	**x**	***centifolia***	***muscosa*** **(Mill.) Ser. f.** ***alba***	**66**
Rosa	**x**	***centifolia***	***mutabilis*** **Pers.**	**66**
Rosa	**x**	***centifolia***	***parviflora*** **(Ehrh.) Rehd.**	**66**
Rosa	**x**	***centifolia***	***pomponia*** **(DC.) Lindl.**	**67**
Rosa	x	*centifolia* L.	*sancta* (Rich.) Zab.	159
Rosa	**x**	***centifolia***	***variegata*** **hort.**	**67**
Rosa	**x**	***centifolia*** **L.**		**63**
Rosa		***cerasocarpa*** **Rolfe**		**68**
Rosa		*chaffonjonii* Lév. & Vaniot		76
Rosa		*charbonneaui* Lév.		117
Rosa	x	*chavinii* Rap. ex Reuter		59
Rosa		***chengkouensis*** **T.T. Yu & T.C. Ku**		**68**
Rosa		*cherokeensis* Donn ex Small.		114
Rosa		*chinensis*	'Longifolia'	69
Rosa		*chinensis*	'Minima'	69
Rosa		***chinensis***	**'Climbing Old Blush'**	**71**
Rosa		***chinensis***	**'Multipetala'**	**70**
Rosa		***chinensis***	**'Mutabilis'**	**70**
Rosa		***chinensis***	**'Old Blush'**	**70**
Rosa		***chinensis***	**'Roulettii'**	**71**
Rosa		***chinensis***	**'Sanguinea'**	**71**
Rosa		*chinensis*	'Semperflorens'	72
Rosa		*chinensis*	'Viridiflora'	72
Rosa		*chinensis* Jacq.	*fragrans* (Thory) Rehd.	142
Rosa		*chinensis*	*indica* (Lindl.) Koehne	68
Rosa		***chinensis***	***longifolia*** **(Willd.) Rehd.**	**69**
Rosa		***chinensis***	***minima*** **(Sims) Vos**	**69**
Rosa		*chinensis* Jacq.	*pseudoindica* (Lindl.) Willm.	144
Rosa		***chinensis***	***semperflorens*** **(Curtis) Koehne**	**72**
Rosa		***chinensis*** **Jacq.**	***spontanea*** **(Rehd. & Wils.) T.T. Yu & T.C. Ku**	**72**
Rosa		***chinensis***	***viridiflora*** **(Lév.) Dipp.**	**72**
Rosa		*chinensis* f. *mutabilis* (Correv.) Rehd.		70
Rosa		*chinensis* f. *spontanea* Rehd. & Wils.		72
Rosa		***chinensis*** **Jacq.**		**68**
Rosa		*chlorocarpa* Fenzl. & H. Braun		153
Rosa		*chlorophylla* Ehrh.		87
Rosa		*cinerascens* Dum.		192
Rosa		*cinnamomea* L.	*davurica* (Pall.) C.A. Meyer	79
Rosa		*cinnamomea*	*plena* Reg.	124
Rosa		*cinnamomea*	*sewerzowii* Reg.	49
Rosa		*cinnamomea* L .1759		123

Gattung	X	**Art** und Unterart	Varietät	Seite
Rosa		*cinnamomea* L. 1753		149
Rosa		*clavigera* Lév.		54
Rosa		***clinophylla* Thory**		**73**
Rosa		*collina* DC. non Jacq.		74
Rosa	**x**	***collina* Jacq.**		**73**
Rosa		*collincola* Ehrh.		123
Rosa		*communis* Rouy ssp. *canina* (L.) Rouy		58
Rosa	**x**	***cooperi* hort.**		**73**
Rosa		*cordifolia* Host.		92
Rosa		*coreana* Keller non Kom.		126
Rosa		*coriifolia* Fr.		55
Rosa		*coriifolia* Fr. ssp. *rhaetica* (Gremli) Mansf.		187
Rosa		*coriifolia* Fr. ssp. *subcollina* (Christ) Hayek		188
Rosa		*coriifolia* Fr. f. *subcollina* (Christ)		188
Rosa		*coruscans* Waitz		167
Rosa	**x**	***coryana* Hurst**		**74**
Rosa		***corymbifera* Borkh.**		**74**
Rosa		***corymbifera***	***froebelii* (Christ) Rehd.**	**75**
Rosa		*corymbosa* Ehrh.		147
Rosa		***corymbulosa* Rolfe**		**75**
Rosa	x	*cottetii* (Christ) Lagger & Puget ex Cottet		170
Rosa		*'Cristata'*		65
Rosa		***crocantha* Bouleng.**		**76**
Rosa		*cucumerina* Tratt.		114
Rosa		*cursor* Raf.		175
Rosa		*cuspidata* M. Bieb.		192
Rosa		***cymosa* Tratt.**		**76**
Rosa		*dalmatica* Kern.		99
Rosa	x	*damascena*	*bifera*	77
Rosa	x	*damascena*	*coccinea*	156
Rosa	x	*damascena*	'Trigintipetala'	78
Rosa	x	*damascena*	'Versicolor'	78
Rosa	**x**	***damascena* f. *trigintipetala* (Dieck) Keller ex Asch. & Graeb.**		**78**
Rosa	**x**	***damascena* f. *versicolor* (West) Brumme & Gladis**		**78**
Rosa	**x**	***damascena***	***semperflorens* (Loisel. & Michel) Rowlee**	77
Rosa	x	*damascena*	*trigintipetala* (Dieck) Keller	78
Rosa	x	*damascena*	*variegata* Thory	78
Rosa	x	*damascena*	*versicolor* West	78
Rosa	**x**	***damascena* Mill.**		**77**
Rosa		***davidii* Crép.**	***elongata* Rehd. & Wils.**	**79**
Rosa		***davidii* Crép.**		**78**
Rosa		*davidii* Crép.	*persetosa* (Rolfe) Bouleng.	151

Gattung	X	**Art** und Unterart	Varietät	Seite
Rosa		*esquiroli* Lév. & Vaniot		76
Rosa		*exilis* Crép.		60
Rosa		*fargesii* Osborn non Bouleng		132
Rosa		*fargesii* hort.		133
Rosa		***farreri* f. *persetosa* Stapf**		**84**
Rosa		*farreri*	'Persetosa'	84
Rosa		***farreri* Stapf ex Cox**		**84**
Rosa		*faureri* Lév.		126
Rosa		*fauriei* Lév.		37
Rosa		***fedtschenkoana* Regel**		**85**
Rosa		*fendleri* Crép.		205
Rosa		*fenestrata* Donn		174
Rosa		*ferox* Ait.		166
Rosa		*ferox* Lawrance		166
Rosa		*ferox* Bieb. non Reg.		107
Rosa		*ferox* Reg. non Bieb.		98
Rosa		*ferruginea* Déségl. non Vill.		96
Rosa		*ferruginea* Vill.		96
Rosa		***filipes***	**'Kiftsgate'**	**87**
Rosa		***filipes* Rehd. & Wils.**		**86**
Rosa	x	*fimbriata* Gremli		191
Rosa		*fimbriatula* Greene		204
Rosa		*floribunda* Baker non Stev.		102
Rosa		*floribunda* Stev. ex Besser non Baker		127
Rosa		*florida* Donn.		138
Rosa		*foecundissima* Muenchh.		124
Rosa		'Foecundissima'		124
Rosa		*foetida*	'Bicolor'	88
Rosa		*foetida*	'Persiana'	88
Rosa		***foetida***	***bicolor* (Jacq.) Willm.**	**88**
Rosa		*foetida*	*harisonii* Rehd.	100
Rosa		***foetida***	***persiana* (Lem.) Rehd.**	**88**
Rosa		***foetida* Herrm.**		**87**
Rosa		***foliolosa***	***alba* (Bridwell) Rehd.**	**89**
Rosa		***foliolosa* Nutt. ex Torr. & Gray**		**88**
Rosa		***forrestiana* Bouleng.**		**89**
Rosa		*forrestii* Focke		161
Rosa	**x**	***fortuneana* Lindl.**		**90**
Rosa	x	*fortuniana* Lindl.		90
Rosa		*fragariaeflora* Ser.		76
Rosa		*fragrans* Salisb.		147
Rosa		*franchetii*	*paniculigera* (Mak.) Koidz.	136
Rosa		*franchettii* Koidz.		119

Gattung	X	Art und Unterart	Varietät	Seite
Rosa		'Francofurtana'		90
Rosa		*francofurtana* Rössig		90
Rosa	x	***francofurtana* Muenchh.**		**90**
Rosa		*fraxinifolia* Borkh.		149
Rosa		*fraxinifolia* Borrer ex Hooker		141
Rosa		*fraxinifolia* Lindl. non Borkh.		51
Rosa		***freitagii* Zielinsky**		**91**
Rosa		*freundiana* Graeb.		81
Rosa		*froebellii* Christ ex Froebel		75
Rosa		*frondosa* Stev. ex Spreng.		58
Rosa		*frutetorum* Besser		55
Rosa		*fuisanensis* (Mak.) Mak.		120
Rosa		*fukienensis* Metcalf		76
Rosa		*gallica* L.	*centifolia* (L.) Reg.	63
Rosa		***gallica* L.**	***conditorum* Dieck**	**92**
Rosa		*gallica* L.	*damascena* (Mill.) Voss	77
Rosa		*gallica* L.	*maxima*	93
Rosa		***gallica* L.**	***officinalis* Andr.**	**93**
Rosa		*gallica* L.	*officinalis* Thory	93
Rosa		*gallica* L.	*parviflora (*Ehrh.*)* Ser.	66
Rosa		*gallica* L.	*plena* Reg.	93
Rosa		***gallica* L.**	***pumila* (Jacq.) Braun**	**93**
Rosa		*gallica* L.	*pumila* (Jacq.) Ser.	93
Rosa		*gallica* L.	*rosa-mundi* West	94
Rosa		*gallica* L.	*variegata* Andr.	94
Rosa		***gallica* L.**	***velutinaeflora* Cariot**	**93**
Rosa		***gallica* L.**	***versicolor* L.**	**94**
Rosa		*gallica* L.	*'Versicolor'*	94
Rosa		***gallica* L. 1762**		**92**
Rosa		*gebleriana* Schrenk		116
Rosa		*gechouitangensis* Lév.		142
Rosa	x	*genevensis* Puget ex Déségl.		191
Rosa		*gentiliana* Lév. & Vaniot		138
Rosa		*gentiliana* Lév. & Vaniot f. *puberula* Handel-Mazetti		164
Rosa		*gentiliana* Rehd. & Wils. non Lév. & Vaniot		104
Rosa		*gentiliana sensu* Rehd. & Wils. *pro parte* non Lév. & Vaniot		68
Rosa		*gentilis* Sternb.		150
Rosa		*germanica* Gordon		90
Rosa		*germanica* Märklin		155
Rosa		***gigantea* Collet ex Crép. f. *erubescens* (Focke) Rehd. & Wils.**		**95**
Rosa		***gigantea* Collet ex Crép.**		**94**

Gattung	X	Art und Unterart	Varietät	Seite
Rosa		***giraldii* Crép.**	***nanothamnus* (Bouleng.) Brumme & Gladis**	**96**
Rosa		***giraldii* Crép.**	***velunosa* Rehd. & Wils.**	**96**
Rosa		***giraldii* Crép.**		**95**
Rosa		*gizellae* Borb.		39
Rosa		*glabrata* Déségl.		184
Rosa		*glandulosa* Bellardi		149
Rosa		*glandulosa* Besser non Bellardi		124
Rosa		*glauca* Vill. ex Loisel non Pourr.	*complicata* (Gren.) Waldner	81
Rosa		*glauca* Vill. ex Loisel non Pourr.		80
Rosa		***glauca* Pourr. non Vill.**		**96**
Rosa		*glauca* Schott ex Besser		58
Rosa		*glauca* Vill. ex Loisel ssp. *subcanina* (Christ) Hayek		187
Rosa		*glaucodermis* Greene		99
Rosa		*glaucophylla* Ehrh.		103
Rosa		***glomerata* Rehd. & Wils.**		**98**
Rosa		***glutinosa* Sibth. & Sm.**	***dalmatica* (Kern.) Keller**	**99**
Rosa		***glutinosa* Sibth. & Sm.**		**98**
Rosa		*glutinosa* Sibth. & Sm. ssp. *sicula* (Tratt.) Arcangeli		177
Rosa		*gmelinii* Bunge		38
Rosa		*godetii* Gren.		125
Rosa		*graciliflora*		84
Rosa		***graciliflora* Rehd. & Wils.**		**99**
Rosa		*grandiflora* Salisb.		92
Rosa		*grandiflora* Lindl.		181
Rosa		*granulosa* Keller		37
Rosa		*gratiosa* Lunell.		51
Rosa		*gratissima* Greene		56
Rosa		*grevilii* Sweet		138
Rosa		*grosserata* E. Nelson		121
Rosa		*guilelmi-waldemarii* Klotzsch.		200
Rosa		*guttensteinensis* Jacq.		96
Rosa		***gymnocarpa* Nutt. ex Torr. & Gray**		**99**
Rosa		*gypsicola* Block		80
Rosa		*heckeliana* Nyman		101
Rosa		*hakonensis* Koidz.		120
Rosa	x	***hardii* Paxt.**		**100**
Rosa	x	***harisonii* Rivers**		**100**
Rosa		***hawrana* Kmet**		**101**
Rosa		***heckeliana* Tratt.**		**101**
Rosa		*heckeliana* Tratt. ssp. *orientalis* (Dupont ex Ser.) Meikle		146
Rosa		***helenae* Rehd. & Wils.**		**102**
Rosa		*heliophylla* Greene	*alba* Rehd.	43

Gattung	X	Art und Unterart	Varietät	Seite
Rosa		*heliophylla* Greene		43
Rosa		*hemisphaerica*	*plena* Rehd.	88
Rosa		*hemisphaerica*	*plena* hort.	103
Rosa		***hemisphaerica***	***rapinii* (Boiss. & Bal.) Rowlee**	**103**
Rosa		***hemisphaerica* Herrm.**		**103**
Rosa		*hemisphaerica 'Flore Pleno'*		103
Rosa		***hemsleyana* Täckh.**		**104**
Rosa		*henryi* Bouleng.	*puberula* (Handel-Mazetti) Metcalf	164
Rosa		***henryi* Bouleng.**		**104**
Rosa		*herporhodon* Ehrh.		44
Rosa		*heterophylla* Woods non Cochet		129
Rosa	x	***hibernica* Templeton**		**105**
Rosa	x	***highdownensis* Hillier**		**106**
Rosa		'Highdownensis'		106
Rosa		'Hillieri'		158
Rosa		*hirtula* (Reg.) Nakai		161
Rosa		*hispanica* Boiss. & Reuter		60
Rosa		***hissarica* Slob.**		**106**
Rosa		*hispida* hort. ex Poiret		195
Rosa		*hispida* Sims		182
Rosa		*hoffmeisteri* Klotzsch.		121
Rosa		*hollandica* Pers. ex Steud.		63
Rosa		*holodonta* Stapf		134
Rosa		*hookeriana* Bertol.		121
Rosa		***horrida* Fisch.**		**107**
Rosa		*horrida* Fisch. ssp. *serafinii* (Viv.) Almq.		171
Rosa		*horridula* Fisch. non Spreng.		107
Rosa		*hudsoniana*	*scandens* Thory	148
Rosa		*hudsoniana* Thory		147
Rosa		***hugonis* Hemsl.**		**107**
Rosa		***hugonis***	***plena***	**108**
Rosa		*humilis* Marsh.	*grandiflora* Baker	62
Rosa		*humilis* Marsh.	*lucida* (Ehrh.) Best.	197
Rosa		*humilis* Marsh.	*triloba* Wats.	62
Rosa		*humilis* Marsh.	*villosa* Best	62
Rosa		*humilis* Besser non Marsh.		124
Rosa		*humilis* Marsh.		61
Rosa		*humilis* Tausch. non Marsh.		93
Rosa		***huntica* Chrshan.**		**109**
Rosa		*hwangshanensis* Hsu		174
Rosa		*hybrida* Schleicher		155
Rosa		*hystrix* Lindl.		114
Rosa		***iberica* Steven ex M. Bieb.**		**109**

Gattung	X	**Art** und Unterart	Varietät	Seite
Rosa		*illiensis* Chrshan.		49
Rosa		*illinoiensis* Baker ex Willm.		180
Rosa		*ilseana* Crép.		96
Rosa		*incarnata* Mill.		40
Rosa		'Incarnata'		40
Rosa		*inconsiderata* Déségl.		60
Rosa		*indica* Lour.	*bengalensis* (Pers.) K. Koch	68
Rosa		*indica*	*cruenta*	71
Rosa		*indica*	*fragrans* Thory	142
Rosa		*indica* Lour.	*humilis* Ser.	69
Rosa		*indica*	*longifolia* (Willd.) Lindl.	69
Rosa		*indica* Lour.	*minima* Bean	69
Rosa		*indica* Lour.	*odorata* Andrews	142
Rosa		*indica* Lour.	*odoratissima* Lindl.	142
Rosa		*indica*	*pumila* Thory	69
Rosa		*indica*	*vulgaris* Lindl.	68
Rosa		*indica* Hemsl.		72
Rosa		*indica* L.		68
Rosa		*indica* L. (en partie)		76
Rosa		*indica* L.	*odorata* Andrews	142
Rosa		*indica* Lour.	*monstrosa* Bean	72
Rosa		*indica sensu* Lour. non L.		68
Rosa		*inermis* Thory		90
Rosa		***inodora* Fr.**		**109**
Rosa		*inodora* Hooker non Fr.		46
Rosa		*intermedia* Carr.		136
Rosa		*involucrata* Roxb. ex Lindl.		73
Rosa	x	***involuta* Sm.**		**110**
Rosa		*iochanensis* Lév.		174
Rosa	x	*irridens* Focke		117
Rosa	x	***iwara* Sieb. ex Reg.**		**110**
Rosa		*jackii* Rehd.	*pilosa* Nakai	126
Rosa		*jackii* Rehd.		126
Rosa	x	***jacksonii* Willm.**		**111**
Rosa		*jacutica* Juz.		41
Rosa		*jasminoides* Koidz.		120
Rosa		*johannensis* Fernald.		52
Rosa		*jundzillii*	*godetii* Keller	125
Rosa		*jundzillii* Besser		124
Rosa	x	***kamtchatica* Venten.**		**111**
Rosa		*kellerii* Baker non Dalla Torre & Sarntheim		126
Rosa		*kentuckensis* Raf.		175
Rosa	x	***kochiana* Koehne**		**112**

Gattung	X	**Art** und Unterart	Varietät	Seite
Rosa	**x**	***koehneana* Rehd.**		**112**
Rosa		***kokanica* Reg. ex Juz.**		**112**
Rosa	**x**	***kopetdaghensis* Meff.**		**113**
Rosa		***koreana* Kom.**		**113**
Rosa		*korsakoviensis* Lév.		37
Rosa	x	*kosinsciana* Besser		198
Rosa		*kwangsiensis* H.L. Li		138
Rosa		***kwangtungensis* T.T. Yu & H.T. Tsai**		**114**
Rosa		*laevigata*	'Cooperi'	73
Rosa		***laevigata* Michx.**		**114**
Rosa		*lancifolia* Small		147
Rosa		***langyashanica* D.C. Zhang & J.Z. Shao**		**115**
Rosa		***lasiosepala* Metcalf**		**115**
Rosa		***latibracteata* Bouleng.**		**116**
Rosa		*latibracteata* Bouleng.		135
Rosa		*laurentiana* Tratt.		69
Rosa		*lawranceana* Sweet		69
Rosa		*laxa* hort. non Retz.		75
Rosa		*laxa* Lindl.		62
Rosa		***laxa* Retz.**		**116**
Rosa		*lebrunei* Lév.		138
Rosa		*lehmanniana* Bunge		49
Rosa		*leucantha* Loisel.		58
Rosa	**x**	***l'heritieranea* Thory**		**117**
Rosa		*libanotica* Boiss.		98
Rosa		*linkii* Denhardt		136
Rosa		*lindleyana* Tratt.		73
Rosa		*lindleyi* Spreng.		62
Rosa		***longicuspis* Bertol.**	***sinowilsonii* (Hemsl.) T.T. Yu & T.C. Ku**	**118**
Rosa		***longicuspis* Bertol.**		**117**
Rosa		*longifolia* Willd.		69
Rosa		*lucens* Rolfe		117
Rosa		***lucens* Rolfe**	***'Erecta'***	**119**
Rosa		*luciae* Franch. & Rochebr.	*aculeatissima* Crép. ex Reg.	126
Rosa		***luciae***	***fujisanensis* (Mak.) Mak.**	**120**
Rosa		***luciae***	***hakonensis* Franch. & Savi**	**120**
Rosa		*luciae*	*taquetiana* Bouleng.	202
Rosa		***luciae* Franch. & Rochebr. ex Crép.**		**119**
Rosa		*luciae* Franch. & Rochebr. ex Crép.	*wichurana* Koidz.	202
Rosa		*lucida* Ehrh.	*plena* hort. ex Rehd.	198
Rosa		*lucida* Cav. non Ehrh.		170
Rosa		*lucida* Ehrh.		197
Rosa		*lucida* Lawrance non Ehrh.		52

Gattung	X	Art und Unterart	Varietät	Seite
Rosa		*lucidissima* f. *setosa* Cardot		120
Rosa		***lucidissima* Lév.**		**120**
Rosa		*lurida* Andrews		96
Rosa		*lutea*	*bicolor* Sims	88
Rosa		*lutea* Mill.	*persiana* Lem.	88
Rosa		*lutea*	*plena* hort.	88
Rosa		*lutea*	*punicea* (Mill.) Keller	88
Rosa		*lutea* Mill.		87
Rosa		'Lutea Maxima'		100
Rosa		*lutea* Mill.	*hoggii* Sweet	100
Rosa		*lutescens* Pursh		182
Rosa		*lutetiana* Lem. ex Cass.		60
Rosa		*lyelli* Lindl.		73
Rosa		*lyoni*	*alba* Rehd.	62
Rosa		*lyoni* Pursh		62
Rosa		*macartnea* Dum.-Cours.		52
Rosa		*macdougalii* Holzinger		142
Rosa		***macounii* Greene**		**121**
Rosa		*macounii* Rydb. non Greene		204
Rosa	x	*macrantha*	*waitziana*	199
Rosa		'Macrantha'		199
Rosa	x	*macrantha* Desp.		199
Rosa		*macrantha* Desf.		58
Rosa		*macrocarpa* Watt. ex Crép.		94
Rosa		*macrophylla* Lindl.	*acicularis* Vilm.	151
Rosa		*macrophylla* Lindl.	'Coryana'	74
Rosa		*macrophylla*	*crasseaculeata* Vilm.	175
Rosa		*macrophylla* Lindl. f. *gracilis* Focke		174
Rosa		***macrophylla***	***glaucescens* hort.**	**122**
Rosa		*macrophylla*	*gracilis* Vilm. & Boiss.	151
Rosa		*macrophylla* Lindl.	*hypoleuca* Lév.	138
Rosa		*macrophylla* Lindl.	*robusta* Focke	79
Rosa		*macrophylla* Lindl.	*rubrostaminea* Vilmorin	132
Rosa		*macrophylla* Crép. non Lindl.		104
Rosa		***macrophylla* Lindl.**		**121**
Rosa		***mairei* Lév.**		**122**
Rosa		*majalis*	*foecundissima* Hyl.	124
Rosa		***majalis***	***plena* (West) Brumme & Gladis**	**124**
Rosa		***majalis* Herrm.**		**123**
Rosa	x	*malyi* Kern.		159
Rosa		*manca* Greene		141
Rosa		*manuelii* Losa		131
Rosa	x	*marcyana* Boullu		191

Gattung	X	Art und Unterart	Varietät	Seite
Rosa		'Nastarana'		132
Rosa		*nepalensis* Lindl. ex Steud.		54
Rosa		*nipponensis* Crép.		38
Rosa		***nitida***	***spinosa* Lewis**	**140**
Rosa		***nitida* Willd.**		**140**
Rosa	**x**	***nitidula* Besser**		**141**
Rosa	x	*nitidula* Besser f. *blondeana* (Ripart) Borb.		59
Rosa		*nivea* DC.		114
Rosa		*nivea* Dupont ex Lindl. non DC.		81
Rosa		*numerosa* Libert ex Lejeune		127
Rosa		***nutkana***	***hispida* Fern.**	**142**
Rosa		***nutkana* C. Presl.**		**141**
Rosa		*nuttaliana* Paul ex Rehd.		148
Rosa		*obovata* Raf.		62
Rosa		*obtusifolia* Desv. non auct. mult.		74
Rosa		*obtusifolia* auct. mult. non Desv.		46
Rosa		*obtusifolia* auct. mult. non Desv. ssp. *abietina* F. Herm.		36
Rosa		*ochroleuca* Schwartz ex Wilkstr.		183
Rosa		*odorata*	'Gigantea'	94
Rosa	x	*odorata* (Andr.) Sweet	*erubescens* (Focke) T.T. Yu & T.C. Ku	95
Rosa	x	*odorata*	*gigantea* (Collet ex Crép.) Rehd. & Wils.	94
Rosa	x	*odorata*	*gigantea* f. *erubescens* (Focke) Rehd. & Wils.	95
Rosa	x	*odorata*	*ochroleuca* Lindl.	143
Rosa	x	*odorata*	'Ochroleuca'	143
Rosa	**x**	***odorata***	***odorata***	**142**
Rosa	**x**	***odorata***	***odorata* f. *ochroleuca* (Lindl.) Rehd.**	**143**
Rosa	**x**	***odorata* (Andr.) Sweet**	***pseudo-indica* (Lindl.) Rehd.**	**144**
Rosa	**x**	***odorata* (Andr.) Sweet**		**142**
Rosa		*odoratissima* Sweet ex Lindl.		142
Rosa		*oligosperma* Sumn.		85
Rosa		***omeiensis* Rolfe**		**144**
Rosa		***omeiensis* f. *chrysocarpa* Rehd.**		**145**
Rosa		***omeiensis***	***omeiensis* f. *paucijuga* T.T. Yu & T.C. Ku**	**145**
Rosa		***omeiensis***	***omeiensis* f. *pteracantha* (Franch.) Rehd. & Wils.**	**145**
Rosa		*omeiensis* Rolfe		144
Rosa		*omissa* Déségl.		176
Rosa		*orbicularis* Baker		135
Rosa		*oreophila* Rydb.		83
Rosa		***orientalis* Dupont ex Ser.**		**146**
Rosa		*orphanides* Boiss. & Reuter		101
Rosa		*oulengensis* Lév.		142

Gattung	X	Art und Unterart	Varietät	Seite
Rosa		***oxyacantha*** **Bieb.**		**146**
Rosa		*oxyacanthus* K. Koch non Bieb.		112
Rosa		*oxyodon* Boiss.		150
Rosa		*palmeri* Rydb.		62
Rosa		***palustris***	***inermis*** **(Reg.) C.O. Erlanson**	**147**
Rosa		***palustris***	***nuttaliana*** **Rehd.**	**148**
Rosa		***palustris***	***scandens***	**148**
Rosa		***palustris*** **Marsh.**		**147**
Rosa		*parmentieri* Lév.		79
Rosa		*parviflora* Ehrh.	*glandulosa* Crép.	62
Rosa		*parviflora* Ehrh.		66
Rosa		*paucispinosa* H.L. Li		104
Rosa	x	***paulii***	***rosea*** **hort**	**149**
Rosa		'Paulii'		148
Rosa		'Paulii Rosea'		149
Rosa	x	***paulii*** **Rehd.**		**148**
Rosa		***pendulina***	***gentilis*** **(Sternb.) Keller**	**150**
Rosa		***pendulina*** **L.**	***inermis***	**150**
Rosa		***pendulina*** **L.**	***oxyodon*** **Boiss.**	**150**
Rosa		***pendulina*** **L.**	***oxyodon*** **f.** ***haematodes*** **(Crép.) Krüssmann**	**150**
Rosa		***pendulina*** **L.**	***pyrenaica*** **(Gouan) Keller**	**151**
Rosa		***pendulina*** **L.**		**149**
Rosa		*pennsylvanica* Andrews non Michx.		197
Rosa		*pensylvanica*	*plena* Marsh.	62
Rosa		*pensylvanica* Michx.		147
Rosa		*pensylvanica* Wangenh.		61
Rosa		*perrieri* Song. & Déségl.		168
Rosa		***persetosa*** **Rolfe**		**151**
Rosa		***persica*** **Michx. ex Jussieu**		**152**
Rosa		*philippinensis* Merr.		119
Rosa		*phoenica* Boiss.		153
Rosa		***phoenicia*** **Boiss.**		**153**
Rosa		*pimpinellifolia*	'Altaica'	181
Rosa		*pimpinellifolia* L.	'Grandiflora'	181
Rosa		*pimpinellifolia* L.	'Hispida'	182
Rosa		*pimpinellifolia* L.	'Nana'	183
Rosa		*pimpinellifolia* L.	*altaica* (Willd.) Thory	181
Rosa		*pimpinellifolia* L.	*elasmacantha* (Trautv.) Crép.	83
Rosa		*pimpinellifolia* L.	*grandiflora* Ledeb.	181
Rosa		*pimpinellifolia* L.	*hispida* (Sims) Boom.	182
Rosa		*pimpinellifolia*	*lutea*	182
Rosa		*pimpinellifolia* L.	*myriacantha* (Lam. & DC.) Ser.	183

Gattung	X	Art und Unterart	Varietät	Seite
Rosa		*pimpinellifolia* L.	*subalpina* Bunge ex M. Bieb.	146
Rosa		*pimpinellifolia* L.	*tuschetica* Christ	194
Rosa		*pimpinellifolia* f. *inermis* DC.		182
Rosa		*pimpinellifolia* L. f. *luteola* (Andr.) Krüss.		183
Rosa		*pimpinellifolia* L.		180
Rosa		***pinetorum* Heller**		**153**
Rosa		***pinnatisepala* T.C. Ku**		**153**
Rosa		*pisocarpa*	*ultramontana* (S. Wats.) Peck	205
Rosa		***pisocarpa* Gray**		**154**
Rosa		*pissardii* Carr.		132
Rosa		*platycantha* Schrenk	*kokanica* Reg.	112
Rosa		*platycantha*	*variabilis* Reg.	112
Rosa		***platycantha* Schrenk**		**155**
Rosa		*platyphylla* (Thory) Takasina non Rau		139
Rosa		'Platyphylla'		139
Rosa		*poetica* Lunell.		205
Rosa	**x**	***polliniana* Spreng.**		**155**
Rosa		*polyantha*	*grandiflora* hort.	138
Rosa		*polyantha* Sieb. & Zucc.	*nana* hort.	138
Rosa		*polyantha* Sieb. & Zucc. non hort.		136
Rosa		*pomifera* Herrm.	*recondita* (Puget) Christ	197
Rosa		*pomifera* Herrm.		195
Rosa		*pomifera* f. *duplex* (Weston) Rehd.		196
Rosa		*pomifera* Herrm. ssp. *mollis* (Sm.) Schwertschl.		129
Rosa		*pomifera* ssp. *omissa* (Déségl.) Parm.		176
Rosa	**x**	***portlandica* Rössig**		**156**
Rosa		*pouzinii* Tratt.		60
Rosa		***praelucens* Byhouwer**		**156**
Rosa		*pratensis* Raf.		61
Rosa		***prattii* Hemsl.**		**157**
Rosa		*pratincola*	*alba* Rehd.	43
Rosa		*pratincola* Greene non H. Braun		188
Rosa		***pricei* Hayata**		**157**
Rosa		*primula* Bouleng.		82
Rosa		*pringleri* Rydb.		154
Rosa		*procera* Salisb.		39
Rosa		*prostrata* DC.		171
Rosa		*provincialis* Herrm.	*variegata* hort.	67
Rosa		*provincialis* Herrm.		92
Rosa		*provincialis* Mill. in part (1788) non Herrm. (1762)		63
Rosa		*provincialis* Mill. non Herrm.		93
Rosa	**x**	***pruhoniciana* Kriechb.**		**158**
Rosa		*pseudoindica* Lindl.		144

Gattung	X	**Art** und Unterart	Varietät	Seite
Rosa		*pseudoscabrata* Blocki		58
Rosa	**x**	***pteragonis* Krause**		**158**
Rosa	x	*pteragonis* Krause	'Cantabrigiensis'	158
Rosa	**x**	***pteragonis* Krause f. *cantabrigiensis* (Weaver) Rowlee**		**158**
Rosa		*pubescens* Baker non Roxb.		167
Rosa		*pubescens* Klast		39
Rosa		*pubescens* Roxb.		54
Rosa		*pulchella* Salisb.		180
Rosa		*pulchella* Willd.		67
Rosa		*pulverulenta* Bieb.		98
Rosa		*pumila*	*officinalis* (Andr.) P.V. Heath	93
Rosa		*pumila* Jacq.		93
Rosa		*pumila* Scopoli non Jacq.		92
Rosa		*punicea* Mill.		88
Rosa		*pusilla* Raf.		62
Rosa		*pustulosa* Bertol.		98
Rosa		*pyrenaica* Gouan		151
Rosa		*rapa* Bosc		198
Rosa		*rapinii* Boiss. & Bal.		103
Rosa		*reclinata* Thory		117
Rosa		*recondita* Puget		197
Rosa		*reducta* Baker		135
Rosa		*redutea*	*rubescens* Thory	140
Rosa		*regeliana* Linden & André		166
Rosa		*regeliana*	'Atropupurea'	167
Rosa		*regeliana*	'Rubra'	167
Rosa		*regelii* Reuter		49
Rosa		*repens* Scopoli		44
Rosa		'Repens Alba'		148
Rosa		*reuteri* (Godet) Reuter		80
Rosa		*reuteri* God. f. *subcanina* Christ		187
Rosa	**x**	***reversa* Waldst. & Kit.**		**159**
Rosa		*reversa* Koch.		149
Rosa	**x**	***richardii* Rehd.**		**159**
Rosa		*rivalis* Eastw.		154
Rosa		'Rosa Mundi'		94
Rosa		*rotondibracteata* Cardot		135
Rosa		*rouletti* Correv.		71
Rosa		***rousseauiorum* Boivin**		**160**
Rosa		***roxburghii***	***forrestii* (Focke) Brumme & Gladis**	**161**
Rosa		***roxburghii* Tratt.**	***hirtula* (Reg.) Rehd. & Wils.**	**161**
Rosa		***roxburghii* Tratt.**	***roxburghii***	**162**

Gattung	X	Art und Unterart	Varietät	Seite
Rosa		***rugosa***	***chamissoniana* C.A. Meyer**	**167**
Rosa		*rugosa* Thunb.	*kamtchatica* (Venten.) Reg.	111
Rosa		***rugosa***	***plena* Reg.**	**167**
Rosa		*rugosa*	'Plena'	167
Rosa		*rugosa*	*regeliana rubra* hort.	167
Rosa		*rugosa*	*repens alba* Paul	148
Rosa		*rugosa*	*repens rosea* hort.	149
Rosa		*rugosa*	*rosea* Rehd.	167
Rosa		*rugosa*	'Rosea'	167
Rosa		*rugosa*	*rubra* hort.	167
Rosa		*rugosa*	*rubra* Rehd.	167
Rosa		*rugosa*	*rubro-plena* Rehd.	167
Rosa		***rugosa***	***rugosa* f. *rosea* (Rehd.) Brumme & Gladis**	**167**
Rosa		***rugosa***	***rugosa* f. *rugosa***	**167**
Rosa		*rugosa*	*thunbergiana* C.A. Meyer	167
Rosa		*rugosa*	*typica* Reg.	167
Rosa		*rugosa*	*ventenatiana* (C.A. Meyer)	111
Rosa		***rugosa* Thunb.**		**166**
Rosa		*rupestris* Crantz		149
Rosa		*ruscinonensis* Gren. & Déségl.		131
Rosa		*rydbergii* Greene		43
Rosa		*sabinii* Woods		110
Rosa	x	***salaevensis* Rap.**	***perrieri* (Song. & Déségl.) Christ**	**168**
Rosa		***salictorum* Rydb.**		**168**
Rosa		***sambucina* Koidz.**	***pubescens* Koidz.**	**169**
Rosa		***sambucina* Koidz.**	***sambucina* Koidz.**	**168**
Rosa		*sancta* Rich. non Andr.		159
Rosa		*sancti-andrae* Degen & Trautm.		197
Rosa		*sandbergii* Greene		204
Rosa		***saturata* Baker**		**169**
Rosa		*saxatalis* Stev.		74
Rosa		*sayi* Schweinitz		37
Rosa		*sayi* Wats. non Schweinitz		38
Rosa		*scabriuscula* Braun		170
Rosa	x	***scabriuscula* Sm.**		**170**
Rosa		*scandens* Mill.		171
Rosa		*scandens* Moench.		44
Rosa		*sclerophylla* Scheutz		46
Rosa		*semperflorens* Curtis	*minima* Sims	69
Rosa		*semperflorens* Curtis		72
Rosa		*sempervirens*	*anemoniflora* Reg.	42
Rosa		***sempervirens* L.**	***prostrata* (DC.) Desv.**	**171**
Rosa		***sempervirens* L.**	***scandens* (Mill.) Nichols**	**171**

Gattung	X	Art und Unterart	Varietät	Seite
Rosa		***sempervirens* L.**		**170**
Rosa		*sempervirens* ssp. *arvensis* (Huds.) Malagarrica		44
Rosa		*sepium* Thuillier		39
Rosa		***serafinii* Viv.**		**171**
Rosa		*seraphinii* Guss. non Viv.		177
Rosa		*seraphinii* Viv.		171
Rosa		*sericea* Lindl. f. *aculeatoeglandulosa* Focke		144
Rosa		***sericea***	***denudata* (Franch.) Rowlee**	**173**
Rosa		***sericea***	***hookeri* Reg.**	**173**
Rosa		*sericea* Lindl.	*morrisonensis* (Hayata) Masam.	130
Rosa		*sericea*	*omeiensis* (Rolfe) Rowlee	144
Rosa		***sericea***	***polyphylla* Geier**	**173**
Rosa		*sericea* Lindl. f. *chrysocarpa* (Rehd.) Rowlee		145
Rosa		***sericea* f. *pteracantha* (Franch.) Rehd. & Wils.**		**173**
Rosa		***sericea* Lindl.**		**172**
Rosa		*sericea*	*omeiensis* f. *pteracantha* Franch.	145
Rosa		*sericea* f. *inermis eglandulosa* Focke		173
Rosa		*serpens* Wibel		44
Rosa		*serrulata* Raf.		62
Rosa		***sertata* Rolfe**		**174**
Rosa		***setigera***	***setigera* f. *inermis* Palm. & Steyerm.**	**175**
Rosa		***setigera***	***serena* Palm. & Steyerm.**	**175**
Rosa		***setigera***	***tomentosa* Torrey & Gray**	**175**
Rosa		***setigera* Michx.**		**174**
Rosa		*setipoda*	*inermis* Marqu. & Shaw	199
Rosa		***setipoda* Hemsl. & Wils.**		**175**
Rosa		*setipoda* Rolfe non Hemsl. & Wils.		104
Rosa		***sherardii* Davies**		**176**
Rosa		*sibirica* Tratt.		181
Rosa		***sicula* Tratt.**		**177**
Rosa		*sicula* Tratt. ssp. *serafinii* (Viv.) Arcangeli		171
Rosa		***sikangensis* T.T. Yu & T.C. Ku**		**177**
Rosa		*silverhielmii* Schrenk		49
Rosa		*silvestris* Herrm.		44
Rosa		*simplicifolia* Salisbury		152
Rosa		*sinensis*	*sanguinea*	71
Rosa		*sinica* Murr.		114
Rosa		*sinica* L.	*braamiana* Reg.	52
Rosa		*sinica* L.		68
Rosa		*sinowilsonii* Hemsl.		118
Rosa		*solandri* Tratt.		51
Rosa		*sonomensis* Greene		185
Rosa		*soongarica* Bunge		116

Gattung	X	**Art** und Unterart	Varietät	Seite
Rosa		*sorbiflora* Focke		76
Rosa		*sorbus* Lév.		144
Rosa		***soulieana* Crép.**		**178**
Rosa	x	***spaethiana* Graebn**		**179**
Rosa		***spaldingii* Crép.**		**180**
Rosa		*spaldingii* Greene		141
Rosa		*sphaerica* Gren.		58
Rosa		***spinosissima* L.**	***altaica* (Willd.) Rehd.**	**181**
Rosa		***spinosissima* L.**	***andrewsii* Willm.**	**182**
Rosa		*spinosissima* L.	*baltica* hort.	181
Rosa		***spinosissima* L.**	***hispida* Sims ex Koehne**	**182**
Rosa		***spinosissima* L.**	***inermis* (DC.) Rehd.**	**182**
Rosa		***spinosissima* L.**	***lutea* Bean**	**182**
Rosa		***spinosissima* L.**	***luteola* Andr.**	**183**
Rosa		*spinosissima* L.	*mitissima* (Gmel.) Koehne	182
Rosa		***spinosissima* L.**	***myriacantha* (DC.) Koehne**	**183**
Rosa		***spinosissima***	***nana* Andr.**	**183**
Rosa		*spinosissima* L.	*pimpinellifolia* Hooker	183
Rosa		***spinosissima* L.**	***spinosissima***	**183**
Rosa		*spinosissima* Rydb. non L.		123
Rosa		***spinosissima* L.**		**180**
Rosa		*spinulifolia*	*hawrana* (Kmet) Keller	101
Rosa	x	***spinulifolia* Dematra**		**184**
Rosa		***spithamea***	***sonomensis* (Greene) Jeps.**	**185**
Rosa		*spithamea* A. Gray		184
Rosa		*spithamea* Wats. f. *pinetorum* (Heller) Hoover		153
Rosa		***spithamea* Wats.**		**184**
Rosa		*spuria* (Puget) Wolley-Dod		60
Rosa		*spuria* Puget		60
Rosa		*squarrosa* Rau		60
Rosa		*stellata* Wooton	*earlansoniae* Lewis	185
Rosa		***stellata***	***mirifica* (Greene) Cockerell**	**186**
Rosa		*stellata* Wooton	*stellata* Lewis	185
Rosa		***stellata* Wooton**		**185**
Rosa		*stellata* ssp. *mirifica* (Greene) Lewis		186
Rosa		*stricta* Macoun & J. Gibson		37
Rosa		***stylosa* Desv.**		**187**
Rosa		*suavifolia* Lightf.		163
Rosa		*suavis* auct.		37
Rosa		*subblanda* Rydb.		52
Rosa		***subcanina* (Christ) Vuk.**		**187**
Rosa		***subcollina* (Christ) Vuk.**		**188**
Rosa		*subglobosa* Sm.		193

Gattung	X	Art und Unterart	Varietät	Seite
Rosa		*subnuda* Lunell		121
Rosa		***subserrulata* Rydb.**		**188**
Rosa		*suffulta* f. *alba* Rehd.		43
Rosa		***suffulta* Greene**		**188**
Rosa		*sulphurea* Ait.		103
Rosa		*surculosa* Woods		58
Rosa		*sweginzowii*	*inermis*	199
Rosa		***sweginzowii***	***macrocarpa* hort.**	**190**
Rosa		***sweginzowii* Koehne**		**189**
Rosa		*sweginzowii* Meyer non Koehne		82
Rosa		*systyla* Bast.		187
Rosa		***taiwanensis* Nakai**		**190**
Rosa		*taquetii* Lév.		202
Rosa		***taronensis* T.T. Yu**		**190**
Rosa		*taurica* Bieb.		58
Rosa	x	***terebinthinacea* Besser**		**191**
Rosa		*terebinthinacea* Déségl.		124
Rosa		*ternata* Poir.		114
Rosa		*tetrapetala* Royle		172
Rosa		*texarkana* Rydb.		61
Rosa		*thea* Savi		142
Rosa		*thoryi* Tratt.		139
Rosa		*thunbergii* Tratt.		136
Rosa		*thyrsiflora* Leroy ex Déségl.		136
Rosa		'Tipo Ideale'		70
Rosa		*tomentella*	*obtusifolia* (Desv.) Crép.	74
Rosa		*tomentella* Lém.		46
Rosa		***tomentosa***	***cinerascens* (Dum.) Crép.**	**192**
Rosa		***tomentosa***	***mollissima* (Willd.) Dum.**	**193**
Rosa		***tomentosa***	***subglobosa* (Sm.) Gremli**	**193**
Rosa		*tomentosa*	*subvar. billotiana*	51
Rosa		***tomentosa* Sm.**		**192**
Rosa		*tomentosa* ssp. *omissa* (Déségl.) Rouy & Camus		176
Rosa		*tongtchouanensis* Lév.		142
Rosa		*trachyphylla* Rau		124
Rosa		***transmorrisonensis* Hayata**		**193**
Rosa		*trifoliata* Raf.		174
Rosa		*trigintipetala*		78
Rosa		*triphylla* Roxb. ex Hemsl.		42
Rosa		*triphylla* Roxb.		114
Rosa		*tschimganica* Rajk.		106
Rosa		***tsinglingensis* Pax. & Hoffm.**		**193**
Rosa		***tunquinensis* Crép.**		**194**

Gattung	X	Art und Unterart	Varietät	Seite
Rosa	x	*turbinata* Ait.		90
Rosa		*turcica* Rouy		107
Rosa		***tuschetica* Boiss.**		**194**
Rosa		*uchiyamana* Mak.		138
Rosa		*ultramontana* (S. Wats.) Heller		205
Rosa		*umbellata* Leers		163
Rosa		*unguicularis* Bertol.		200
Rosa		*uniflora* T.T. Yu & T.C. Ku non Galushko		194
Rosa		***uniflorella* Buzunova**		**194**
Rosa		***uriensis* Lagger & Puget ex Cottet**		**195**
Rosa		*usitatissima* Gater.		39
Rosa		*vagiana* (Crép.) Sag.		58
Rosa		*velutinaeflora* Déségl.		93
Rosa		'Velutinaeflora'		93
Rosa		*venosa* Sw. & Spreng.		80
Rosa		*ventenatiana* Redouté & Thory		111
Rosa		*vernonii* Greene		185
Rosa		***villosa* L.**	***duplex* Weston**	**196**
Rosa		*villosa*	'Duplex'	196
Rosa		***villosa* L.**	***engadinensis* Christ**	**196**
Rosa		***villosa* L.**	***recondita* (Puget) Christ**	**197**
Rosa		***villosa* L.**	***sancti-andrae* (Degen & Trautm. ex Jàv.) Soo**	**197**
Rosa		*villosa* L. ssp. *mollis* (Sm.) R. Keller & Gams		129
Rosa		*villosa* L.	*mollissima* Rau	129
Rosa		*villosa* L.	*mollissima* (Willd.) Roth.	193
Rosa		***villosa* L.**		**195**
Rosa		*villosa* Sm. non L.		110
Rosa		*villosa* L. ssp. *omissa* (Déségl.) K. & F. Bertsch.		176
Rosa		*villosa* L. ssp. *orientalis* (Dupont ex Ser.) Reg.		146
Rosa		*vilmorinii* Bean		127
Rosa		*virginiana*	*alba* Baker	62
Rosa		*virginiana*	*alba* Willm.	62
Rosa		*virginiana*	*blanda* Koehne	51
Rosa		*virginiana*	*humilis* Schneider	61
Rosa		***virginiana* Herrm.**	***lamprophylla* Rehd.**	**198**
Rosa		***virginiana* Herrm.**	***plena* hort. ex Rehd.**	**198**
Rosa		*virginiana* Du Roi non Mill.		147
Rosa		***virginiana* Herrm.**		**197**
Rosa		*virginiana* Mill.		197
Rosa		'Viridiflora' hort.		72
Rosa		*viscaria* Rouy		163
Rosa		*vosagiaca* Desp. ex Déségl.		80

Danksagung

Mein Dank gilt Jacques Chéné, Guy Delbard, Thérèse und Raymond Loubert für ihre wertvollen Fotobeiträge in diesem Buch. Sie stellten mir netterweise ihre privaten Fotoarchive bzw. die der Betriebe *Les Roses anciennes André Eve* und *Roses Loubert* mit Hunderten von Fotos zur Verfügung. Ich danke meinem Freund André Eve, der so liebenswürdig war und mich seine wertvollen Unterlagen nutzen ließ, die meine eigenen Quellen zweckmäßig ergänzten. Meinen Verlegern Philippe-Jacques Dubois und Michel Larrieu bin ich sehr dankbar, dass sie mir – in Frankreich bislang unüblich – die Ausarbeitung des Buchs anvertrauten. Ebenfalls danken möchte ich meiner Frau Anne-Marie, die mir fast zwei Jahre lang geduldig zuhörte, wenn ich ohne Ende über Wildrosen redete, die mich oft ermutigte, diese Arbeit fortzusetzen, und mir bei meinen Überlegungen hilfreich zur Seite stand.

Bildnachweis

(o.): oben
(u.): unten
(M.): Mitte
(l): links
(r): rechts

Alle Fotos stammen vom Autor mit Ausnahme von:

Roses Loubert – J. Chéné: 39, 40 (u.l.), 42, 45, 47 (o.) und (u.), 49, 55 (u.), 57, 59 (u.), 63, 65 (o.l.) und (u.M.), 66 (M.), 70 (o.), 72 (o.), 73, 74 (o.), 75 (u.), 77 (o.) und (u.), 78 (u.), 81, 85 (u.r.), 89 (u.l.) und (u.r.), 90, 93 *(Rosa gallica var. velutinaeflora)*, 94 (u.), 95, 98 (o.), 101 (o.), 103, 107 (o.), 108 (o. und M.), 110, 118, 119 (o.), 121, 122, 123 (o.), 124, 125 (o.), 128, 129 (o.), 132 (o.), 134 (o.r.), 135 (u.r.), 137 (o.), 140, 141 (u.), 146 (o.r.), 147 (o.), 148 (o.r.), 149, 150 (u.l.) und (u.r.), 151 (o.l.) und (o.r.), 154, 155, 158 (o.r.), 161 (o.l.), 163, 164 (M.) und (u.), 170 (u.), 171 (u.), 175 (u.), 176 (o.), 179 (u.), 180 (o.r.), 182 (o.r.), 183 (o.), 184, 185, 186 (o. und u.l.), 190 (o.l.), 191 (l.), 192 (u.), 195 (o.), 196 (o.l.), 198, 201 (u.), 202, 203 (u.), 205 (o.r.), (M.) und (u.), 206 (o.), 207 (M.l.) und (M.r.).
Les roses anciennes André Eve: 7, 15, 16, 17, 24, 34 und 35, 37, 40 (r.), 44, 47 (u.), 53 (o.), 56 (M.), 58 (o.) und (u.r.), 61, 65 (u.l.), 66 (u.l.), 70 (u.), 71 (u.), 78 (o.), 82 (l.), 87 (u.), 88 (u.), 89 (o.), 92, 93 (Rosa gallica var. officinalis), 94 (o.), 96, 97 (o.), 102, 104 (o.), 114, 119 (u.), 133 (o.r.) und (u.l.), 134 (o.l.) und (u.), 137 (u.), 139, 141 (o.), 142, 147 (u.), 156, 162 (o.l.), 166, 167 (u.), 171 (o.), 179 (o.), 180 (u.), 181 (o.), 192 (M.), 195 (u.), 196, 197 (o.), 199 (o.l.), 208 und 209.
Europa-Rosarium der Stadt Sangerhausen: 50 (u.), 78 (M.), 111, 122 (u.), 127 (o.r.), 132 (M.), 174, 183 (u.), 187 (o.).
GNU Free Documentation (GNU-Lizenzfreie Dokumentation) Lizenznehmer: 204 (u.).
John Hilty: 175 (o.)
Raymond und Thérèse Loubert: 19 (o.r.), 36, 40 (o.l.), 41 (o.), 46 (o.), 50 (M.), 51, 52, 53 (u.), 56 (o.) und (u.), 62 (u.l.), 64, 65 (o.r.) und (u.r.), 66 (r.), 67 (o.), 74 (u.), 75 (o.), 76, 83, 84 (o.l.), 85 (o.l.) und (u.l.), 86, 87 (o.), 91, 93 *(Rosa gallica var. conditorum)* und *(Rosa gallica var. pumila)*, 98 (u.), 99 (o.), 100, 101 (u.), 104 (u.), 109 (u.r.), 116 (o. und M.l.), 117, 126 (o.l.), 129 (u.), 130, 131, 132 (u.), 133 (u.r.), 135 (o.), 138, 143, 145 (o.r.) und (u.l.), 146 (o.l.), 148 (o.l.) und (u.), 151 (u.), 153, 158 (o.l.), 160, 162 (o.r.), 164 (o.), 165, 167 (o.), 170 (o.), 180 (o.l.), 182 (u.), 183 (M.), 188, 189 (u.), 192 (o.), 201 (o.).
Monique Wender: 8 (Karte)

Trotz unserer Bemühungen ließen sich nicht alle Inhaber von Fotorechten ausfindig machen bzw. ließen Inhaber derselben unsere Anfragen unbeantwortet. Ergänzungen greifen wir gerne auf.